RENCONTRES
494

Série *Civilisation médiévale*
dirigée par Richard Trachsler et Estelle Doudet
42

La Réforme grégorienne, une « révolution totale » ?

Actes du colloque international de jeunes chercheurs
« La réforme grégorienne, une “révolution totale” ?
État comparatif de la recherche dans les espaces francophones et germanophones » /
« Die gregorianische Reform, eine „totale Revolution“ ? Eine vergleichende Bilanz der Forschungen im deutsch- und französischsprachigen Raum »
organisé les 28 et 29 mars 2019 à l'université Jean-Moulin – Lyon III

Ouvrage publié avec le soutien de l'UMR 5648 – CIHAM

La Réforme grégorienne, une « révolution totale » ?

Sous la direction de Tristan Martine et Jérémy Winandy

PARIS
CLASSIQUES GARNIER
2021

Tristan Martine est enseignant-chercheur contractuel à l'université d'Angers. Agrégé et docteur en histoire, il travaille sur des questions liées à la réforme grégorienne, à l'espace et aux réseaux de pouvoir dans l'espace germanique des IXe-XIIe siècles.

Jérémy Winandy est chercheur à l'université d'Hambourg, où il a soutenu une thèse en histoire médiévale. Il travaille sur le monachisme du VIIIe au XIIe siècle, notamment sur le rôle de l'abbé et sur l'écrit monastique, dont il étudie autant le contenu que la matérialité.

ISBN 978-2-406-11103-0 (livre broché)
ISBN 978-2-406-11104-7 (livre relié)
ISSN 2103-5636

BILAN HISTORIOGRAPHIQUE DES RECHERCHES FRANCOPHONE ET GERMANOPHONE SUR LA PÉRIODE GRÉGORIENNE

Un état des lieux comparatif et interdisciplinaire pour un dialogue renouvelé

S'il existe une solide tradition du dialogue franco-allemand en histoire médiévale[1], renouveler celui-ci en abordant non pas les points qui rapprochent, mais au contraire ceux qui séparent, semble l'une des meilleures manières de questionner les conditions de ce dialogue, d'interroger ce qui des réalités historiques, des sources disponibles ou des traditions historiographiques explique l'écart – parfois profond – qui existe sur certains points entre les recherches germanophone et francophone.

Tel est le cas de la « réforme grégorienne », terme fréquemment utilisé en France, alors que, de l'autre côté du Rhin, on évoque surtout la « querelle des Investitures », ce qui est révélateur non seulement d'une différence lexicale, mais aussi, et surtout, d'une divergence dans la compréhension de ce mouvement. L'expression de « réforme grégorienne » est problématique : initiée dans la première moitié du XIXe siècle par deux protestants, F. Guizot et J. Voigt, puis théorisée en Allemagne un demi-siècle plus tard[2], elle renvoie, d'une part, à une notion morale,

---

1 À titre d'exemple : Otto Gerhard Oexle et Jean-Claude Schmitt (dir.), *Les tendances actuelles de l'histoire du Moyen Âge en France et en Allemagne*, Paris, Publications de la Sorbonne, 2002 ; Geneviève Bührer-Thierry, Steffen Patzold et Jens Schneider (dir.), *Genèse des espaces politiques (IXe-XIIe siècle). Autour de la question spatiale dans les royaumes francs et post-carolingiens*, Turnhout, Brepols, 2017 ; Tristan Martine, Jessika Nowak et Jens Schneider (dir.), *Espaces ecclésiastiques et seigneuries laïques. Définitions, modèles et conflits en zones d'interface (IXe-XIIIe siècle) / Kirchliche Räume und weltliche Herrschaften. Definitionen, Modelle und Konflikte in Kontaktzonen (9.-13. Jahrhundert)*, Paris, Éditions de la Sorbonne, à paraître.

2 Charles de Miramon, « L'invention de la Réforme grégorienne. Grégoire VII au XIXe siècle, entre pouvoir spirituel et bureaucratisation de l'Église », *Revue de l'histoire des religions*,

tout en faisant, d'autre part, uniquement référence au conflit opposant Grégoire VII à Henri IV, ce qui est trop restrictif, puisque plusieurs papes menèrent une politique similaire dès le pontificat de Léon IX et J. Paul a ainsi proposé la formule de « réforme pontificale[3] », tandis que R. Schieffer évoque un « tournant de l'histoire pontificale[4] ». Depuis la publication de l'ouvrage d'A. Fliche entre 1924 et 1937[5], l'expression est néanmoins solidement ancrée dans les esprits français[6], l'« idéal-type[7] » que constitue la « réforme grégorienne » demeurant la solution la plus heuristique pour désigner ces dynamiques.

Dans l'espace germanique, on parle donc surtout de la « querelle des Investitures », ce qui traduit notamment une divergence dans la période envisagée, puisque cette formule ne décrit que les années 1076-1122[8]. De manière plus globale, les limites chronologiques de ce mouvement posent d'ailleurs problème : si l'on a longtemps retenu les années 1049-1122/1123, c'est-à-dire la période allant de l'avènement de Léon IX au concordat de Worms ou au premier concile de Latran, cela est désormais contesté, puisque dans leur philosophie, certains mouvements réformateurs des Xe et XIe siècles, notamment en Lotharingie ou à Cluny, semblent avoir inspiré de manière décisive les théories pontificales de la seconde partie du XIe siècle, tandis que dans certaines régions, les effets concrets de ces conflits ne se firent ressentir qu'à la fin du XIIe, voire au début du XIIIe siècle. Surtout, l'*Investiturstreit* a été principalement étudiée par la *Verfassungsgechichte* dans les années 1970, ce qui explique qu'elle semble aujourd'hui bien connue, si ce n'est désuète, et qu'elle soit donc généralement délaissée par les jeunes

2/2019, p. 283-315.

3 Jacques Paul, *L'Église et la culture en Occident, t. 1 : La sanctification de l'ordre temporel et spirituel*, Paris, PUF, 1986, p. 293.

4 Rudolf Schieffer, « *Motu proprio*. Über die papstgeschichtliche Wende im 11. Jahrhundert », *Historisches Jahrbuch*, 122/2002, p. 27-41.

5 Augustin Fliche, *La réforme grégorienne*, 3 vol., Louvain-Paris, Champion, 1924, 1925 et 1937.

6 Sylvain Gouguenheim, *La réforme grégorienne. De la lutte pour le sacré à la sécularisation du monde*, Paris, Temps Présent, 2010.

7 Florian Mazel, « Pour une redéfinition de la réforme "grégorienne" : éléments d'introduction », *La réforme "grégorienne" dans le Midi (milieu XIe-début XIIIe siècle), Cahiers de Fanjeaux*, 48, Toulouse, Privat, 2013, p. 10.

8 Claudia Zey, *Der Investiturstreit*, Munich, C.H. Beck, 2017 ; Wilfried Hartmann, *Der Investiturstreit*, Munich, R. Oldenbourg, 2007 ; Werner Goez, *Kirchenreform und Investiturstreit. 910-1122*, Stuttgart, W. Kohlhammer, 2000.

chercheurs germanophones[9]. À l'inverse, dans les espaces de recherche francophones, cette thématique a connu un renouveau cette dernière décennie, en étant comprise, au-delà d'une approche institutionnelle ou religieuse, comme constituant un tournant total d'un Moyen Âge à l'autre, une rupture sociale, politique et intellectuelle majeure.

Afin de dépasser ces divergences, un colloque de jeunes chercheurs, dont le présent volume reproduit les actes, a été organisé à Lyon les 28 et 29 mars 2019, grâce au soutien du Centre interdisciplinaire d'études et de recherches sur l'Allemagne (dans le cadre des « Colloques Juniors » du CIERA), du CIHAM (UMR 5648), de l'Université Lyon III et de l'Institut franco-allemand de sciences historiques et sociales (IFRA/SHS).

Tout en ayant fait l'objet d'approches variées en fonction des écoles historiques, des cultures nationales ou des héritages confessionnels, la réforme grégorienne a longtemps relevé de la seule histoire ecclésiastique ou de l'histoire religieuse. Il a donc semblé également utile de proposer un dialogue interdisciplinaire entre spécialistes d'histoire de l'art, d'histoire politique, d'histoire religieuse, de théologie ou encore d'histoire du droit. L'idée a été de privilégier une approche par bilans historiographiques permettant ainsi de faire le point, discipline par discipline, de l'état de la recherche, afin de rendre possible les bases d'une comparaison transnationale et d'un dialogue renouvelés.

Tristan MARTINE
Université d'Angers

Jérémy WINANDY
Universität Hamburg

9 Voir : Gerhard Lubich, Lisa Klocke et Matthias Weber (dir.), *Das Hochmittelalter – eine vernachlässigte Epoche ? Neue Forschungen zum 11. Und 13. Jahrhundert*, Francfort-sur-le-Main, Peter Lang, 2020.

HISTORISCHE BILANZ DER DEUTSCH- UND FRANZÖSISCHSPRACHIGEN FORSCHUNG ZUR „GREGORIANISCHEN REFORM“

Eine interdisziplinäre und vergleichende Bestandsaufnahme zur Wiederaufnahme des transnationalen Dialogs

Da es eine solide Tradition des deutsch-französischen Dialogs in der mittelalterlichen Geschichte gibt[1], scheint es eine der besten Möglichkeiten zu sein, diesen Dialog zu erneuern, indem man nicht die Punkte herausstellt, die zusammenführen, sondern im Gegenteil diejenigen betrachtet, die trennen. Dadurch kann man die Bedingungen dieses Dialogs beleuchtet und gleichzeitig hinterfragen, welche historischen Entwicklungen, welche verfügbaren Quellen und welche historiographischen Traditionen die – manchmal tiefgreifende – Kluft erklären können, die in bestimmten Fragen zwischen der deutschen und der französischsprachiger Forschung besteht.

Einen solchen Fall stellt die „Gregorianische Reform“ dar. Unter diesem Begriff wird in Frankreich ein Phänomen verstanden, dass auf der anderen Seite des Rheins vor allem als „Investiturstreit“ bekannt ist. Hierbei handelt es sich nicht nur um einen lexikalischen Unterschied, sondern auch und vor allem um ein abweichendes Verständnis der Entwicklung. Der Ausdruck „gregorianische Reform“ ist problematisch : In der ersten Hälfte des 19. Jahrhunderts von zwei Protestanten, F. Guizot und J. Voigt, initiiert und ein halbes Jahrhundert später in Deutschland theoretisiert[2],

1 Siehe exemplarisch : Otto Gerhard Oexle und Jean-Claude Schmitt (Hg.), *Les tendances actuelles de l'histoire du Moyen Âge en France et en Allemagne*, Paris, Publications de la Sorbonne, 2002 ; Geneviève Bührer-Thierry, Steffen Patzold und Jens Schneider (Hg.), *Genèse des espaces politiques (IXe-XIIe siècle). Autour de la question spatiale dans les royaumes francs et post-carolingiens*, Turnhout, Brepols, 2017 ; Tristan Martine, Jessika Nowak und Jens Schneider (Hg.), *Espaces ecclésiastiques et seigneuries laïques. Définitions, modèles et conflits en zones d'interface (IXe-XIIIe siècle) / Kirchliche Räume und weltliche Herrschaften. Definitionen, Modelle und Konflikte in Kontaktzonen (9.-13. Jahrhundert)*, Paris, Éditions de la Sorbonne, im Druck.

2 Charles de Miramon, « L'invention de la Réforme grégorienne. Grégoire VII au XIXe siècle, entre pouvoir spirituel et bureaucratisation de l'Église », *Revue de l'histoire des religions*,

betont er durch die „Reform" einerseits eine moralische Interpretation. Andererseits ist die Verengung auf den namensgebenden „gregorianischen" Konflikt zwischen Gregor VII. und Heinrich IV. zu restriktiv, da gleich mehrere Päpste ab dem Pontifikat von Leo IX. eine ähnliche Politik verfolgten. Seit der Veröffentlichung des äußerst einflussreichen Werkes von A. Fliche zwischen 1924 und 1937[3] ist der Ausdruck dennoch fest in den französischen Köpfen verankert geblieben[4], wobei „Gregorianische Reform" hierbei heuristisch als „Idealtypus"[5] für eine deutlich weitreichendere Dynamik zu verstehen ist. Dagegen schlugen auf französischer Seite J. Paul die Formel der „päpstlichen Reform" und auf deutscher Seite R. Schieffer die „papstgeschichtliche Wende" vor[6].

Im deutschsprachigen Raum spricht man dagegen hauptsächlich vom „Investiturstreit", was auch auf eine unterschiedliche Interpretation des Zeitraumes hinweist, da diese Formulierung hauptsächlich die Jahre 1076-1122 umfasst[7]. Generell stellen die chronologischen Grenzen dieser Entwicklung ein Problem dar : wenn die Jahre 1049-1122/1123, also die Zeit vom Pontifikat Leos IX. bis zum Wormser Konkordat oder dem ersten Laterankonzil lange Zeit als zentral angesehen wurden, ist das heute umstritten. So haben die monastischen Reformbewegungen des 10. und 11. Jahrhunderts, insbesondere aus Gorze oder Cluny, die päpstlichen Theorien der zweiten Hälfte des 11. Jahrhunderts in ihrer Philosophie entscheidend geprägt, während in anderen Regionen die konkreten Auswirkungen dieses Konfliktes erst Ende des 12. oder sogar erst Anfang des 13. Jahrhunderts zu spüren waren. Der „Investiturstreit" wurde in den 1970er Jahren vor allem von der Verfassungsgeschichte untersucht, was erklärt, warum er heute als gut erforscht und in seiner

---

2/2019, p. 283-315.

3 Augustin Fliche, *La réforme grégorienne*, 3 Bd., Louvain-Paris, Champion, 1924, 1925 und 1937.

4 Sylvain Gouguenheim, *La réforme grégorienne. De la lutte pour le sacré à la sécularisation du monde*, Paris, Temps Présent, 2010.

5 Florian Mazel, « Pour une redéfinition de la réforme "grégorienne" : éléments d'introduction », *La réforme "grégorienne" dans le Midi (milieu XIe-début XIIIe siècle), Cahiers de Fanjeaux*, 48, Toulouse, Privat, 2013, S. 10.

6 Jacques Paul, *L'Église et la culture en Occident, t. 1 : La sanctification de l'ordre temporel et spirituel*, Paris, PUF, 1986, S. 293 ; Rudolf Schieffer, « Motu proprio. Über die papstgeschichtliche Wende im 11. Jahrhundert », *Historisches Jahrbuch*, 122/2002, S. 27-41.

7 Claudia Zey, *Der Investiturstreit*, München, C.H. Beck, 2017 ; Wilfried Hartmann, *Der Investiturstreit*, München, R. Oldenbourg, 2007 ; Werner Goez, *Kirchenreform und Investiturstreit. 910-1122*, Stuttgart, W. Kohlhammer, 2000.

Frageperspektive sogar als veraltet angesehen wird. Vielleicht auch deshalb wird diese Epoche vom deutschsprachigen wissenschaftlichen Nachwuchs häufig vernachlässigt[8]. Umgekehrt hat das Thema in der französischsprachigen Forschung im letzten Jahrzehnt eine Wiederbelebung erfahren, da es jenseits eines institutionellen oder religiösen Ansatzes als eine „totale Wende" von einem Mittelalter zum nächsten, als ein großer sozialer, politischer und intellektueller Bruch verstanden wird.

Um über diese abweichenden Deutungen zu diskutieren, wurde dank der Unterstützung des „Centre interdisciplinaire d'études et de recherches sur l'Allemagne" (im Rahmen der „Colloques Juniors" des CIERA), des CIHAM (UMR 5648), der Universität Lyon III und des Deutsch-Französischen Instituts für Geschichts- und Sozialwissenschaften (IFRA/SHS) am 28. und 29. März 2019 in Lyon ein Kolloquium junger Forscher veranstaltet, dessen Ergebnisse dieser Band wiedergibt.

Auch wenn die „gregorianische Reform" je nach historischen Schulen, nationalen Kulturen oder konfessionellen Traditionen Gegenstand unterschiedlicher Ansätze war, ist sie lange Zeit vor allem als Phänomen der Kirchen- oder Religionsgeschichte betrachtet worden. Deshalb erschien es sinnvoll, einen interdisziplinären Dialog zwischen Spezialisten der Kunstgeschichte, der politischen Geschichte, der Religionsgeschichte, der Theologie und der Rechtsgeschichte zu initiieren. Die Idee bestand darin, eine historiographische Betrachtungsweise zu wählen, die es ermöglicht, Disziplin für Disziplin eine Bestandsaufnahme des Forschungsstandes vorzunehmen, um hierdurch die Grundlagen für einen transnationalen Vergleich zu schaffen und so einen erneuerten Dialog anzuregen.

Tristan MARTINE
Université d'Angers

Jérémy WINANDY
Universität Hamburg

8 Siehe exemplarisch : Gerhard Lubich, Lisa Klocke und Matthias Weber (Hg.), *Das Hochmittelalter – eine vernachlässigte Epoche ? Neue Forschungen zum 11. und 13. Jahrhundert*, Frankfurt am Main, Peter Lang, 2020.

INTRODUCTION

Une « révolution totale » ? Penser la réforme grégorienne par-delà les frontières historiographiques

Envisager la réforme grégorienne comme un « fait social total[1] » traduisant une transformation de grande ampleur de la société médiévale au point de la considérer comme une « révolution » et la tenir pour un moment de bascule entre un premier et un second Moyen Âge, de part et d'autre des XIe-XIIe siècles[2], implique un certain nombre de précisions et mises au point préalables indispensables à l'intercompréhension et aux échanges scientifiques par-delà les inévitables écarts historiographiques, en l'occurrence entre historiographie allemande et historiographie française.

1 *Cf.* la définition classique de Marcel Mauss, « Essai sur le don », repris dans *Sociologie et anthropologie*, Paris, Presses universitaires de France, 1968 (1re éd. 1923-1924), p. 102 : « Les faits que nous avons étudiés sont tous (…) des faits sociaux totaux (…), c'est-à-dire qu'ils mettent en branle dans certains cas la totalité de la société et de ses institutions (…) et dans d'autres cas seulement un très grand nombre d'institutions (…). » ; et p. 147 : « Dans ces phénomènes sociaux "totaux" comme nous proposons de les appeler, s'expriment à la fois et d'un coup toutes sortes d'institutions : religieuses, juridiques et morales ». On peut expliciter la notion en citant Francesco Fistetti : « C'est la méthode proposée par Mauss qui est globale, pas seulement parce qu'elle refuse d'établir entre les faits sociaux "ces cloisons étanches qui existent d'ordinaire entre les diverses sciences spéciales", mais surtout parce que les faits étudiés sont toujours des faits "totaux" : ils cristallisent croyances collectives, fonctions institutionnelles, une multitude de règles d'agir et de penser qui sont préétablies et, donc, obligatoires. C'est pourquoi Mauss affirme qu'il faut adopter les grandes divisions disciplinaires (sciences du droit, des religions, économie politique, etc.) mais en même temps apprendre à dépasser l'approche fragmentée en construisant chaque fois les connexions heuristiquement plus fécondes. » (Francesco Fistetti, « Le *"Global Turn"* entre philosophie et sciences sociales : le paradigme hybride du don », *Revue du MAUSS permanente*, 27 octobre 2010 [en ligne], (page consultée le 16/09/2020), http://www.journaldumauss.net/./?Le-Global-Turn-entre-philosophie).

2 Sur cette périodisation et la notion de bascule ou de seuil (préférable à celle de « période charnière » au sens où l'entend Reinhart Koselleck), je me permets de renvoyer à Florian Mazel, « Un, deux, trois Moyen Âge… Enjeux et critères des périodisations internes de l'époque médiévale », *Découper le temps ? Actualité de la périodisation en histoire*, dir. Stéphane Gibert, Jean Le Bihan, Florian Mazel, *Atala. Cultures et sciences humaines*, 17/2014, p. 101-113.

1. En premier lieu, il convient de tenir en lisière les faux débats liés aux critiques nominalistes portant sur l'expression « réforme grégorienne ». Ces critiques peuvent porter sur l'usage de l'adjectif « grégorien », que l'on peut estimer à juste titre réducteur ou inadapté en ce qu'il survalorise le rôle attribué au pape Grégoire VII (1073-1085) : ce point fait aujourd'hui consensus. Elles peuvent aussi porter sur le terme « réforme », au motif qu'il est à la fois vague, ambigu et peu utilisé dans les sources, y compris sous la plume des partisans de la réforme : c'est une critique récurrente au sujet de la réforme grégorienne (et avant celle-ci au sujet des réformes monastiques), en particulier dans l'historiographie anglophone[3]. Cette critique ne peut qu'interroger : peut-on arguer de l'existence ou de l'inexistence d'un phénomène historique, ou mesurer son importance, du simple fait qu'il soit nommé ou non par une terminologie indigène explicite (qui de plus devrait revêtir une signification identique à son usage contemporain) ? Que les réformateurs aient eu conscience de changer les choses (ou pas) ou même qu'ils aient eu la volonté de le faire (ou pas) sont des questions intéressantes, capitales mêmes, notamment en ce qu'elles interrogent l'auto-conscience des acteurs sur leurs actions et leurs projets[4]. Mais elles ne nous renseignent qu'accessoirement sur l'existence, la nature et l'ampleur d'un changement en tant que tel. Or

---

3 Voir en dernier lieu Julia Barrow, « Ideas and applications of reform », *The Cambridge history of Christianity 3. Early Medieval Christianities*, Cambridge, Cambridge University Press, 2008, p. 345-362.

4 À ce titre, l'interrogation de Julia Barrow dans « Les évêques et leur conception de la réforme ecclésiastique dans l'Europe du nord-ouest (XIe-XIIe siècles) », *Autour de Lanfranc (1010-2010). Réforme et réformateurs dans l'Europe du Nord-Ouest – XIe-XIIe siècles*, Caen, Presses universitaires de Caen, 2015, p. 21-32, est légitime et intéressante, mais il s'agit bien seulement de la « volonté des évêques » (*op. cit.*, p. 32), en l'occurrence les évêques d'Angleterre et du nord de la France (Picardie, Artois, Cambrésis) et non de leurs pratiques de gouvernement (ni de celles des chapitres cathédraux). D'autres études montrent, dans d'autres secteurs de l'Église pourtant peu réputés pour leur goût pour la nouveauté, une volonté de *renovatio* explicite. *Cf.* par exemple Alexis Grélois, « Du passé faire table rase ? Discours rénovateurs et innovations institutionnelles au XIIe siècle : l'exemple cistercien », *Le passé à l'épreuve du présent. Appropriations et usages du passé du Moyen Âge à la Renaissance*, dir. Pierre Chastang, Paris, Publications de la Sorbonne, 2008, p. 393-404 ; et Florian Mazel, « Vérité et autorité : y a-t-il un moment grégorien ? », *La vérité. Vérité et crédibilité : construire la vérité dans le système de communication de l'Occident (XIIIe-XVIIe siècle)*, dir. Jean-Philippe Genêt, Paris, Publications de la Sorbonne, 2015, p. 323-348. De manière générale, le vocabulaire des sources nous renseigne plus sur le rapport à la tradition et les règles de communication dans l'institution ecclésiale que sur l'existence ou non d'un changement majeur de conception et de gouvernement de l'Église.

ce sont ces points qui figurent au cœur des recherches actuelles sur la réforme grégorienne et qui retiennent également les intervenants de ces journées d'étude. Il s'agira donc ici de se concentrer sur la notion elle-même en tant que concept historique signifiant l'existence d'un changement majeur, d'une rupture novatrice par rapport à un état antérieur, en ce qui concerne non seulement l'institution ecclésiale elle-même (sa définition, son organisation, ses prérogatives), mais également ses rapports avec les pouvoirs et la société, ainsi que le rythme et la durée de ce changement.

2. Il n'est pas inutile de rappeler à très grands traits quelques prémisses historiographiques. L'expression « réforme grégorienne » semble apparaître pour la première fois en français en 1873 sous la plume du juriste et historien du droit provençal Charles Giraud, dans une note bibliographique consacrée à Grégoire VII publiée dans la *Revue des Deux mondes*. L'origine conceptuelle de la notion – l'idée que la réforme pontificale de la fin du XIe siècle en général et le pontificat de Grégoire VII en particulier constituent un tournant majeur de l'histoire de l'Église et de la société – peut cependant être attribuée à François Guizot dans son cours d'histoire délivré en 1828[5]. Il faut toutefois attendre la fin du XIXe siècle et la première moitié du XXe siècle pour que cette idée se diffuse et que la réforme grégorienne connaisse un premier apogée historiographique, qui se déploie cependant dans des directions fort différentes en France et en Allemagne, directions qui influencent encore aujourd'hui les recherches scientifiques menées de part et d'autre du Rhin, même de manière incidente.

Dans un contexte marqué par le Kulturkampf et son héritage, l'historiographie allemande s'est focalisée sur la question des investitures épiscopales et l'affrontement entre le pouvoir impérial d'une part, le pouvoir pontifical et ses alliés au sein de la haute aristocratie germanique d'autre part. Toutes les recherches n'ont pas été marquées par la dimension polémique, souvent anti-pontificale, philo-protestante et/ou nationaliste, qui a pu illustrer les premiers travaux sur la question. Mais

5 Charles Giraud, « Études nouvelles sur Grégoire VII et son temps », *Revue des deux mondes*, 104/1873, p. 437-457, 613-645, et 105/1873, p. 141-174. L'expression figure page 153 : « Urbain II a été l'agent décisif de la réforme grégorienne ». *Cf.* Charles de Miramon, « L'invention de la Réforme grégorienne. Grégoire VII au XIXe siècle, entre pouvoir spirituel et bureaucratisation de l'Église », *Revue de l'histoire des religions*, 2/2019, p. 283-315.

la primauté ainsi accordée aux enjeux politiques dans un sens souvent exclusivement institutionnel et idéologique explique que l'expression même de réforme grégorienne reste peu usitée, largement éclipsée par celle de Querelle des investitures, avec toutes sortes de conséquences, notamment chronologiques – le concordat de Worms de 1122 continue ainsi d'apparaître comme la conclusion de la crise inaugurée par le pontificat de Grégoire VII ou le décret de 1059 de Nicolas II ; la pénitence de Canossa, par-delà ses interprétations divergentes, continue de faire figure d'événement emblématique de la séquence grégorienne[6]...

L'historiographie française présente à partir de la fin du XIXe siècle et durant une bonne partie du XXe siècle un paysage plus éclaté, traduisant un fort cloisonnement entre histoire religieuse, illustrée par des historiens souvent catholiques, et histoire sociale[7]. Dans ce cadre, les travaux se focalisent sur la centralisation pontificale et promeuvent une vision héroïque de la papauté réformatrice en lutte contre les maux de l'âge féodal (« l'Église aux mains des laïcs », affligée par la « simonie » et le « nicolaïsme ») dans une veine souvent morale voire moralisatrice. L'ouvrage emblématique de cette tradition est indéniablement *La réforme grégorienne* d'Augustin Fliche, dont les trois volumes paraissent entre 1924 et 1937[8]. Débarrassée de sa dimension apologétique, cette veine interprétative a influencé, dans les années 1950-1980, jusqu'aux travaux des historiens de la « mutation féodale », pourtant venus de l'histoire sociale et généralement issus d'une tradition jacobine ou marxiste : la réforme grégorienne manifestait pour eux, à l'égal du regain d'autorité des princes au XIIe siècle, une forme de réaction à l'ordre féodal prédateur (aux dépens des institutions et biens d'Église notamment) antérieur[9].

6 Sur la Querelle des investitures comme période et comme problème, voir en dernier lieu, Claudia Zey, *Der Investiturstreit*, Munich, C.H. Beck, 2017 ; Jochen Johrendt, *Der Investiturstreit*, Darmstadt, WBG, 2018. Pour une approche historiographique de la notion : Rudolf Schieffer, « Deutungen des Investiturstreits », *Brief und Kommunikation im Wandel. Medien, Autoren, und Kontexte in den Debatten des Investiturstreits*, dir. Florian Hartmann, Cologne-Weimar-Vienne, Böhlau, 2016, p. 23-41.

7 Comme l'historiographie italienne d'ailleurs : voir notamment Raffaello Morghen, *Il pontificato di Gregorio VII*, Rome, Edizioni dell'Ateneo, 1960 et Cinzio Violante, *La Pataria milanese e la Riforma ecclesiastica*, Bari, Laterza, 1955.

8 Augustin Fliche, *La réforme grégorienne*, 3 vol., Louvain-Paris, Champion, 1924, 1925 et 1937. Du même auteur : *Saint Grégoire VII*, Paris, J. Gabalda, 1920 ; *La réforme grégorienne et la reconquête chrétienne, 1057-1125*, Paris, Bloud et Gay, 1940.

9 Voir par exemple Jean-Pierre Poly, *La Provence et la société féodale, 879-1166*, Paris, Bordas, 1976.

En Allemagne comme en France, la réforme grégorienne se trouvait de la sorte prise dans une gangue institutionnelle, tirant vers le politique côté allemand, vers le moral côté français. Ce cadre continue souvent de peser sur les recherches et empêche, ou plutôt embarrasse, une perception de la réforme grégorienne comme « fait social total », seule à même de justifier une analyse en termes de révolution.

3. La réforme grégorienne a pourtant été explicitement pensée en termes de révolution, au sens générique de changement majeur, depuis longtemps. Déjà, sous la plume de Guizot, la « réforme » n'était que la transposition d'une révolution dans le champ religieux[10]. Plus récemment, la nature révolutionnaire de la réforme a été explicitement avancée dans le cadre de l'histoire du droit et des rapports entre droit et société, en particulier par Harold J. Berman en 1983, dont il n'est pas inutile de citer le passage où il résume les critères justifiant à ses yeux l'usage du terme révolution :

> L'histoire de l'Occident a été marquée par des périodes récurrentes de tourmentes prolongées dans lesquelles le système préexistant, en matière politique, juridique, économique, religieuse, culturelle, et d'autres relations sociales, d'institutions, de croyances, de valeurs et d'objectifs, fut renversé et remplacé par un nouvel ensemble. Il n'existe en aucune mesure de symétrie parfaite entre ces périodes de grands changements historiques mais il s'y trouve quand même certains types ou régularités d'événements. Dans chaque révolution on constate :
> – un changement fondamental, rapide, violent, prolongé et affectant le système social tout entier,
> – une recherche de légitimité dans une loi fondamentale, un passé lointain, une perspective d'apocalypse,
> – qu'il lui fallut plus d'une génération pour implanter ses racines,
> – que finalement elle engendra un nouveau système de lois, qui incorporait quelques-uns des objectifs majeurs du soulèvement, qui modifiait le cours de la tradition juridique occidentale mais qui en définitive s'y intégra.
> Ces bouleversements ne furent ni des rebellions ou coups d'État, ni à l'opposé de longues séries d'arrangements ponctuels insérés dans le système préexistant. Ce furent des refontes intégrales accomplies relativement vite, avec beaucoup d'affrontements et de passion[11].

10 *cf.* Ch. de Miramon, « L'invention… », art. cité.

11 Harold J. Berman, *Droit et Révolution, La formation de la tradition juridique occidentale*, trad. fr., Aix-en-Provence, Librairie de l'Université d'Aix-en-Provence, 2002 [1re éd. EU 1983]).

Entre Guizot et Berman, l'ampleur du tournant constitué par la réforme a surtout été mis en valeur par l'historiographie allemande et en particulier par trois auteurs majeurs ayant pour certains réalisé leur carrière dans le monde anglo-saxon, où leur influence demeure notable : Gerd Tellenbach, Walter Ullman et Karl Leyser. Dès 1936, l'œuvre fondamentale de G. Tellenbach, *Libertas : Kirche und Weltordnung im Zeitalter des Investiturstreites*, souligne combien il s'agit d'un changement « d'ordonnancement du monde » dépassant largement la question des investitures (quand bien même le titre de l'ouvrage s'inscrit encore dans ce paradigme périodisant), de la simonie ou du nicolaïsme, le terme de *Weltordnung* renvoyant à la conception et à l'organisation de l'ordre social et politique dans son ensemble. En 1955, l'ouvrage de W. Ullman, *The Growth of Papal Government in the Middle Ages. A Study in the Ideological Revolution of Clerical to Lay Power*, affiche le terme révolution dans son titre et pense la refonte de l'institution ecclésiale engagée par l'essor de l'autorité pontificale et la redistribution des rôles entre clercs et laïcs comme un bouleversement de l'ensemble des structures politiques et idéologiques de la société médiévale. En 1994, la publication (à titre posthume) d'une série d'articles de K. Leyser sous le titre *Communications and Power in medieval Europe. The Gregorian Revolution and Beyond* utilise la formule « révolution grégorienne » dans un sens très large, de l'histoire institutionnelle à l'histoire culturelle du politique[12].

4. Dans l'historiographie française récente, qui se trouve plus directement à l'origine du questionnement de ces journées, et dans mes travaux en particulier (puisque le titre même de ces journées d'étude est emprunté au titre d'un article de vulgarisation de ma plume[13]), la perspective est toutefois bien différente[14].

12 Gerd Tellenbach, Libertas. *Kirche und Weltordnung im Zeitalter des Investiturstreits*, Stuttgart, Kohlammer, 1936 (trad. anglaise : *Church, State and Christian Society at the Time of the Investiture Context*, Oxford, Basil Blackwell, 1938) ; Walter Ullmann, *The Growth of Papal Government in the Middle Ages. A Study in the Ideological Revolution of Clerical to Lay Power*, Londres, Methuen, 1955 ; Karl Leyser, *Communications and Power in medieval Europe. The Gregorian Revolution and Beyond*, éd. Timothy Reuter, Londres, The Hambledon Press, 1994. Voir aussi Manfred Weitlauff, « Von der Reichskirche zur"Papstkirche". Revolution, Säekularisation, kirchliche Neuorganisation und Durchsetzung der papalistischen Doktrin », *Zeitschrift für Kirchengeschichte*, 113, 2002, p. 355-402.

13 Florian Mazel, « La réforme grégorienne. Une révolution totale », *L'Histoire*, 381/2012, p. 66-72 (le titre, un brin provocateur, a cependant été choisi par la rédaction de la revue).

14 Pour une présentation plus détaillée de ce qui suit et l'ensemble des références, voir Florian Mazel, « Pour une redéfinition de la réforme "grégorienne" : éléments d'introduction »

(a) En premier lieu, le spectre thématique considéré est bien plus large : la réforme grégorienne est envisagée comme un changement social majeur parce qu'elle marque toutes les dimensions de la vie sociale, bien au-delà des seuls jeux de pouvoir des élites aristocratiques ecclésiastiques et laïques. Elle affecte en particulier :

- la définition des statuts et des rapports sociaux en promouvant la norme sexuelle et matrimoniale comme critère majeur de distinction entre clercs et laïcs : les premiers, célibataires et continents, sont en charge de la reproduction spirituelle de la société, les seconds, voués au mariage et à la procréation, en charge de sa reproduction charnelle. La célèbre formule d'Yves de Chartres reprise par le *Décret* de Gratien : « Il y a deux *genres* de chrétiens, les clercs et les laïcs », distingue, oppose et hiérarchise deux *genus* (lignées ou parentés) et non plus seulement deux *ordines* (fonctions) ; ce qui explique, entre autres choses, l'importance de la lutte contre le « nicolaïsme » (indispensable pour fonder l'essence et la supériorité du sacerdoce) et la valorisation de l'eucharistie (c'est le pouvoir majeur du prêtre que de transformer des biens matériels en corps et sang du Christ).
- la question des biens et des échanges en favorisant la sacralisation de certaines catégories de biens et de droits (les églises, la dîme...) définis non plus seulement comme *res ecclesiae* mais comme *spiritualia* (en lien avec les rites sacrés qui les instituent comme tels), ainsi que d'un certain type d'échanges (les échanges définis comme purs et justes, à rebours des mauvais échanges que sont la « simonie » et l'« usure »).
- la question des droits et des juridictions, en suscitant la défense et l'extension des droits et des prérogatives juridictionnelles de l'institution ecclésiale (extension des immunités et du for ecclésiastiques, extension des *materie* relevant de la justice d'Église...).
- la question du rapport à l'espace et des assignations territoriales en favorisant la sortie de la papauté de son pré carré romain (voyages pontificaux, système des légats...), la territorialisation de l'encadrement ecclésiastique et les logiques d'assignation territoriale des fidèles

---

et Dominique Iogna-Prat, « Conclusion », *La réforme "grégorienne" dans le Midi (milieu XIe-début XIIIe siècle), Cahiers de Fanjeaux*, 48, Toulouse, Privat, 2013, p. 9-38 et 603-619. Pour une présentation synthétique, voir Florian Mazel, *Féodalités, 888-1180*, Paris, Belin, 2010, p. 235-385.

(territorialisation de la paroisse et du diocèse, formation d'une géographie administrative de circonscriptions emboitées les unes dans les autres, transformation et extension de la pratique de la visite...)[15].

Ces mutations en profondeur des rapports entre l'institution ecclésiale et la société dessinent les contours d'un *dominium* universel de l'Église, dont le paiement régulier de la dîme (redéfinie et étendue) devient aux XIIe-XIIIe siècles le signe de la reconnaissance par celui qui la verse[16]. A contrario, ce *dominium* sert de point d'appui à la séparation entre inclus et exclus, lesquels sont voués aux discriminations, aux persécutions ou à la guerre (les juifs, les hérétiques, les musulmans).

Ces mutations bouleversent enfin la domination aristocratique laïque elle-même en la « laïcisant » ou la « sécularisant », c'est-à-dire en la vidant de sa dimension ecclésiale : les seigneurs laïcs (au même titre que les rois et les princes, mais souvent plus radicalement) doivent ainsi progressivement renoncer à leur emprise directe sur les églises et les clercs, les biens ecclésiastiques et les dîmes, qui fournissaient une part notable de leurs ressources et constituaient un élément déterminant de leur autorité et de leur légitimité.

(b) En deuxième lieu, la temporalité du phénomène est pensée autrement. La réforme ne se réduit pas au temps court correspondant pour l'essentiel à la Querelle des investitures, du pontificat de Grégoire VII au Concordat de Worms (1073-1122), ni même à la séquence longue mise en avant par les recherches françaises et italiennes des années 1960-1980, qui l'inauguraient avec le pontificat de Léon IX et la concluaient avec saint Bernard (1049-1153) – une chronologie que Guizot avait déjà proposée. La réforme est à concevoir dans une temporalité encore plus longue, du milieu du XIe siècle au début du XIIIe siècle, le concile de Latran IV de 1215 en constituant en quelque sorte la récapitulation, et dans une temporalité plus complexe, enchâssant différentes durées : le temps court de la crise grégorienne (les années 1075-1110, moment paroxystique de l'affrontement entre la papauté et les souverains, en particulier l'empereur germanique), le temps moyen du tournant grégorien (les années 1049-1123,

15 Voir en dernier lieu Florian Mazel, « Les espaces de la "*libertas*" ecclésiastique », *Libertas, secoli* X-XIII, dir. Nicolangelo D'Acunto et Elisabetta Filippini, coll. « Settimane internazionali della Mendola. Nuova Serie, 6 », Milan, Vita e Pensiero, 2019, p. 39-52.

16 Sur ce point, voir Michel Lauwers, « Pour une histoire de la dîme et du *dominium* ecclésial », *La dîme, l'Eglise et la société féodale*, Turnhout, Brepols, 2012, p. 11-64.

temps d'inflexion entre premier et second Moyen Âge) et le temps long de la réforme grégorienne (les années 1049-1215, incluant le déploiement des effets du tournant grégorien tout au long du XIIe siècle).

(c) En troisième lieu, la portée du phénomène est comprise différemment. Le terme de révolution, pour être véritablement heuristique dans cette perspective élargie à la fois en termes de champ et de temps, doit être débarrassé de ce qu'il charrie de violence et de « table rase » du passé. Certes, la réforme grégorienne fut un temps de polémiques et de crises parfois très dures. Certains réformateurs ont parfois cherché ou provoqué le rejet voire la destruction de traditions issues du passé – pensons au rejet explicite par Grégoire VII des anciennes prescriptions impériales. Mais les processus plus souterrains ou plus ambigus qu'elle engagea et les résistances qu'elle rencontra en atténuèrent souvent la radicalité. La production du neuf se fit à travers toute une série de compromis, d'adaptations et d'ajustements qui furent d'ailleurs la raison même de l'acceptation progressive du changement. En termes gramsciens, on pourrait avancer que c'est ce processus même qui permit le passage d'une hégémonie culturelle à l'autre, ce qui peut être une autre manière de dire la révolution grégorienne. Il faut en outre souligner que le changement promu et porté par la réforme, ce passage d'une hégémonie culturelle à l'autre favorisant toute une série de bouleversements politiques, sociaux et seigneuriaux (et donc aussi économiques), a bien été perçu par les contemporains, surtout au XIIe siècle[17]. Au regard du conservatisme ou du traditionalisme profonds des représentations des médiévaux, il y eut un haut degré de conscience du caractère nouveau de ce qui se produisait, en dépit des résistances et des ambiguïtés – ce qui constitue également un critère de la nature révolutionnaire de la mutation effectuée.

5. Les directions dessinées par les titres des cinq sessions de ces deux journées restent focalisées sur les questions juridiques, théologiques et liturgiques ou sur les questions culturelles (arts visuels et pratiques de l'écrit), toutes rapportées à l'institution ecclésiale dans son acception traditionnelle : l'Église en tant qu'institution au sens juridique du terme. On peut le regretter tant l'un des apports de l'historiographie française des deux

17 Voir notamment Giles Constable, *Three studies in medieval religious and social thought*, Cambridge, Cambridge University Press, 1995 et *The reformation of the 12th century*, Cambridge, Cambridge University Press, 1996.

dernières décennies est justement, comme on vient de le rappeler, d'avoir diversifié les terrains de l'enquête et élargi le spectre des questionnements. Cependant, il faut reconnaître que la transformation profonde des fondements juridiques et politiques de l'institution ecclésiale constitue une dimension clé de la réforme grégorienne, et cela dans quatre directions principales :

– la cléricalisation croissante de l'institution, qui passe par le renouvellement de la définition du clerc (imposition de la norme du célibat et diffusion du modèle monastique), l'exaltation du sacerdoce (en relation avec la théologie de l'eucharistie, de l'imposition de la conception réaliste à travers la controverse bérengarienne jusqu'à l'établissement du dogme de la transsubstantiation par la scolastique du XIIIe siècle) et la mise en ordre des différents états de vie (définition du statut de clerc séculier, de chanoine régulier, codification des nouveaux ordres monastiques et religieux, encadrement des formes de vie semi-religieuse après la prolifération érémitique…).
– la centralisation pontificale, qui doit se comprendre dans un sens disciplinaire et administratif, mais aussi dans un sens doctrinal, la papauté s'appropriant la production de la vérité dogmatique[18].
– la bureaucratisation du gouvernement ecclésial (développement d'offices et de procédures de nature administrative dans le champ de la justice, de la fiscalité et même de la pastorale).
– la territorialisation des structures d'encadrement (affirmation des logiques d'assignation territoriale des clercs et des fidèles dans le cadre d'une géographie administrative territorialisée, hiérarchisée et centralisée).

Il reste que si la réforme grégorienne peut être considérée comme une « révolution totale », c'est en se fondant sur une conception plus large de la notion d'institution, puisant sa source non dans le droit mais dans la sociologie et l'anthropologie (Durkheim, Mauss, Douglas, Balandier)[19], qui

18 Voir en dernier lieu, avec renvoi à la bibliographie antérieure, F. Mazel, « Vérité… », art. cité.

19 Émile Durkheim, *Les règles de la méthode sociologique*, Paris, Payot, 1894, p. XXXII : « On peut (…) appeler institutions, toutes les croyances et tous les modes de conduite institués par la collectivité. » ; Marcel Mauss et Paul Fauconnet, « La sociologie, objet et méthode », *Grande Encyclopédie*, vol. 30, Paris, Société anonyme de la Grande Encyclopédie, 1901 ; Georges Balandier préface à Mary Douglas, *Comment pensent les institutions ?*, Paris, La

implique de tenir à distance les grandes catégories construites aux XVIIIe et XIXe siècles (« religion », « société » et « économie »), et donc de rompre les cloisonnements épistémologiques et historiographiques entre « histoire religieuse », « histoire sociale », « histoire économique » et « histoire politique » au profit d'une approche inclusive et multi-dimensionnelle[20]. Il faut donc avant tout replacer l'*Ecclesia* au cœur de la société, penser l'une et l'autre comme « imbriquées » l'une dans l'autre, ou plutôt comme se recouvrant largement (mais pas totalement) l'une l'autre, le processus de réforme conduisant justement à la dissociation grandissante d'avec la société d'une sphère ecclésiastique qui se pense de plus en plus comme un corps juridique distinct et revendique de plus en plus explicitement son « autonomie » – ne serait-ce, au sens propre, que sur le plan de la production des normes. Dès lors, le changement dans l'Église ne peut qu'impliquer un changement de l'ordre social dans son ensemble, plus profond qu'une simple reconfiguration de la structure institutionnelle de l'*Ecclesia* et des rapports de pouvoir entre « temporel » et « spirituel » – un couple notionnel dont l'apparition est de manière significative le produit même de la réforme[21]. C'est bien un nouvel ordre du monde qui émerge alors et celui-ci n'est pas seulement une affaire de représentation ou d'idéologie, mais bien aussi de pratiques sociales et de structures de pouvoir.

Florian Mazel
Université de Rennes 2

Découverte, 2004 (1re éd. anglaise 1986), p. 17-18 : « [Le terme institution] désigne un organisme relativement stable, soumis à des règles de fonctionnement et accomplissant des fonctions sociales spécifiques ; plus largement encore, il se reporte à cette forme de l'organisation sociale qui lie des valeurs, des normes, des rôles, des modèles de relation et de conduite. Mary Douglas donne une définition d'esprit durkheimien : l'institution est un groupement social légitimé. »

20 Sur les apories suscitées par de tels cloisonnements, voir Michel Lauwers, « L'Église dans l'Occident médiéval : histoire religieuse ou histoire de la société ? Quelques jalons pour un panorama de la recherche en France et en Italie au XXe siècle », *Mélanges de l'École française de Rome – Moyen Âge*, 121-2/2009, p. 267-290.

21 *Cf.* Charles de Miramon, « *Spiritualia* et *Temporalia* – Naissance d'un couple », *Zeitschrift der Savigny-Stiftung für Rechtsgeschichte. Kanonistische Abteilung*, 92/2006, p. 224-287 (même si le propos s'inscrit par ailleurs dans la définition traditionnelle de la réforme grégorienne : une mutation institutionnelle de l'Église entre 1049 et 1122).

PREMIÈRE PARTIE

DES PRATIQUES JURIDIQUES ET ECCLÉSIASTIQUES EN ÉVOLUTION

FRANKREICH, DAS REICH UND DIE INVESTITUR

Ein Problem im Rückblick

EINFÜHRUNG – LAIENINVESTITUR UND INVESTITURSTREIT

Der Investiturstreit gilt als epochaler Einschnitt in der deutschen Geschichte, durch den sich das politische System des römisch-deutschen Reiches grundlegend veränderte. Dementsprechend ist das Thema seit dem 19. Jahrhundert ein zentrales Forschungsthema in der deutschen Mediävistik[1]. Einen entsprechenden Status hat die « Querelle des Investitures » in der französischen Forschung nie erlangt. Die « Réforme Grégorienne » wurde lange als primär innerkirchliches Phänomen angesehen, während man tiefgreifende Einschnitte in das politische System eher an anderen Zeitpunkten vermutete[2].

Dieser Befund wirft die Frage auf, ob die Diskrepanz die tatsächlichen Verhältnisse in diesen eng verbundenen, aus dem Frankenreich Karls des Großen hervorgegangenen Reichen spiegelt oder ob er nicht eher forschungsgeschichtlichen Traditionen und historiographischen Meistererzählungen geschuldet sein könnte. Hier soll – selbstverständlich ohne den Anspruch, dieses Problem vollständig lösen zu können – ein

1 Rudolf Schieffer, « Deutungen des Investiturstreits », *Brief und Kommunikation im Wandel. Medien, Autoren und Kontexte in den Debatten des Investiturstreits*, Hg. Florian Hartmann, Köln / Weimar / Wien, Böhlau, 2016, S. 23-42. Gute aktuelle Überblicke über die umfangreichen Forschungen zum Thema bieten Claudia Zey, *Der Investiturstreit*, München, C.H. Beck, 2017 und Jochen Johrendt, *Der Investiturstreit*, Darmstadt, wbg Academic, 2018.

2 Prägend war lange Augustin Fliche, *La Réforme grégorienne*, Louvain, Paris, Champion, 1924-1937. In jüngerer Zeit haben Forscher wie Florian Mazel und Jean-Hervé Foulon in zahlreichen Publikationen auf die politischen Konsequenzen der Reform hingewiesen. Zu jüngeren Entwicklungen vgl. auch die Einleitung diese Bandes.

Beitrag zu dieser Frage aus einem ganz bestimmten Blickwinkel geleistet werden, dem der Laieninvestitur. Ziel dieses Beitrags ist, einen neuen Blick auf die Zusammenhänge und Interferenzen zwischen dem Problem der Laieninvestitur – bzw. seiner Konstruktion – im römisch-deutschen Reich und in Frankreich aufzuzeigen. Dazu werden im Folgenden drei Berichte aus dem westlichen Frankreich, in denen von Laieninvestitur die Rede ist, untersucht ; sie betreffen Bischof Hoël von Le Mans (1081–1096), Abt Bartholomäus von Marmoutier (1063–1084) und Rainaud von Martigné, den Bischof von Angers und späteren Erzbischof von Reims (1101–1124 bzw. 1124–1139). Alle Berichte entstanden weit nach den Ereignissen, die sie beschreiben, insbesondere nach den Ereignissen von 1111, die die Laieninvestitur erstmals als das zentrale Problem der Auseinandersetzungen zwischen *regnum* und *sacerdotium* erscheinen ließ – und reagieren, so die These des Beitrags, zumindest indirekt auf sie.

Hielt man die Investitur in der deutschen Forschung lange für die tiefere Ursache der Konflikte zwischen Kaiser und Papst, so ist inzwischen deutlich, dass sie am Beginn der Auseinandersetzungen zwischen Heinrich IV. und Gregor VII. allenfalls eine Nebenthema darstellte und erst nach 1100, vor allem aber ab 1111 als der zentrale Konfliktgegenstand in den Auseinandersetzungen identifiziert (und im Wormser Konkordat schließlich gelöst) wurde[3]. Zuvor waren Laieninvestituren allenfalls ein Randthema der Auseinandersetzungen, ja die Praxis der Laieninvestitur war 1077 bei den Ereignissen von Canossa möglicherweise noch nicht einmal verboten[4]. Insofern ist die Bezeichnung « Investiturstreit » für diesen Zeitraum irreführend, im engeren Sinne zutreffend ist er erst für das frühe 12. Jahrhundert.

Auf diese Weise zeigen sich deutliche Ähnlichkeiten zwischen dem römisch-deutschen Reich und den übrigen Reichen des lateinischen Europa, vor allem England und Frankreich, in denen das Thema Investitur ebenfalls vor allem nach der Jahrhundertwende an Bedeutung gewann[5].

3 Stefan Beulertz, *Das Verbot der Laieninvestitur im Investiturstreit*, Hannover, Hahnsche Buchhandlung, 1991, siehe in Zukunft auch Thomas Kohl, « Die Erfindung des Investiturstreits ».

4 So zuerst Rudolf Schieffer, *Die Entstehung des päpstlichen Investiturverbots für den deutschen König*, Stuttgart, Hiersemann, 1981.

5 Augustin Fliche, « Y a-t-il eu en France et en Angleterre une querelle des investitures ? », *Revue Bénédictine*, 46/1934, S. 283-295. Siehe zum englischen Investiturstreit Stefanie Schild, *Der Investiturstreit in England*, Husum, Matthiesen, 2015.

Doch bereits zuvor war die Laieninvestitur in Frankreich ein akutes Thema. Von hier stammt das erste sicher belegte Verbot dieser Praxis im Herbst 1077 durch den päpstlichen Legaten Hugo von Die auf der Synode von Autun und Anfang 1078 in Poitiers ; ein sicheres päpstliches Verbot kennen wir erst aus dem Herbst dieses Jahres[6]. Allerdings stand das Problem der Laieninvestitur noch nicht im Zentrum des Interesses, das Verbot war, wie Augustin Fliche bemerkte, ein Mittel zum Zweck und nicht ein eigenständiges Ziel[7].

Die Nachrangigkeit des Themas erkennt man auch daran, dass es in zeitgenössischen Quellen über Bischöfe keine Rolle spielt, auch nicht als Vorwurf in Bezug auf ihre (vermeintlich) unrechtmäßige Wahl – und das in einer Zeit, in der Konflikte um Bischöfe und ihre Erhebung eher die Regel als die Ausnahme waren[8]. Um ein Beispiel zu nennen : Selbst im Falle des umstrittenen Erzbischofs Radulf I. von Tours (1068/70-1087) erscheint dieser Vorwurf nicht, obwohl ihm sonst ein beachtlicher Katalog von Verfehlungen vorgeworfen wurde, darunter Eidesbruch gegenüber dem König, indem er versucht habe, seine Kirchenprovinz dem König zu entziehen, die Tatsache, dass er die Weihe des Bischofs Hoël von Le Mans verweigerte, Kontakt zum exkommunizierten Grafen Fulco le Réchin von Anjou, bewaffnetes Vorgehen gegen die Synode von Poitiers 1078 – die Synode, auf der Hugo sein Investiturverbot erneuerte – und natürlich Simonie, der bei weitem häufigsten Vorwurf gegenüber einem Bischof in dieser Zeit[9]. Und obwohl ein Kanoniker von Saint-Martin in Tours ihm den Beinamen *inimicus Dei* beilegte, äußert sich doch niemand zur Investitur. Sie scheint kein Problem dargestellt zu haben, das sich zu einer weiteren Verfehlung hätte ausbauen lassen können. Angesichts der Intensität und zuweilen auch Maßlosigkeit der sonstigen

6 R. Schieffer, *Entstehung, op. cit.*, S. 162-167. Johann Englberger, « Gregor VII. und die Bischofserhebungen in Frankreich. Zur Entstehung des ersten römischen Investiturdekrets vom Herbst 1078 », *Die früh- und hochmittelalterliche Bischofserhebung im europäischen Vergleich*, Hg. Franz-Reiner Erkens, Köln / Weimar / Wien, 1998, S. 193-258, geht davon aus, dass auch das päpstliche Verbot insbesondere auf französische Fälle reagierte.

7 A. Fliche, « Y a-t-il eu », art. cité, hier S. 286.

8 Siehe allgemein Myriam S. Audebert, *La crosse brisée. Des évêques agressés dans une Église en conflits (royaume de France, fin x^e-début xiiie siècle)*, Turnhout, Brepols, 2005. Keiner der Bischöfe, der zwischen 1070 und 1100 in Angers, Tours und Le Mans amtierte, konnte ohne grundlegende Anfechtung sein Amt ausüben.

9 Siehe dazu Thomas Kohl, *Streit, Erzählung und Epoche. Deutschland und Frankreich um 1100*, Stuttgart, Hiersemann, 2019, S. 245-258.

Vorwürfe gegenüber dem Erzbischof – unter anderem Inzest mit seiner Schwester[10] – ist anzunehmen, dass, wenn diese Möglichkeit bestanden hätte, zumindest eine der kritischen Stimmen darauf hingewiesen hätte. Die Laieninvestitur war – noch – kein allgemein bekanntes und als dringlich empfundenes Problem.

Vor diesem Hintergrund liegt es nahe, auch die französischen Quellen über (vermeintliche oder versuchte) Laieninvestituren einer neuen Betrachtung zu unterziehen. Die hier betrachteten Beispiele aus Le Mans, Marmoutier und Angers betreffen Radulfs Kirchenprovinz Tours in den Jahren zwischen 1064 und 1101[11]. Sie berichten vom Widerstand neu gewählter Bischöfe und Äbte gegen Investiturversuche von Laienfürsten bzw. von einer angeblich erfolgten Investitur eines Bischofs durch einen Grafen. Betrachten wir zunächst das Beispiel Bischof Hoëls von Le Mans.

HOËL VON LE MANS UND GRAF HUGO V. VON MAINE

Hoël wurde etwa 1081 Bischof von Le Mans, eingesetzt oder zumindest unterstützt vom damaligen Herrscher in der Grafschaft Maine, König Wilhelm dem Eroberer. Erzbischof Radulf von Tours verweigerte ihm die Weihe (wohl auf Druck des Grafen von Anjou Fulco, der seinerseits Ansprüche auf die Grafschaft erhob) und sie wurde schließlich vom Erzbischof von Rouen vorgenommen[12]. Nach dem Tod König Wilhelms im Jahr 1090 konnte sich sein Sohn, Herzog

10 *Me dicis porcum, te dico rectius hircum ; / Qui nulli parcis, neque, fert ut fama, sorori, / Coecus avaritia, serpens furibundus in ira. / Simon habes nomen, nummis mercatus honorem : / Ergo anathema tuum ceu stercus curo caninum* – So der Beginn eines Bischof Eusebius-Bruno von Angers zugeschriebenen Epigramms über Radulf (*Narratio controversiae inter capitulum S. Martini Turonensis et Radulphum eiusdem urbis archiepiscopum*, ed. Martin Bouquet, RHF 12, S. 459).

11 Siehe zu dieser Region Jean-Hervé Foulon, *Église et réforme au Moyen Âge. Papauté, milieux réformateurs et ecclésiologie dans les Pays de la Loire au tournant des XIe-XIIe siècles*, Bruxelles, De Boeck, 2008.

12 Siehe zu Bischof Hoël Yannik Hillion, « Arnaud et Hoël, deux évêques du Mans au service de Guillaume le Conquérant », *Annales de Bretagne et des Pays de l'Ouest*, 110, 2003, S. 49-77 und Th. Kohl, *Streit*, *op. cit.*, S. 269-274.

Robert, in der Grafschaft Maine nicht durchsetzen; man nahm dort stattdessen Hugo V. als Grafen an, dessen Mutter aus der alten, in männlicher Linie ausgestorbenen Grafenfamilie stammte[13]. Bischof Hoël flüchtete zunächst vor dem neuen Grafen in die Normandie zu Herzog Robert, der ihm jedoch keine Hilfe bieten konnte oder wollte, er war, wie der Verfasser des Lebensberichts des Bischofs schreibt « über das Maß der Trägheit und Wollust hingegeben[14] ». Hoël kehrte also zurück nach Le Mans und zog dort ins Kloster Saint-Vincent, denn im Bischofspalast hatte sich der neue Graf niedergelassen. Hugo und Hoël verhandelten über Boten, bis der Graf verlangte, dass Hoël « die Gabe des Bistums von ihm annehme[15] », sich also von ihm investieren lasse. Hoël verweigerte dies und floh aus der Stadt. Der Graf riss daraufhin die Einkünfte der Kirche an sich und die Kirche von Le Mans geriet zeitweise unter die Kontrolle eines Kanonikers namens Hilgot und des Dekans des Domstifts, Gervais. Die Bevölkerung leistete Widerstand und die Auseinandersetzungen in der Stadt eskalierten, bis der Graf schließlich gezwungen war, den Bischof zurückzurufen. Anschließend verkaufte Hugo die Grafschaft an seinen Vetter Helias und kehrte auf die väterlichen Besitzungen in Italien zurück[16].

Diese Informationen stammen aus den *Actus pontificum Cenomannis*, einer Sammlung von Gesten der Bischöfe von Le Mans, die über Jahrhunderte von verschiedenen Autoren verfasst wurden[17]. Sie ist

---

13 Zu Helias Bruno Lemesle, *La société aristocratique dans le Haut-Maine, XIe-XIIe siècles*, Rennes, Presses universitaires de Rennes, 1999, S. 37-46; Richard E. Barton, « Henry I, Count Helias of Maine, and the Battle of Tinchebray », *Henry I and the Anglo-Norman world. Studies in memory of C. Warren Hollister*, Hg. Donald F. Fleming und Janet M. Pope, Woodbridge, Rochester, NY, Boydell Press, 2007, S. 63-90; und Thomas Kohl, « Maine, Normandie und Anjou – die Integration einer Grafschaf in die Nachbarterritorien », *Genèse des espaces politiques (IXe-XIIe siècle). Autour de la question spatiale dans les royaumes francs et post-carolingiens*, Hg. Geneviève Bührer-Thierry, Steffen Patzold und Jens Schneider, Turnhout, Brepols, 2017, S. 247-269, hier S. 261-263.

14 *Ultra modum inertie et voluptati deditus. Actus pontificum Cenomannis in urbe degentium.* Siehe bis zur Neuedition durch Florian Mazel die Edition von Gustave Busson und Ambroise Ledru, Le Mans, Société des archives historiques du Maine 1901, hier S. 286.

15 *Comes autem, malo ingenio episcopum circumvenire cupiens, postulabat ut ab ipso donum episcopatus acciperet* (*Actus pontificum*, ed. cit., S. 387).

16 Hugo war Sohn des Markgrafen Azzo, dem Vater Herzog Welfs IV. von Bayern und Markgraf Fulcos I. von Este. Er war in zweiter Ehe mit Gersendis, einer Tochter Graf Herberts « Weck-den-Hund » von Maine, verheiratet.

17 Robert Latouche, « Essai de critique sur les continuations des Actus », *Le Moyen Âge*, Ser. 2, 11, 1907, S. 225-275.

die einzige Quelle, die Hoël ausführlich behandelt, und nur hier wird auch der Versuch des Grafen erwähnt, Hoël die Investitur zu verleihen. Die Glaubwürdigkeit der Information ist also zumindest zweifelhaft, obwohl sich der (anonyme) Verfasser der Gesten des Hoël (und der seines Nachfolgers Hildebert) dem Bischof offenbar eng verbunden fühlte und Hoël persönlich gekannt haben muss[18]. Allerdings verfasste er den Text erst zwischen 1133 und 1141[19], Jahrzehnte nach dem Tod des Protagonisten. Entscheidend für die Frage, warum die Nachricht über den Investiturversuch Hugos V. und den Widerstand des Bischofs in den Bericht über Hoël aufgenommen wurde – ganz ungeachtet der Frage, ob der Investiturversuch und der Widerstand des Bischofs tatsächlich stattfanden – kann nicht die nahezu hagiographische Gestaltung des Textes über den Bischof an sich sein. Vielmehr ist entscheidend, dass der Verfasser den Widerstand gegen einen Investiturversuch eines Laien für einen geeigneten Beleg für einen herausragenden Bischof hielt – das war in den 1130er Jahren ganz offensichtlich der Fall. Dies erkennt man nicht zuletzt bei Suger von Saint-Denis, der in der gleichen Zeit die Ausübung der Laieninvestitur als den Kern der Verfehlungen Heinrichs V. darstellte[20].

BARTHOLOMÄUS VON MARMOUTIER UND GEOFFROY DER BÄRTIGE VON ANJOU

Noch größer ist der Abstand zwischen Ereignis- und Berichtszeit bei der Nachricht über den Widerstand des neu gewählten Abts Bartholomäus von Marmoutier gegen den – angeblichen – Versuch des Grafen Geoffroy

18 Er beschreibt seine eigene Trauer beim Tod des Bischofs (*Actus pontificum*, éd. citée S. 395).

19 R. Latouche, « Essai », art. cité.

20 *Summus pontifex Paschalis ad partes occidentales [accessit] cum multis et sapientissimis viris, episcopis et cardinalibus et Romanorum nobilium comitatu, ut regem Francorum et filium regem designatum Ludovicum et ecclesiam Gallicanam consuleret super quibusdam molestiis et novis investiture ecclesiastice querelis, quibus eum et infestabat et magis infestare minabatur Henricus imperator, vir affectus paterni et tocius humanitatis expers, qui et genitorem Henricum crudelissime persecutus exheredavit.* Suger, *Vie de Louis VI le Gros*, ed. Henri Waquet, 2. Aufl. Paris, Les Belles Lettres, 1964, c. 10, S. 51. Siehe dazu in Zukunft Th. Kohl, « Die Erfindung des Investiturstreits ».

des Bärtigen, ihn im Jahr 1064 in sein Amt zu investieren. Der Bericht stammt aus einer Version der *Gesta Consulum Andegavorum*, einer Chronik der Grafen von Anjou, die in der Mitte des 12. Jahrhunderts im Kloster selbst entstand. Sie schildert das Geschehen als moralisches Exempel für die Herausforderungen, die der Teufel den Dienern Gottes stellt[21]. Der Teufel selbst versuchte nämlich die Wahl des Abtes und seine Weihe heimzusuchen und stachelte deshalb Graf Geoffroy zum Versuch an, das Kloster seiner Herrschaft zu unterwerfen und den Abt des Ortes zu zwingen, « dass er aus seiner Hand den Hirtenstab entgegennehme »[22]. Die Mönche sandten eine Delegation zum Grafen und legten ihm dar, dass das Kloster seit seiner Gründung nie gräflicher Herrschaft unterstanden habe. Geoffroy gab seinen Anspruch aber nicht auf, sondern drohte dem Kloster mit Zerstörung und ging gegen seinen Besitz vor. Die Mönche antworteten mit einer Barfußprozession zum Grab des Heiligen Martin am anderen Ufer der Loire mitsamt der vom Kloster versorgten Behinderten und Leprösen und baten Abt Hugo von Cluny um Unterstützung. Auch dessen Vermittlung scheiterte, jedoch wurde der Graf wenig später von seinem Bruder Fulco gestürzt[23].

Der Versuch der Investitur ist hier wie bei Hoël von Le Mans der Auftakt zu einer Erzählung über heroischen Widerstand der Diener Gottes gegen ihre Feinde. Der Sturz Geoffroys wird zu einem Lehrstück über die Bestrafung Hochmütiger. Tatsächlich scheint es in den Jahren des Bürgerkriegs zwischen Geoffroy und seinem Bruder Fulco 1066/67

21 *Quante cupiditatis et avaricie quante etiam crudelitatis et superbie et quo modo Deus ei resisterit et humiliaverit, ut legitur »Deus superbis resistit« et »frangit Deus omne superbum«, locus in presentia habetur. Diabolus cuius cibus et delectatio est a mundi principio sancta, pacifia perturbare, bonis operibus obviare electionem Bartholomei abbatis Majoris Monasterii atque benedictionem sincerissime factam molitus est modis quibus potuit infestare* (*Gesta Consulum Andegavorum*, Additamentum VII, ed. Louis Halphen und René Poupardin, *Chroniques des comtes d'Anjou et des seigneurs d'Amboise*, Paris, A. Picard, 1913, S. 152-155, hier S. 152). Siehe zu diesem Fall Th. Kohl, *Streit*, *op. cit.*, S. 406-412.

22 *Instigavit igitur comitem Andegavensium, nomine Gaufredum, cognomento Barbatum, ut locum Maioris Monasterii suo dominatui subiugaret et abbatem loci cogeret ut de manu illius baculum pastoralem reciperet* (*Gesta Consulum*, Additamentum VIII, ed. cit., S. 152).

23 *Ibid.* S. 153-155. Zum Krieg zwischen Fulco und Geoffroy bietet Olivier Guillot, *Le Comte d'Anjou et son entourage au XIe siècle*, Bd. 1, S. 102-117 die beste Darstellung. Siehe zur historiographischen Verarbeitung des Sturzes Geoffroys Jean-Hervé Foulon, « L'Église et son rôle dans les conflits familiaux angevins. Le cas exemplaire de la famille comtale durant la seconde moitié du XIIe siècle », *La parenté déchirée. Les luttes intrafamiliales au Moyen Âge*, Hg. Martin Aurell, Turnhout, Brepols, 2010, S. 177-202.

in den großen Kirchen von Tours – neben Marmoutier auch das Stift Saint-Martin und die bischöfliche Kirche – erheblichen Widerstand gegen Geoffroy gegeben zu haben[24]. Dass sich die Auseinandersetzungen an der Ausübung der Investitur entzündeten, ist hingegen nicht zu erwarten, denn dieses Problem wird in keiner anderen Quelle bestätigt, auch nicht in der Vita Hugos von Cluny aus der Feder des Hildebert von Le Mans von 1122, die die wesentliche Vorlage für die Episode war[25]. Vielmehr scheint die Laieninvestitur in dieser Zeit zu einer allgemeinverständlichen Chiffre geworden zu sein : Sie war – wie bei Hoël von Le Mans – das Anzeichen für einen unzulässigen, skandalösen laikalen Zugriff auf eine Kirche.

Doch erlaubt uns dieses Beispiel, das Thema « Investitur » noch aus einem anderen Blickwinkel zu betrachten, denn tatsächlich wurde in den 1050er und 1060er Jahren in Marmoutier offenbar eine eigene Form der Einsetzung von Äbten erprobt : Eine Investitur durch Bischof und Graf. Abt Albert, der Vorgänger des Bartholomäus, scheint bei der Einführung der Äbte verschiedener Klöster im angevinischen Raum wie Saint-Aubin in Angers und Saint-Florent in Saumur darauf gedrungen zu haben, dass die *cura pastoralis* vom Bischof, das *donum rerum temporalium* aber vom Grafen verliehen wurde, wie aus mehreren ähnlich lautenden Wahlurkunden zu erkennen ist[26]. In Saint-Aubin scheinen die Mönche die Doppelinvestitur aber entweder nicht verstanden oder ignoriert zu haben : Während eine unter Alberts Mitwirkung ausgestellte Wahlurkunde für Abt Thierry im Jahr 1056 nahezu die gleiche Formulierung wie die

24 Foulon weist *ibid.*, S. 192f. darauf hin, dass das Kloster Marmoutier seit dem Jahr 1094 als Opfer Geoffroys dargestellt wird. Jedoch gibt es schon zuvor Hinweise, dass sich die Opposition gegen Geoffroy zumindest auch um das Kloster Marmoutier herum formierte, vgl. Th. Kohl, *Streit*, *op. cit.*, S. 161f.

25 Hildebert von Lavardin, *Vita Hugonis Abbatis*, ed. Jacques-Paul Migne, *Patrologia Latina 159*, Paris, 1854, Sp. 857-894, hier Sp. 880f.

26 In der Version aus Saint-Florent heißt es : *Quem etiam domino nostro Gausfrido pręclarissimo comiti cujus juris nostrum est monasterium unacum domno Alberto Sancti Martini Majoris monasterii abbate cujus professus est coeterisque fratribus qui de eodem monasterio aderant, gratanter obtulimus, ut quod electio nostra decreverat, illius confirmaret auctoritas. Deinde praesentavimus eum venerabili prudentissimoque patri Eusebio Andecavensis urbis episcopo, ut cui comes exterius tradiderat auctoritate sua dominium, episcopus debita benedictione consecrans, ex more ecclesiastico curam committeret animarum.* (Nr. 3342, *in Chartes originales antérieures à 1121 conservées en France*, ed. Cédric Giraud, Jean-Baptiste Renault und Benoît-Michel Tock, Nancy, Orléans 2010). Siehe dazu Olivier Guillot, « A Reform of Investiture before the Investiture Struggle in Anjou, Normandy, and England », *Haskins Society Journal : Studies in Medieval History*, 3/1991, S. 81-100.

kurz zuvor in Saumur geschriebene Urkunde verwendet[27], spricht eine wenig später ausgestellte zweite Urkunde über die Wahl Thierrys davon, dass der Graf dem neuen Abt die *cura animarum* verliehen habe[28]. Auch wenn diese Form der doppelten Investitur nicht überall akzeptiert oder erkannt wurde, nimmt sie die Trennung von *spiritualia* und *temporalia* voraus, die im 12. Jahrhundert für die Lösungsversuche der Konflikte um die Einsetzung von Bischöfen und Äbten so wichtig werden sollte. Diese von Ivo von Chartres propagierte Unterscheidung war – wie Olivier Guillot mit guten Argumenten wahrscheinlich machen konnte – wohl bereits für Ivos Vorgänger Fulbert von Chartres (1006-1028/9) zentral. Fulbert wiederum war der Lehrer Alberts von Marmoutier[29]. Die Unterscheidung weltlicher und geistlicher Anteile geistlicher Ämter hatte im westlichen Frankreich also eine längere Tradition.

Ungeachtet dieser Traditionslinien zeigt sich jedoch in jedem Fall, dass die Problematik der laikalen Einsetzung von Äbten bereits ein Jahrzehnt vor der Zeit Graf Geoffroys des Bärtigen und Abt Bartholomäus‘ bekannt war und Lösungsmöglichkeiten in Form der Doppelinvestitur durch Grafen und Bischof propagiert wurden. Die Tatsache, dass die Mönche von Saint-Aubin dies ignorieren konnten und eine alleinige Einsetzung ihres Abtes durch den Grafen behaupten konnten, zeigt jedoch in aller Deutlichkeit, dass dieser Vorgang noch nicht als Skandal empfunden wurde, anders als ein Jahrhundert später in der Darstellung des Mönchs von Marmoutier über die – angeblichen – Vergehen Graf Geoffroys des Bärtigen. Ob im Kloster tradiertes Wissen über die Rolle der angevinischen Grafen bei der Abtseinsetzung in den 1060er Jahren für die Konstruktion der Erzählung eine Rolle spielte, wissen wir nicht. Aber selbst wenn es so war, so zeigt auch dies nur, wie sehr sich das Verständnis von Investitur geändert hatte – im 12. Jahrhundert war sie das Signum des hochmütigen und ungerechten Fürsten schlechthin geworden.

27 *Cartulaire de l'abbaye de Saint-Aubin*, ed. Bertrand de Broussillon, Angers, Germain et Grassin, 1896, 1, Nr. 28, S. 48-49.

28 *Hoc cum vidisset Goffredus, qui ad hoc venire fecerat, illum ut cure preficeret animarum (…)* (*ibid.*, 1, Nr. 6, S. 15).

29 O. Guillot, « A reform », art. cité, S. 82-85.

RAINAUD VON ANGERS

Als den Moment, in dem dieser Wandel im Verständnis der Investitur greifbar wird, darf man sicherlich 1111 mit den Ereignissen in Rom ansehen. Die Gefangennahme des Papstes durch Kaiser Heinrich V. und die Ausstellung des Privilegs von Ponte Mammolo (des sogenannten « Pravilegs »), das dem Kaiser die vollen Investiturrechte zusprach, war ein Skandal, der gerade in Frankreich und Burgund Wellen schlug[30]. Neben der direkten Empörung über das Geschehen in Rom können wir auch indirekte Reaktionen erkennen : Die Investitur rückte ins Zentrum kirchenrechtlicher Überlegungen und wurde nun in neuer Weise zum Argument in Konflikten um Geistliche.

Dies ist besonders deutlich in einem wütenden Brief, den Abt Geoffroy von Vendôme zwischen 1116 und 1118 an Rainaud II., den Bischof von Angers schrieb[31]. Thema war die tumultuöse und in den Augen Geoffroys illegitime Wahl des Bischofs im Jahr 1101. Der Abt warf Rainaud vor, dass er durch eine « Verschwörung des Pöbels » (*vulgi conspiratione*) ins Amt gekommen sei, die die Wahlversammlung des Klerus gesprengt habe, er sei von einer Schauspielerin oder Prostituierten akklamiert worden, er habe weder das kanonische Alter noch die notwendigen Weihen gehabt. Wenig subtil impliziert er zudem, dass Rainauds Wahl durch Simonie zustande gekommen sei[32]. Im Zentrum steht jedoch ein anderer Vorwurf : Rainaud sei von einem Laien mit seinem Amt investiert worden : « Über die Investitur, die du aus Laienhand angenommen hast, darf ich nicht schweigen und nicht ohne Schmerzen sprechen. » (*Investitura, quam de manu laici acepistis per pastoralem virgam silere non debeo nec loqui sine dolore*)[33]. Tatsächlich hatte er darüber mindestens 15 Jahre geschwiegen, denn Rainauds Wahl zum Bischof

30 Bernd Schneidmüller, « *Regni aut ecclesie turbator.* Kaiser Heinrich V. in der zeitgenössischen französischen Geschichtsschreibung », *Auslandsbeziehungen unter den salischen Kaisern*, Hg. Franz Staab, Speyer, Veröffentlichungen der Pfälzischen Gesellschaft zur Förderung der Wissenschaften in Speyer, 1994, S. 195-220.

31 Geoffroy de Vendôme, *Œuvres*, ed. Geneviève Giordanengo, Turnhout, Brepols 1996, Nr. 142. Siehe zu diesem Fall Th. Kohl, *Streit*, *op. cit.*, S. 296-305.

32 Die Inscriptio lautet : *Rainaldo prudenti et multiplici genere pecuniarum sublimi (...).*

33 Geoffroy de Vendôme, ed. cit. Nr. 142.

hatte im Jahr 1101 stattgefunden. Diese war in der Tat von Tumulten begleitet worden und war umstritten, wie wir aus Briefen des Bischofs von Le Mans, Hildebert von Lavardin, und auch aus früheren Briefen Abt Geoffroys wissen[34]. Von einer Investitur durch wen auch immer ist hier allerdings keine Rede – obwohl Rainaud auch schwere Vergehen vorgeworfen werden. Nur in diesem späten Brief Geoffroys erscheint der Vorwurf der Laieninvestitur.

Es ist übrigens unwahrscheinlich, dass Rainaud von einem Laien investiert worden war, denn dies hätte wohl nur Graf Fulco le Réchin von Anjou gewesen sein können. Dieser hatte sich 1096 nach jahrzehntelanger Exkommunikation mit Papst Urban versöhnt und diesen sogleich auf seiner Reise nach Frankreich feierlich empfangen können. Auf der Synode von Tours – also in Fulcos Grafschaft – waren die Beschlüsse der berühmten Synode von Clermont wiederholt worden, die auch die Laieninvestitur verboten. Der Papstbesuch war für Fulco der absolute Höhepunkt seiner Laufbahn und es ist kaum zu erwarten, dass er diese Versöhnung mit dem Papst hätte gefährden wollen[35]. Doch selbst wenn er den Bischof investiert haben sollte : Als Argument gegen ihn konnte dies erst nach 1111 verwendet werden.

Trotzdem steht die Laieninvestitur als Thema deutlich im Zentrum des Briefs. An den Vorwurf, die Investitur aus Laienhand entgegengenommen zu haben, schließt Geoffroy längere Ausführungen an, die etwa ein Drittel des langen Briefs einnehmen. Für Geoffroy ist die Laieninvestitur nicht weniger als eine Häresie[36] : Wenn jemand wissen wolle, was die katholische und apostolische Kirche von der Investitur halte, « lese er im Kapitel jener Synode, die unter Gregors VII. gehalten wurde, und finde dort, dass alle Kleriker, die von Laienhand investiert

34 Geoffroy de Vendôme, ed. cit. Nr. 14, 17, 19, 20, 21, *Venerabilis Hildebertus Cenomanensis episcopus epistolae*, II, Nr. 4-6, *Marbodus Redonensis episcopus epistolae*, Nr. 1, beide ed. Jacques-Paul Migne, *Patrologia Latina 171*, Paris, 1854, Sp. 135-337 bzw. 1465-1491.

35 Fulcos autobiographischer Text, bekannt unter dem Titel « Fragmentum Historiae Andegavensis » gipfelt in der Beschreibung des Papstbesuches, bevor er in eine Beschreibung des ersten Kreuzzugs übergeht (ed. Louis Halphen und René Poupardin, *Chroniques des comtes d'Anjou et des seigneurs d'Amboise*, Paris, A. Picard, 1913, S. 232-238).

36 Hans-Werner Goetz, « Wandel des Häresiebegriffs im Zeitalter der Kirchenreform ? Eine Betrachtung der Streitschriften Humberts von Silva Candida und Gottfrieds von Vendôme », *Von Sarazenen und Juden, Heiden und Häretikern. Die christlich-abendländischen Vorstellungen von Andersgläubigen im Früh- und Hochmittelalter in vergleichender Perspektive*, Hg. Norman Bade und Bele Freudenberg, Bochum, Winkler, 2013, S. 131-152, hier 148-151.

wurden, Häretiker zu nennen und zu exkommunizieren seien[37] ». Geoffroy zitiert hier aus einem Brief des Kardinals Bruno von Segni, der kurz nach den Ereignissen in Rom 1111 entstand, verschärfte aber dessen Aussage an einer entscheidenden Stelle. Bruno schrieb – richtigerweise – lediglich davon, dass eine Synode Gregors (nämlich die Herbstsynode 1078) die Laieninvestitur verboten habe, nicht aber, dass Gregor sie als Häresie bezeichnet habe[38]. Tatsächlich war sie das aber auch für Bruno, wie er ausführlich darlegt ; eine Auffassung, die sich in Rom nicht durchsetzte, aber in Frankreich und Burgund großen Widerhall fand[39]. Für Geoffroy war die Investitur sogar eine schlimmere Häresie als die Simonie, weil durch sie die Ordnung der Kirche verkehrt werde[40]. Dies gilt in besonderem Maße, weil für Geoffroy die Investitur ein eigenes Sakrament und der eigentlich entscheidende Akt bei der Bischofserhebung war – und nicht die Weihe oder die Wahl[41]. Auch diese Aufwertung der Investitur dürfte eine indirekte Folge der neuen Zentralität des Investiturthemas seit 1111 sein.

Das Beispiel Geoffroys von Vendôme zeigt deutlich, wie das Thema der Investitur nach den Ereignissen von Rom 1111 ins Zentrum des Interesses rückte. Der Zusammenhang liegt gerade beim Abt von Vendôme auf der Hand, weil seine Empörung über das Pravileg gut dokumentiert ist[42], und er Brunos kurz nach den Ereignissen entstandenen Text ausgiebig zitierte[43]. Außerdem können wir erkennen, wie die Laieninvestitur als Hauptstreitgrund zurückprojiziert wurde : So wie Bruno von Segni behauptete, dass schon Heinrich IV. wegen

---

37 Geoffroy de Vendôme, ed. cit., Nr. 142 : *legat in primo capitulo illius concilii quod tempore Gregorii septimi papae factum est, et ibi omnes clericos qui de manu laici investituram suscipiunt haereticos vocatos et ideo dampnatos esse et excommunicatos invenerit.*

38 Ed. Gérard Fransen, « Réflexions sur l'étude des collections canoniques à l'occasion d'une lettre de Bruno de Segni », *Studi Gregoriani* 9, 1972, S. 515-533, hier S. 530.

39 St. Beulertz, *op. cit.*, S. 144f.

40 Geoffroy de Vendôme, ed. cit., Nr. 142 : *Licet enim alia haeresis « de investitura » dicatur, alia « symoniaca », ista tamen quae « de investitura » dicitur contra sanctam aecclesiam fortius jaculatur. Ibi enim in primis omnis aecclesiasticus ordo confunditur, quando hoc, quod unicuique a solo suo consecratore in aecclesia cum orationibus quae ibi conveniunt dari debet, a seculari potestate prius accipitur.*

41 *Investitura enim, de qua loquimur, sacramentum est, id est sacrum signum, quo princeps aecclesiae, episcopus scilicet, a ceteris hominibus secernitur pariter atque dinoscitur, et quo super christianum gregem cura pastoralis ei tribuitur* (*ibid.* S. 136).

42 *Ibid.*, Nr. 126, 134.

43 *Ibid.*, Nr. 153, 169, 189, vgl. dazu J.-H. Foulon, *Église*, *op. cit.*, S. 222-225.

der Erteilung der Investitur exkommuniziert wurde, so verwendete es Geoffroy zur rückblickenden Delegitimierung der Erhebung des Bischofs Rainaud, die Geoffroy und anderen schon zuvor als irregulär erschienen war – wenn auch mit anderen Argumenten. Erst nach 1111 stand fest, dass zu den Kennzeichen eines schlechten Bischofs die Investitur durch einen Laienfürsten gehörte.

DIE INVESTITUR IM RÜCKBLICK

Auch in Frankreich stritt man in der Zeit des sogenannten Investiturstreits um die Laieninvestitur. Zu einem zentralen Argument in Auseinandersetzungen wurde sie jedoch erst im 12. Jahrhundert. Der entscheidende Wendepunkt war die Empörung über den Vertrag von Ponte Mammolo und die Gefangennahme des Papstes und vieler Kardinäle durch den Kaiser. Dies entspricht dem Befund für das römisch-deutsche Reich. Auch hier rückte die Investitur – entgegen traditioneller Deutungen – erst 1111 ins Zentrum der Auseinandersetzungen. Skandalisierende Bericht über (angebliche) fürstliche Versuche, Äbte oder Bischöfe zu investieren, wie bei Hoël von Le Mans und Bartholomäus von Marmoutier entstanden erst lange nach dem vermeintlichen Geschehen. Das heißt nicht, dass es vor 1100 keine laikale Investiturpraxis gab. Diese ist im Gegenteil in den 1050er und 1060er Jahren in und um Marmoutier gut belegt, denn Albert von Marmoutier versuchte, eine Doppelinvestitur neugewählter Äbte durch Bischof und Graf durchzusetzen. Dies ist ein deutliches Zeichen dafür, dass zumindest teilweise bereits ein Problembewusstsein in dieser Frage existierte.

Die erhöhte Aufmerksamkeit für die Investitur nach 1111 ging bei einigen Akteuren in Frankreich weiter als im Reich. Dies gilt sowohl in positiver Hinsicht, indem die Investitur als eigentlicher Akt der Bischofs- und Abtserhebung und gar als Sakrament verstanden wurde wie bei Geoffroy von Vendôme, als auch in negativer Hinsicht, indem die Laieninvestitur zur Häresie erklärt wird. Letzteres war eine Position, die nur in Frankreich und in Burgund Widerhall fand. Die Skandalisierung der Laieninvestitur gerade in diesen Räumen legte die Deutung der

Auseinandersetzungen zwischen Kaisern und Päpsten als Konflikt um die Investitur in besonderer Weise nahe, zumal es aus französischer Perspektive möglich war, den eigenen König als positives Beispiel dem Kaiser gegenüber zu stellen, denn eine königliche Investiturpraxis scheint es zu diesem Zeitpunkt in Frankreich nicht mehr gegeben zu haben. Dies ist besonders deutlich in der Vita König Ludwigs des Dicken von Suger von Saint-Denis zu erkennen, spielte jedoch auch bereits bei den Verhandlungen von Straßburg zwischen Heinrich V. und Paschalis II. im Jahr 1119 eine Rolle. Wilhelm von Champeaux, der Legat des Papstes und Bischof von Châlons-en-Champagne, soll dem Kaiser sogar direkt dargelegt haben, dass er selbst nicht von seinem König investiert worden sei, ihm aber gleichwohl treu diene[44]. Die Investiturpraxis war zum Anzeichen des königlichen und kaiserlichen Verhältnisses zur Kirche und speziell zum Papst geworden. Auf diese Weise zeigt sich, wie übergreifend und verwoben Entwicklungen und Wandlungsprozesse des 11. und 12. Jahrhunderts im Reich und in Frankreich waren. Dies sollte dazu ermutigen, die Interferenzen auch für andere Aspekte des gesellschaftlichen Wandels ernstzunehmen – sowohl im Bereich der kirchlichen Reformen als auch auf sozioökonomischer Ebene.

Thomas KOHL
Universität Tübingen

44 *Hesso scholasticus, Relatio de concilio Remensi*, ed. Wilhelm Wattenbach, Hannover, Hahnsche Buchhandlung, 1897, S. 23f.

NUR KAISER, PÄPSTE, REICHSBISCHÖFE ?

Die « gregorianischen Reformen » in der deutschsprachigen Mediävistik – Forschungsstand und -perspektiven

ZUR EINFÜHRUNG
Was geschah in Canossa ?
Annäherungen an eine deutsche Forschungskontroverse

« [...] Canossa war eine Episode, über welche die Geschichte alsbald hinwegglitt ; sie hat die Welt nicht erschüttert und bedeutete keine Wende. Sie war ein Hoffnungsschimmer, der allzu rasch erlosch. »[1] Mit diesen Worten beschloss Johannes Fried einen 2008 erschienenen Festschriftbeitrag, der in der Folgezeit für Furore in der deutschsprachigen Mediävistik sorgte. Denn Fried relativierte nicht allein die Bedeutung jenes Zusammentreffens von König Heinrich IV. und Papst Gregor VII. in einer oberitalienischen Burg im Jahr 1077, im Zuge dessen die im Vorjahr erfolgte Exkommunikation des Herrschers wieder aufgehoben wurde. Fried nahm auch eine grundlegende Neubewertung des Ereignisses und seiner Vorgeschichte vor, die mit sämtlichen Annahmen der bisherigen Forschung brach, ja diese gar in ihr Gegenteil verkehrte : Der König habe vor der Burg keine demütigende Buße unternommen, um dem Papst eine Rekonziliation abzuringen und so seine Handlungsfähigkeit im Reich wiederherzustellen. Vielmehr sei das Treffen als gleichberechtigter Friedensschluss zwischen Heinrich IV. und Gregor VII. zu werten, der allerdings nicht von langer Dauer gewesen sei. Daher habe sich im kollektiven Gedächtnis nur eine retrospektive Deutung durchsetzen

1 Johannes Fried, « Der Pakt von Canossa. Schritte zur Wirklichkeit durch Erinnerungsanalyse », *Die Faszination der Papstgeschichte. Neue Zugänge zum frühen und hohen Mittelalter*, Hg. Wilfried Hartmann und Klaus Herbers, Köln et al., Böhlau, S. 133-197, hier S. 197.

können, welche dem anhaltenden Konfliktgeschehen verpflichtet war und den letztlich scheiternden Frieden zu einer Schmähung von epochaler Tragweite umwertete.

Fried hat mit diesen Thesen paradoxerweise genau jener Tendenz Vorschub geleistet, welche er eigentlich zu überwinden gedachte : Denn der Gang nach Canossa erlebte in der Folgezeit eine Renaissance, setzten sich doch gleich mehrere Historiker*innen kritisch mit der Neuinterpretation auseinander[2]. Fried selbst befeuerte die Diskussion dabei durch seine 2012 erschienene und passagenweise äußerst polemische « Streitschrift » noch weiter, sodass sich eine veritable Kontroverse zwischen dem Autor und seinen Kritiker*innen entspann[3].

Gleichzeitig würde man allerdings zu kurz greifen, führte man das anhaltende Interesse an Canossa lediglich auf die « These vom Friedenspakt »[4] zurück. Frieds Aufsatz reihte sich 2008 selbst bereits in eine jüngere « Publikationsflut » ein, welche die Jubiläumsjahre 2006 und 2007 hervorgebracht hatten[5]. Darüber hinaus belegen die Ausstellungen in Paderborn 2006[6] und Speyer 2011[7] ebenso wie die

---

2 Vgl. zur kritischen Diskussion der Thesen Frieds : Wolfgang Hasberg, « Nach Canossa wollen wir gehen ? Zur Wandlung einer sprachlichen Wendung », *Canossa. Aspekte einer Wende*, Hg. Wolfgang Hasberg und Hermann-Josef Scheidgen, Regensburg, Pustet, 2012, S. 15-38 ; Stefan Weinfurter, « Canossa als Chiffre. Von den Möglichkeiten historischen Deutens », *ibid.*, S. 124-140 ; Gerd Althoff, « Das Amtsverständnis Gregors VII. und die neue These vom Friedenspakt in Canossa », *Frümittelalterliche Studien*, 48/2015, S. 261-276. Einen Beleg für die Aufmerksamkeit und Kritik, welche die Thesen Frieds erfahren haben, bildet die Mehrfachbesprechung seiner « Streitschrift » (vgl. Anm. 3) in Ausgabe 1/2013 des Online-Rezensionsportals « sehepunkte » durch Claudia Zey, Matthias Becher, Hans-Werner Goetz und Ludger Körntgen : http://www.sehepunkte.de/2013/01/forum/canossa-keine-wende-brmehrfachbesprechung-von-johannes-fried-canossa-entlarvung-einer-legende-eine-streitschrift-berlin-2012-163/ [zuletzt abgerufen am 01.12.2019]. Einen guten Überblick über die Diskussion bieten : Steffen Patzold, « Gregors Hirn. Zu neueren Perspektiven der Forschung zur Salierzeit », *Geschichte für heute*, 4/2011, S. 5-19 ; id., « Frieds Canossa. Anmerkungen zu einem Experiment », *Geschichte für heute*, 6/2013, S. 5-39.

3 Johannes Fried, *Canossa : Entlarvung einer Legende. Eine Streitschrift*, Berlin, Akademie, 2012.

4 So die markante Formulierung im Titel bei Gerd Althoff, « Amtsverständnis », art. cité.

5 So die eigene Einschätzung bei Johannes Fried, « Der Pakt von Canossa », art. cité, S. 133, Anm. 1.

6 *Canossa 1077 – Erschütterung der Welt. Geschichte Kunst und Kultur am Aufgang der Romanik*, Hg. Christoph Stiegemann und Matthias Wemhoff, 2 Bde., München, Hirmer, 2006.

7 *Die Salier : Macht im Wandel. Begleitband zur Ausstellung im Historischen Museum der Pfalz Speyer*, Hg. Historisches Museum der Pfalz Speyer und Institut für Fränkisch-Pfälzische Geschichte und Landeskunde, 2 Bde., München, Edition Minerva, 2011.

2008 erstmals ausgestrahlte Folge « Heinrich und der Papst » der vom ZDF verantworteten Dokumentationsreihe « Die Deutschen[8] » das anhaltende populäre Interesse an den Ereignissen. Es verwundert daher nicht, dass Canossa gar als « deutscher Erinnerungsort » gilt[9].

Die Forschungskontroverse wie auch die außeruniversitäre Rezeption zeigen somit, wie stark die im Rahmen dieses Sammelbandes unter dem Begriff der « gregorianischen Reformen » zusammengefassten europäischen Wandlungsprozesse in Deutschland immer noch durch Canossa und jenen Papst-Kaiser-Konflikt besetzt sind, der mangels tragfähiger Alternativen weiterhin als « Investiturstreit » bezeichnet wird[10]. Dies bedeutet freilich nicht, dass die weiteren Kontexte des Geschehens in Form von wirtschaftlichen, sozialen, kulturellen, religiösen und politischen Veränderungen innerhalb wie außerhalb des Reichsgebiets keine Berücksichtigung in der deutschen Mediävistik erfahren hätten. Canossa bildet aber weiterhin einen zentralen Referenzpunkt für deren Erforschung, wie etwa Stefan Weinfurters Ansatz zeigt, Canossa

8 Abrufbar in der Mediathek des ZDF unter : https://www.zdf.de/dokumentation/die-deutschen/heinrich-und-der-papst-104.html [zuletzt abgerufen am 01.12.2019].

9 Otto Gerhard Oexle, « Canossa », *Deutsche Erinnerungsorte*, Hg. Etienne François, München, Beck, 2001, Bd. 1, S. 56-67.

10 Die nachhaltige Prägung der deutschen Wahrnehmung durch den Papst-Kaiser-Konflikt wird v.a. aus der Außenperspektive und im Vergleich mit anderen nationalen Forschungstraditionen ersichtlich : Stuart Airlie, « A View from Afar. English Perspectives on Religion and Politics in the Investiture Conflict », *Religion und Politik im Mittelalter. Deutschland und England im Vergleich / Religion and Politics in the Middle Ages. Germany and England by Comparison*, Hg. Ludger Körntgen und Dominik Waßenhoven, Berlin et al., De Gruyter, 2013, S. 71-88, bes. S. 71, wo einige der hier einleitend angeführten Phänomene ebenfalls erwähnt werden. Zur ebenso deutschen Forschungstradition der Problematisierung von Begrifflichkeiten vgl. mit Blick auf den Investiturstreit Wilfried Hartmann, *Der Investiturstreit*, München, Oldenbourg, [3]2007, S. 5 ; zur Begriffsgeschichte Rudolf Schieffer, « Deutungen des Investiturstreits », *Briefe und Kommunikation im Wandel. Medien, Autoren und Kontexte in den Debatten des Investiturstreits*, Hg. Florian Hartmann, Köln et al., Böhlau, 2016, S. 23-41, hier S. 24f. Kritisch zur Bedeutung der Terminologie für die moderne Forschung äußert sich hingegen Bernhard Jussen « „Reich" – „Staat" – „Kirche" ? Worüber verhandelten die Päpste mit den fränkischen Herrschern ? », *Die Päpste und Rom zwischen Spätantike und Mittelalter. Formen päpstlicher Machtentfaltung*, Hg. Norbert Zimmermann, Tanja Michalsky, Stefan Weinfurter und Alfried Wieczorek, Regensburg, Schnell & Steiner, 2017, S. 271-286, hier S. 272. Wenngleich Jussen zuzustimmen ist, dass der Terminus im Rahmen übergreifender Synthesen an Bedeutung verloren hat, wurde dem Thema in zwei zentralen Überblicksreihen jeweils jüngst ein Band gewidmet : Claudia Zey, *Der Investiturstreit*, München, Beck, 2016 ; Jochen Johrendt, *Investiturstreit*, Darmstadt, Wissenschaftliche Buchgesellschaft, 2018.

als « Chiffre » für diese Wandlungsprozesse in allen Lebensbereichen aufzufassen[11].

Die gegenwärtige Forschung ist also durch ein Changieren zwischen europäischem Problembewusstsein einerseits und reichsgeschichtlicher Engführung andererseits gekennzeichnet. Denn die Frage nach den europäischen Dimensionen hat ihrerseits das reichsgeschichtliche Interesse nicht einfach abgelöst[12]. Zeitlich betrachtet lassen sich nur zwei Konjunkturphasen voneinander unterscheiden, in denen jeweils dem einen Aspekt mehr Gewicht als dem anderen beigemessen wurde[13]. Die jeweilige Schwerpunktbildung lässt sich auch an der Begriffsbildung und -verwendung ablesen. Sie soll daher den Leitrahmen bilden, wenn im Folgenden der bestehende Forschungsdiskurs exemplarisch nachgezeichnet wird und einige Perspektiven für zukünftige Vorhaben aufgezeigt werden. Dabei erhebt der Beitrag keinen Anspruch auf Vollständigkeit, sondern es sollen lediglich einige Leitlinien herauspräpariert werden. Dazu werden zunächst die maßgeblichen Gründe für den Fokus auf den Investiturstreit benannt, die in der nationalen Ausrichtung der Geschichtsschreibung bis in die 1980er Jahre und

11 So programmatisch im Titel : S. Weinfurter, « Canossa », art. cité Als übergeordnete Deutung im Fazit : id., *Canossa. Die Entzauberung der Welt*, München, Beck, 2006, S. 207f. Ebenso die Deutung bei Bernd Schneidmüller, « Canossa und der harte Tod des Helden », *Vom Umbruch zur Erneuerung ? Das 11. und beginnende 12. Jahrhundert – Positionen der Forschung*, Hg. Jörg Jarnut und Matthias Wemhoff, München, Fink, 2006, S. 103-132, hier S. 122 : « Canossa als Erschütterung der Welt – das ist die Verdichtung eines Umbruchs zur Chiffre. »

12 Hier ist v.a. auf jüngere Studien zum Akt der Investitur zu verweisen, die ältere Annahmen im Rekurs auf Ansätze der « Kulturgeschichte des Politischen » modifiziert haben : Philippe Depreux, « *Investitura per anulum et baculum*. Ring und Stab als Zeichen der Investitur bis zum Investiturstreit », *Umbruch oder Erneuerung ?*, *op. cit.*, S. 169-195 ; Jürgen Dendorfer, « Das Wormser Konkordat – ein Schritt auf dem Weg zur Feudalisierung der Reichsverfassung ? », *Das Lehenswesen im Hochmittelalter. Forschungskonstrukte – Quellenbefunde – Deutungsrelevanz*, Hg. Jürgen Dendorfer und Roman Deutinger, Ostfildern, Thorbecke, 2010, S. 299-328 ; Hagen Keller, « Über die Rolle des Königs bei der Einsetzung der Bischöfe im Reich der Ottonen und Salier », *Frühmittelalterliche Studien*, 44/2010, S. 153-174. Zum Ansatz der « Kulturgeschichte des Politischen » : Barbara Stollberg-Rilinger, « Verfassungsgeschichte als Kulturgeschichte », *Zeitschrift der Savigny-Stiftung für Rechtsgeschichte, Germanische Abt.*, 127/2010, S. 1-32.

13 Dieser Zugang zur Forschungsgeschichte der « gregorianischen Reformen » bzw. dem Investiturstreit ist nicht gänzlich neu, sondern baut seinerseits auf jüngeren Vorlagen auf. Vgl. für einen ähnlichen Zugriff Claudius Sieber-Lehmann, *Papst und Kaiser als Zwillinge ? Ein anderer Blick auf die Universalgewalten im Investiturstreit*, Köln et al., Böhlau, 2015, S. 14-46.

der damit verbundenen Untergliederung der Epoche in Früh-, Hoch- und Spätmittelalter zu suchen sind. Sodann soll die seit den 1980er Jahren nachweisbar wachsende Bedeutung europäisch-vergleichender Fragestellungen nachgezeichnet werden. Einige Überlegungen zu weiterführenden Forschungsperspektiven beschließen den Beitrag.

VOM « INVESTITURSTREIT » UND DER « WENDE VON CANOSSA », ODER DEUTSCHE GESCHICHTE SCHREIBEN

Wer den starken Fokus auf den Investiturstreit in der deutschsprachigen Mediävistik verstehen möchte, muss zunächst auf die Institutionalisierung der Geschichtswissenschaft im 19. Jahrhundert und die sie bedingenden Kontexte blicken. Denn die Wurzeln der Disziplin sind eng mit der Entstehung des Nationalstaates verbunden, in dessen Rahmen die Erforschung der Geschichte primär als Mittel der politischen Auseinandersetzung und Aufklärung verstanden wurde. Der Fokus lag somit einerseits auf der vermeintlichen Genese der deutschen Nation, die so weit wie möglich zurückverfolgt werden sollte. Andererseits wurden die hieraus gewonnenen Ursprungsmythen vornehmlich in den Dienst der Gegenwart gestellt, sah man die Geschichte doch als Lehrmeisterin an, aus der sich Maximen und Argumente für das zeitgenössische politische Handeln ableiten ließen[14]. Mit Blick auf den Investiturstreit zeigt sich diese nationale Vereinnahmung paradigmatisch im sogenannten « Kulturkampf » der 1870er/1880er Jahre und Bismarcks wohlbekanntem Diktum : « Nach Canossa gehen wir nicht ! » Die zeitgenössische Konfliktlage zwischen dem protestantischen Deutschen Kaiserreich und der katholischen Kirche wurde hier auf den

14 Vgl. zur Mediävistik allgemein Rudolf Schieffer, « Weltgeltung und nationale Verführung. Die deutschsprachige Mediävistik vom ausgehenden 19. Jahrhundert bis 1918 », *Die deutschsprachige Mediävistik im 20. Jahrhundert*, Hg. Peter Moraw und Rudolf Schieffer, Ostfildern, Thorbecke, 2005, S. 39-61, und Otto Gerhard Oexle, « Staat – Kultur – Volk : deutsche Mittelalterhistoriker auf der Suche nach der historischen Wirklichkeit 1918-1945 », *ibid.*, S. 63-101, die zugleich auf gegenläufige Strömungen aufmerksam machen.

Papst-Kaiser-Konflikt des 11. und 12. Jahrhunderts rückprojiziert, sodass letzterer zugleich in einem ahistorischen Zugriff für nationalpolitische Interessen instrumentalisiert wurde[15].

Der Zusammenbruch von 1945 bildete für das nationale Verständnis des Investiturstreits nur bedingt eine Zäsur. Zwar war eine politische Instrumentalisierung der Geschichte im Interesse der eigenen Nation undenkbar geworden, weshalb sich in der Folgezeit auch erste Ansätze entwickelten, die das Geschehen stärker in eine europäische Perspektive zu stellen versuchten[16]. Zugleich bildeten die eigene Geschichte als historiographischer Rahmen und die politischen Dimensionen des Ereigniskomplexes nach wie vor zentrale Angelpunkte in Forschung und Lehre. Die Gründe für diese Kontinuität sind dabei weniger im gesellschaftlichen Diskurs der Zeit als vielmehr in bestehenden Fachtraditionen zu suchen. Denn die Mittelalterforschung bewahrte sich ihre inhaltlichen Schwerpunkte, indem sie auch nach 1945 vornehmlich verfassungsgeschichtlich ausgerichtet gewesen ist. Auch wenn man mit Geschichte keine Politik mehr betreiben wollte, so bildete die Untersuchung von Herrschaftsformen und politischen Ordnungen doch immer noch das wesentliche Erkenntnisinteresse[17].

---

15 Zu dieser nationalpolitischen Vereinnahmung und ihrem weiteren Kontext : Harald Zimmermann, *Der Canossagang von 1077. Wirkungen und Wirklichkeit*, Mainz et al., Steiner, 1975, S. 3-18 und 47-133 ; O. G. Oexle, « Canossa », art. cité ; Matthias Pape, « Canossa als politisches Argument vom Humanismus bis zum Liberalismus », *Canossa. Aspekte einer Wende*, *op. cit.*, S. 186-203 ; Dietmar Klenke, « Bismarck, „Canossa" und das deutsche Nationalbewusstsein », *Canossa. Erschütterung der Welt*, *op. cit.*, S. 613-624 ; R. Schieffer, « Deutungen des Investiturstreits », art. cité, S. 25-27, der auch auf die gesamteuropäische Dimension dieser nationalen Lesart hinweist.

16 Hierbei ist v.a. auf die Arbeiten von Gerd Tellenbach zu verweisen, die aufgrund ihrer ideengeschichtlichen Perspektive chronologisch, geographisch und thematisch umfassendere Akzente als die nationalgeschichtliche Forschung setzten : Gerd Tellenbach, Libertas. *Kirche und Weltordnung im Zeitalter des Investiturstreits*, Stuttgart, Kohlhammer, 1936 ; id., « Die Bedeutung des Reformpapsttums für die Einigung des Abendlandes », *Ausgewählte Abhandlungen und Aufsätze*, Stuttgart, Hiersemann, 1988, Bd. 3, S. 999-1023 [zuerst in : *Studi Gregoriani*, 2/1947, S. 125-149]. Nicht zuletzt wegen dieser offeneren Perspektive dürften Tellenbachs Thesen relativ früh im Ausland rezipiert worden sein. Zur historistisch-europäischen Dimension seines Ansatzes : Michael Borgolte, « Einheit, Reform, Revolution. Das Hochmittelalter im Urteil der Modernen », *Göttingische Gelehrte Anzeigen*, 248/1996, S. 224-258, hier S. 230-235. Zur nachhaltigen Bedeutung der Lesart Tellenbachs und der Rezeption bes. seiner Habilitationsschrift auch im Ausland : R. Schieffer, « Deutungen des Investiturstreits », art. cité, S. 31-35.

17 Vgl. zu diesem verfassungsgeschichtlichen Schwerpunkt die Studien in *Investiturstreit und Reichsverfassung*, Hg. Josef Fleckenstein, Sigmaringen, Thorbecke, 1973. Dem « Konstanzer

Dieser Umstand zeigt sich bereits an der Terminologie, welche den Forschungsdiskurs in Deutschland nachhaltig geprägt hat : Man widmete sich vornehmlich dem « Investiturstreit[18] » und der « Wende von Canossa[19] », weniger der « Kirchenreform[20] » und noch seltener den « gregorianischen Reformen[21] ». Die Leitbegriffe « Investitur »

Arbeitskreis für mittelalterliche Geschichte », auf dessen Tagungen im Herbst 1968 sowie Frühjahr und Herbst 1969 die Beiträge zurückgehen, kann Repräsentativität für die deutschsprachige Mediävistik zugesprochen werden, handelt es sich doch um eines der wichtigsten Austauschforen speziell in der Nachkriegszeit. Zur Bedeutung des Arbeitskreises Stefan Weinfurter, « Standorte der Mediävistik. Der Konstanzer Arbeitskreis im Spiegel seiner Tagungen », *Die deutschsprachige Mediävistik im 20. Jahrhundert*, *op. cit.*, S. 9-38, wo auch der verfassungs- bzw. politikgeschichtliche Schwerpunkt herausgestellt wird. Zur nationalgeschichtlichen Ausrichtung der deutschsprachigen Mediävistik nach 1945, die sich erst langsam europäischen Perspektiven öffnete : Michael Borgolte, « Vor dem Ende der Nationalgeschichte ? Chancen und Hindernisse für eine Geschichte Europas im Mittelalter », *Historische Zeitschrift*, 272/2001, S. 561-596, hier S. 574-576 ; id., « Einheit, Reform, Revolution », art. cité, S. 227-230.

18 Vgl. *Investiturstreit und Reichsverfassung*, *op. cit.*

19 Die Bezeichnung geht zurück auf Anton Mayer-Pfannholz, « Die Wende von Canossa. Eine Studie zum Sacrum Imperium », *Hochland*, 30/1933, S. 385-404. Die forschungsgeschichtliche Bedeutung dieser Etikettierung als Wende zeigt sich in ihrer Nutzung als Obertitel für mehrere Aufsatzsammlungen, so etwa schon 1963 oder jüngst 2012, welche jeweils auf eine programmatische Bündelung laufender Diskussionen zum Themenkomplex abzielten : *Canossa als Wende. Ausgewählte Aufsätze zur neueren Forschung*, Hg. Hellmut Kämpf, Darmstadt, Wissenschaftliche Buchgesellschaft, 1963 [ND 1969] (Die titelgebende Studie von Mayer-Pfannholz eröffnet den Band als Wiederabdruck) ; *Canossa. Aspekte einer Wende*, *op. cit.*

20 So Hermann Jakobs, *Kirchenreform und Hochmittelalter 1046-1215*, München et al., Oldenbourg, ^{4}1999. In seinem Vorwort zur vierten Auflage setzte sich Jakobs zwar kritisch mit der von ihm gewählten Begrifflichkeit auseinander, behielt sie aber letztlich bei, vgl. *ibid.*, S. XI.

21 Der Terminus « gregorianische Reform(en) » wird in der deutschsprachigen Forschung zwar allenthalben zur Bezeichnung der Wandlungsphänomene genutzt, z.B. bei Johannes Laudage, *Priesterbild und Reformpapsttum im 11. Jahrhundert*, Köln et. al., Böhlau, 1984, passim. Er bildet jedoch keine feste Ordnungskategorie, welche die Erforschung dieser Phänomene anleitet, wie sich an der äußerst geringen Anzahl programmatischer Nennungen aufzeigen lässt. So charakterisiert Laudage den Begriff *ibid.*, S. 305f., zwar als fest etabliert, nutzt ihn aber trotz seiner *bottom-up*-Perspektive weder im Gesamttitel der Arbeit noch in den Kapitelüberschriften. Hier dominieren die Begriffe « Reformpapsttum » oder « Kirchenreform ». Wenn im Publikationstitel auf die « gregorianische Reform » verwiesen wird, steht die Wendung bezeichnenderweise nicht allein, sondern wird meist mit dem « Investiturstreit » zusammengebracht : Wolfgang Hasberg und Hermann-Josef Scheidgen, « Investiturstreit oder Gregorianische Reform ? », *Canossa. Aspekte einer Wende*, *op. cit.*, S. 39-55 ; Johannes Laudage, *Gregorianische Reform und Investiturstreit*, Darmstadt, Wissenschaftliche Buchgesellschaft, 1993. Laudage reflektiert die hiermit verbundene Problematik *ibid.*, S. 1, indem er auf die forschungsgeschichtliche Trennung der beiden

und « Wende » stehen dabei selbst wiederum sinnbildlich für zwei Untersuchungsebenen[22]. So fokussiert der Wende-Begriff vornehmlich den Papst-Kaiser-Konflikt in Form des Verhältnisses von *regnum* und *sacerdotium* und berührt somit die Frage nach dem Verständnis des Reiches und seiner Spitze – des Königs – als Gesamtkomplex[23]. Der Terminus « Investitur » lenkt den Blick hingegen stärker auf die politische Funktionsweise des *regnum*. Hier geht es nicht allein um Kaiser und Papst als Zentralgewalten, sondern auch um Äbte und vor allem Bischöfe als Herrschaftsträger innerhalb der Reichsverfassung[24].

---

titelgebenden Phänomene hinweist. – Noch geringer ist der Stellenwert des in Anlehnung an Eugen Rosenstock-Huessy durch Harold J. Berman in die Diskussion eingebrachten Begriffs der « (Papst-)Revolution » in der deutschsprachigen Mediävistik einzuschätzen. Vgl. die kritische Stellungnahme bei R. Schieffer, « Deutungen des Investiturstreits », art. cité, S. 35-38, die Übersicht bei M. Borgolte, « Einheit, Reform, Revolution », art. cité, S. 238-244, sowie die in Anm. 20 erwähnten Reflexionen Hermann Jakobs.

22 Die Unterscheidung zwischen einer universalen und einer regionalen Dimension folgt grundsätzlich zeitgenössischen Ansätzen, wie Ernst-Dieter Hehl, « König – Kaiser – Papst. Gedankliche Kategorien eines Konflikts », *Salisches Kaisertum und neues Europa. Die Zeit Heinrichs IV. und Heinrichs V.*, Hg. Bernd Schneidmüller und Stefan Weinfurter, Darmstadt, Wissenschaftliche Buchgesellschaft, 2007, S. 7-26, mit Blick auf die divergierenden Definitionen von Kaiser- und Königswürde im Rahmen des Investiturstreits gezeigt hat.

23 Am deutlichsten lässt sich diese übergeordnete Perspektive in der Debatte um die vermeintliche Entsakralisierung des Königtums im Zuge des Canossaganges und die hiermit verbundene Ausdifferenzierung von Kirche und Reich fassen. Von grundlegender Bedeutung ist hier abermals A. Mayer-Pfannholz, « Wende », art. cité. Zur von Mayer-Pfannholz angestoßenen Forschungsdiskussion vgl. die kritischen Übersichten bei Ludger Körntgen, « Der Investiturstreit und das Verhältnis von Religion und Politik im Frühmittelalter », *Religion und Politik im Mittelalter*, *op. cit.*, S. 89-115, hier S. 92-95, Hartmut Hoffmann, « Canossa – Eine Wende ? », *Deutsches Archiv für Erforschung des Mittelalters*, 66/2010, S. 535-569, bes. S. 544-547, sowie Franz-Reiner Erkens, *Herrschersakralität im Mittelalter. Von den Anfängen bis zum Investiturstreit*, Stuttgart, Kohlhammer, S. 190-214, mit der auf S. 256-258 zitierten Literatur.

24 Vgl. für einen solchen Zugang : Josef Fleckenstein, « Hofkapelle und Reichsepiskopat unter Heinrich IV. », *Investiturstreit und Reichsverfassung*, *op. cit.*, S. 117-140 ; Heinrich Büttner, « Erzbischof Adalbert von Mainz, die Kurie und das Reich in den Jahren 1118 bis 1122 », *ibid.*, S. 395-410 ; Herbert Zielinski, *Der Reichsepiskopat in spätottonischer und salischer Zeit. 1002-1125*, Stuttgart, Steiner, 1984, bes. S. 181-187. Eine kritische Bestandsaufnahme der Forschung speziell zur verfassungsgeschichtlichen Lesart des Wormser Konkordats bietet J. Dendorfer, « Wormser Konordat », art. cité, S. 303-308. Auch andere Akteursgruppen sind einbezogen worden, etwa in Form des (Reform-)Mönchtums, der sich entwickelnden Stadtkommunen oder des Adels. Gerade die cluniazensischen Reformen sind in der Forschung immer wieder als wichtige ideelle Wurzel für die Entstehung des Reformpapsttums diskutiert worden, nicht zuletzt aufgrund des *libertas*-Gedankens, der zunächst in Form von Klosterexemtionen greifbar wird. Vgl. hierzu den Überblick bei W. Hartmann,

Der letztgenannte Aspekt lässt sich anhand des sogenannten « ottonisch-salischen Reichskirchensystems » verdeutlichen, ein Erklärungsmodell, das ungeachtet erster Vorläuferstudien vor allem durch die begriffsbildende Arbeit Leo Santifallers von 1954 in die Forschung Einzug gehalten hat und diese bis in die 1980er Jahre hinein prägen sollte[25]. Der Vergabe von Bischofs- und Abtsstühlen wurde dabei eine konstitutive Funktion für die Reichsverfassung attestiert, indem den Herrschern eine freie Verfügungsgewalt über die zu vergebenden Ämter zugesprochen wurde, die somit gezielt mit loyalen Personen aus deren direktem Umfeld – vor allem in Form der Hofkapelle – besetzt worden seien. Diese Annahmen ließen die geistlichen Herrschaftsträger nahezu zu einem Beamtenapparat *avant la lettre* avancieren und attestierten dem ottonisch-salischen Reich einen Grad an protostaatlicher Institutionalität und Zentralität, der in anderen Regionen erst viel später realisiert worden ist.

Angesichts dieser politischen Lesart verwundert es nicht, dass die Anliegen der « gregorianischen Reformen » vor allem auf den Themenkomplex « Simonie, Priesterehe und Kirchenfreiheit » und die hieraus resultierenden Folgen für die Investitur sowie das neue päpstliche Selbstverständnis als höchste Führungsgewalt in der Christenheit reduziert worden sind[26]. So blieb die Analyse der geistes-

---

Investiturstreit, *op. cit.*, S. 113-115, oder J. Laudage, *Gregorianische Reform*, *op. cit.*, S. 108-119. Das Verhältnis von Kirchenreform und Stadtkommune ist bes. mit Blick auf Oberitalien, stellenweise auch für den Reichsteil nördlich der Alpen untersucht worden : Claudia Zey, « Im Zentrum des Streits. Mailand und die oberitalienischen Kommunen zwischen *regnum* und *sacerdotium* », *Vom Umbruch zur Erneuerung ?*, *op. cit.*, S. 595-611 ; Hagen Keller, « Pataria und Stadtverfassung, Stadtgemeinde und Reform : Mailand im „Investiturstreit“ », *Investiturstreit und Reichsverfassung*, *op. cit.*, S. 321-350 ; Heinrich Büttner, « Die Bischofsstädte von Basel bis Mainz in der Zeit des Investiturstreits », *ibid.*, S. 351-361 ; Helmut Maurer, « Die Konstanzer Bürgerschaft im Investiturstreit », *ibid.*, S. 363-371. Die Einbindung des Adels in die Kirchenreform ist v.a. vom sog. « Freiburger Arbeitskreis » um Gerd Tellenbach, Karl Schmid und Joachim Wollasch erschlossen worden : Karl Schmid, « Adel und Reform in Schwaben », *ibid.*, S. 295-319 ; Joachim Wollasch, « Reform und Adel in Burgund », *ibid.*, S. 277-293.

25 Vgl. Leo Santifaller, *Zur Geschichte des ottonisch-salischen Reichskirchensystems*, Wien, Rohrer, 1954. Zur nachhaltigen Bedeutung Andreas Bihrer, « Vom ‚Reichsbischof‘ zum ‚Diözesanbischof‘. Die Erforschung von Bischöfen in ottonisch-salischer Zeit », *Jenseits des Königshofs. Bischöfe und ihre Diözesen im nachkarolingischen ostfränkisch-deutschen Reich (850-1100)*, Hg. Andreas Bihrer und Stephan Bruhn, Berlin et al., De Gruyter, 2019, S. 21-53, hier S. 25.

26 Vgl. zu diesem Fokus der älteren Forschung den Überblick bei W. Hartmann, *Investiturstreit*, *op. cit.*, S. 78-96, sowie C. Sieber-Lehmann, *Zwillinge*, *op. cit.*, S. 38-42. Dem politischen

geschichtlichen Hintergründe im Wesentlichen auf die sogenannte « Streitschriftenliteratur », das Kirchenrecht und die Briefe Gregors VII. und Heinrichs IV. beschränkt, die man ideengeschichtlich als politische Programmatik und propagandistische Publizistik verstand, die der Parteienbildung dienten[27]. Abermals lässt sich die Schwerpunktbildung an der Terminologie ablesen. Das Adjektiv « gregorianisch » weist – so es denn in der deutschen Forschung überhaupt gebraucht wird – eine ganz spezifische Stoßrichtung auf, die nur bedingt auf die Reformthematik rekurriert. Denn « gregorianisch » fungiert in Anlehnung an die « Streitschriftenliteratur » vor allem als Gegenbegriff zu « heinrizianisch » und bezeichnet somit vornehmlich die Parteinahme weltlicher oder geistlicher Akteure im Kontext des Papst-Kaiser-Konfliktes[28]. Auch hier wird also der Bezug zur Verfassungsgeschichte des Reiches evident.

Fokus entsprechend verwundert es nicht, dass der Simonie gemeinhin ein höherer Stellenwert als dem Nikolaitismus beigemessen worden ist. Zur Bedeutung der Simoniebekämpfung als « eine wesentliche Triebfeder für die reformerische Umgestaltung der ganzen lateinischen Kirche » Rudolf Schieffer, « Geistliches Amt und schnöder Mammon. Zur Bewertung der Simonie im hohen Mittelalter », *Mediaevalia Augiensia. Forschungen zur Geschichte des Mittelalters*, Hg. Jürgen Petersohn, Stuttgart, Thorbecke, 2001, S. 359-374 (Zitat : S. 359f.). Die radikale (Wieder-)Herstellung der Kirchenfreiheit ist als das eigentliche Anliegen der Kirchenreformen vor allem von Gerd Tellenbach herausgestellt worden, so grundlegend in G. Tellenbach, *Libertas*, *op. cit.* Tellenbach setzte zudem stärker als die übrige zeitgenössische Forschung einen Akzent jenseits der politisch-verfassungsgeschichtlichen Lesart. Vgl. Anm. 17. In der Rückschau äußerte er sich daher in Auseinandersetzung mit der neueren Forschung zu Nikolaitismus und Simonie sehr kritisch zur Bedeutung dieser Anliegen, die er als altbekannte und letztlich erfolglos von der Reformpartei bekämpfte Probleme identifizierte : Gerd Tellenbach, *Die westliche Kirche vom 10. bis zum frühen 12. Jahrhundert*, Göttingen, Vandenhoeck & Ruprecht, 1988, S. 136-145. Gegen diese Fundamentalkritik sind zu Recht Bedenken formuliert worden, zumal es sich auch bei der Kirchenfreiheit weder um eine gänzlich neue noch um eine vollständig realisierbare Idee handelte, wie Tellenbach selbst in seiner Habilitationsschrift dargelegt hat.

27 Pioniercharakter kommt dabei den Studien von Carl Mirbt zu den Streitschriften und von Carl Erdmann zu den Briefen zu : Carl Mirbt, *Die Publizistik im Zeitalter Gregors VII.*, Leipzig, Hinrich'sche Buchhandlung, 1894 ; Carl Erdmann, « Die Anfänge der staatlichen Propaganda im Investiturstreit », *Historische Zeitschrift*, 154/1936, S. 491-512 ; id., « Das Vorspiel des Investiturstreites in Deutschland : nach den Briefen der Jahre 1074-1075 », *Studien zur Briefliteratur Deutschlands*, Hg. id. Leipzig, Hiersemann, 1938, S. 225-281. Vgl. zur grundlegenden Bedeutung Mirbts und Erdmanns für diesen Forschungszweig R. Schieffer, « Deutungen des Investiturstreits », art. cité, S. 38f. Zum Forschungsgebiet generell W. Hartmann, *Investiturstreit*, *op. cit.*, S. 117-121.

28 Beispiele für diesen Begriffsgebrauch lassen sich etwa finden bei G. Althoff, *Päpste und Gewalt*, *op. cit.* ; id., « Grundlagen », art. cité, S. 83, und H. Beumann, « Tribur, Rom und Canossa », *Investiturstreit und Reichsverfassung*, *op. cit.*, S. 33-60, hier S. 57. Stellenweise

Die Folge dieser Forschungsausrichtung bildete ein vielfach teleologisch anmutendes Bild der Entwicklungen, das eindeutig retrospektive Züge aufwies und – implizit oder explizit – auf jenen Kulminationspunkt hin angelegt war, als den man den Canossagang weiterhin interpretierte. Die gut 200 Jahre zwischen dem Ende der Karolingerzeit und dem Beginn des Investiturstreits wurden daher kaum als eigenständiger Zeitraum, sondern vielmehr als Vorgeschichte jener « Wende von Canossa » wahrgenommen[29].

Mit dem Wende-Begriff verbindet sich noch ein weiteres Spezifikum der deutschen Mediävistik : die Untergliederung der Epoche in die Trias von Früh-, Hoch- und Spätmittelalter. Wenngleich hier vielfach Dynastiewechsel als Ankerpunkte fungierten und der Beginn des Hochmittelalters meist mit dem Herrschaftsantritt der Ottonen verbunden wird, rekurrierten einige Periodisierungsvorschläge auch auf die Kirchenreform und den Investiturstreit, um eine neue Phase in der mittelalterlichen Geschichte zu kennzeichnen. Neben dem Terminus « Wende » griff man dabei auch auf die Schlagworte « Reform[30] » und « Aufbruch[31] » zurück. All diesen Ansätzen war zwar gemein, dass sie durch das Aufbrechen der dynastiegeschichtlichen Chronologie grundsätzlich breitere Perspektiven an den Epochenwechsel anlegten und den reichs- wie verfassungsgeschichtlichen Fokus stellenweise aufbrachen. Allerdings wählte man mit dem « Hochmittelalter » weiterhin eine zeitliche Orientierungsgröße, die aus eben jener

wird auch der Begriff « antigregorianisch » gebraucht, so bei C. Mirbt, *Publizistik*, *op. cit.*, passim, der aber letztlich die gleiche Konnotation aufweist.

29 So der Befund bei A. Bihrer, « Vom ‚Reichsbischof' zum ‚Diözesanbischof' », art. cité, bes. S. 23f., sowie L. Körntgen, « Investiturstreit », art. cité, S. 100f.

30 Vgl. den programmatisch-einleitenden Satz bei H. Jakobs, *Kirchenreform*, *op. cit.*, S. 1 : « Die Ausgrenzung der anderthalb Jahrhunderte von der Synode in Sutri (1046) bis zum 4. Laterankonzil (1215) als Hochmittelalter folgt der Idee, daß die Reform der abendländischen Kirche geistige Mitte des Mittleren Zeitalters ist. »

31 Der Begriff des « Aufbruchs » ist v.a. von Karl Bosl im Rahmen seiner mittelalterlichen Gesellschaftsgeschichte geprägt worden : Karl Bosl, *Europa im Aufbruch. Herrschaft – Gesellschaft – Kultur vom 10. bis zum 14. Jahrhundert*, München, Beck, 1980 ; id., *Gesellschaft im Aufbruch. Die Welt des Mittelalters und ihre Menschen*, Regensburg, Pustet, 1991, dort bes. der Beitrag « Laienfrömmigkeit und religiöse Bewegung im europäischen 12. Jahrhundert » zum durch den Investiturstreit bedingten religiösen Aufbruch. Weder die Terminologie noch der hiermit verbundene sozialgeschichtliche Ansatz sind jedoch nachhaltig rezipiert worden. Vgl. hierzu die Übersicht bei M. Borgolte, « Einheit, Reform, Revolution », art. cité, S. 246-249.

politisch-dynastischen Reichsgeschichte erwachsen und kaum im internationalen Forschungsdiskurs anschlussfähig war, da in den anderen europäischen Fachtraditionen zumeist nur zwischen einem früheren und einem späteren Mittelalter unterschieden wird[32].

Die Erforschung der gregorianischen Reformen ist in der deutschen Mediävistik der Nachkriegszeit also durch eine Engführung auf die politische und reichsgeschichtliche Signifikanz der Vorgänge in Form von Investitur und Papst-Kaiser-Konflikt gekennzeichnet. Die Tradierung älterer, an der eigenen Nationalgeschichte orientierter Periodisierungskonzepte wie dem Hochmittelalter war hierfür ebenso ausschlaggebend wie die Fortsetzung der inhaltlichen Schwerpunktbildung im Bereich der Verfassungsgeschichte. Beide Aspekte negierten europäisch-vergleichende Perspektiven zwar nicht völlig, schränkten diese aber in erheblichem Maße ein.

VON DER « PAPSTGESCHICHTLICHEN WENDE » UND « ROM UND D[EN] REGIONEN », ODER EUROPÄISCHE GESCHICHTE SCHREIBEN

Seit den ausgehenden 1980er und beginnenden 1990er Jahren gewannen diese europäisch-vergleichenden Perspektiven erheblich an Gewicht. Die Mediävistik ordnete sich dabei einerseits in einen allgemeinen Trend ein, prägten europäische Fragestellungen doch angesichts der Auflösung des Ostblocks sowie der Intensivierung des europäischen Einigungsprozesses die Geschichtswissenschaft der Folgejahre generell[33]. Andererseits wurde die oben umrissene Meistererzählung zum Papst-Kaiser-Konflikt gleich in mehrfacher Hinsicht infrage gestellt und modifiziert, sodass sich neue Impulse für die Forschung ergaben.

32 Vgl. zu diesen Begrifflichkeiten und den mit ihnen verbunden Periodisierungskonzepten M. Borgolte, « Einheit, Reform, Revolution », art. cité, S. 235-249, sowie id., *Europa entdeckt seine Vielfalt, 1050-1250*, Stuttgart, Ulmer, 2002, S. 337-356, für einen internationalen Forschungsüberblick.

33 Vgl. M. Borgolte, « Vor dem Ende der Nationalgeschichte ? », art. cité S. 573 ; mit Blick auf das Zeitalter der Salier und den Investiturstreit Bernd Schneidmüller, « Europäisierte Salier. Eine Einführung », *Salisches Kaisertum und neues Europa*, *op. cit.*, S. 1-6.

So hatte Rudolf Schieffer bereits 1981 eine Neubewertung der Investiturverbote vorgenommen und damit aufgezeigt, dass die dem Konflikt seinen Namen gebende Einsetzung kirchlicher Würdenträger weniger eine Ursache als vielmehr eine Folge der Auseinandersetzung bildete[34]. Timothy Reuter hatte 1982 wiederum grundsätzliche Kritik am vermeintlichen Systemcharakter der ottonisch-salischen Reichskirche geäußert, was zu einer grundlegenden Revision und Modifikation des Erklärungsmodells vor allem durch Schieffer führte[35]. An die Stelle einer Rekrutierung von Bischöfen und Äbten aus der königlichen Hofkapelle trat nun ein komplexes Geflecht unterschiedlicher Faktoren und Akteure, welche die Ernennung geistlicher Würdenträger prägte, sodass von einem protostaatlichen Beamtenapparat kaum noch die Rede sein konnte. Johannes Laudage betonte schließlich 1984 den geistlich-spirituellen Charakter der Kirchenreformen des 11. Jahrhunderts, deren Genese er gleichsam als eine « Bewegung von unten » charakterisierte. Denn der Diskurs um das priesterliche Amt sei nicht ursprünglich vom Reformpapsttum angestoßen worden, sondern habe letzteres vielmehr selbst hervorgebracht[36]. Während sich Laudages Umkehrung von Ursache und Wirkung in der Betrachtung der Kirchenreform aufgrund der Kritik insbesondere an seiner Frühdatierung der Reformansätze zunächst kaum als folgenreich erweisen sollte[37], waren mit der Relativierung

34 Vgl. Rudolf Schieffer, *Die Entstehung des päpstlichen Investiturverbots für den deutschen König*, Stuttgart, Hiersemann, 1981. Die Genese eines allgemeinen Investiturverbots datierte Schieffer dabei auf 1078. Schieffers Thesen sind in der Forschung allerdings durchaus diskutiert worden. Bes. Johannes Laudage hat an einer Frühdatierung des Investiturverbots auf 1075 festgehalten : Johannes Laudage, « Nochmals : Wie kam es zum Investiturstreit ? », *Umbruch oder Erneuerung ?*, *op. cit.*, S. 133-150, mit der dort zitierten Literatur zur Forschungsdiskussion.

35 Vgl. Timothy Reuter, « The „Imperial Church System" of the Ottonian and Salian Rulers. A Reconsideration », *The Journal of Ecclesiastical History*, 33/1982, S. 347-374. Die Thesen Reuters sind durchaus auf Widerspruch gestoßen, vgl. etwa Josef Fleckenstein, « Problematik und Gestalt der ottonisch-salischen Reichskirche », *Reich und Kirche vor dem Investiturstreit. Vorträge beim wissenschaftlichen Kolloquium aus Anlaß des 80. Geburtstags von Gerd Tellenbach*, Hg. Karl Schmid, Sigmaringen, Thorbecke, 1985, S. 83-98. Zur Neukonzeptualisierung der « Reichskirche » vgl. Rudolf Schieffer, *Der geschichtliche Ort der ottonisch-salischen Reichskirchenpolitik*, Opladen, Westdeutscher Verlag, 1998. Einen konzisen Überblick über die Debatte mit der entsprechenden Literatur bietet A. Bihrer, « Vom ‚Reichsbischof' zum ‚Diözesanbischof' », art. cité, S. 25f.

36 Vgl. J. Laudage, *Priesterbild*, *op. cit.*, S. 304-318.

37 Vgl. zur Kritik an Laudage : Rudolf Schieffer, « „Priesterbild", Reformpapsttum und Investiturstreit. Methodische Anmerkungen zu einer Neuerscheinung », *Archiv für*

von Investiturfrage und Reichskirche zwei wesentliche Grundpfeiler der reichsgeschichtlichen Lesart des Papst-Kaiser-Konfliktes nachhaltig erschüttert worden. Neben der allgemeinen Europäisierung der Geschichtswissenschaft ergab sich so schon ganz praktisch aus der veränderten Forschungslage die Notwendigkeit, alternative Deutungsmodelle zu formulieren.

Da der reichsgeschichtlichen Engführung ihre Grenzen aufgezeigt worden waren, wandte man sich in der Folgezeit gleichsam der anderen Seite der Medaille zu : dem Papsttum. Zwar hatten die Päpste auch zuvor eine bedeutende Stellung in der deutschen Forschung eingenommen[38]. Erst jetzt rückte man sie aber konsequent in den Mittelpunkt des Erkenntnisinteresses, indem der Konflikt mit dem Kaiser respektive König nur noch als eine von vielen Facetten betrachtet wurde, welche die päpstliche Amtsführung prägten[39].

Auch hier lassen sich die wesentlichen Forschungsschwerpunkte an der gebrauchten Terminologie ablesen : Statt von « Investiturstreit » und der « Wende von Canossa » sprach man nun vermehrt von der « papstgeschichtlichen Wende[40] » oder « Rom und d[en] Regionen[41] ». Abermals verweisen die Schlagworte auf zwei unterschiedliche Untersuchungsebenen. Begriffe wie « Reformpapsttum » oder

---

Kulturgeschichte, 68/1986, S. 479-494 ; W. Hartmann, *Investiturstreit*, *op. cit.*, S. 78f., mit einem Hinweis auf den ideengeschichtlichen Fokus. Stärker würdigend äußern sich W. Hasberg und H.-J. Scheidgen, « Investiturstreit », art. cité, S. 40. Der Verfasser des vorliegenden Beitrages bildet bezüglich der äußerst selektiven Rezeption Laudages keine Ausnahme : Ich danke Gerhard Lubich (Bochum) für den Hinweis auf die in der Forschung trotz der berechtigten Kritik vielfach nicht hinreichend beachteten Thesen zum Priesterbild.

38 Vgl. Horst Fuhrmann, « Das Reformpapsttum und die Rechtswissenschaft », *Investiturstreit und Reichsverfassung*, *op. cit.*, S. 175-203 ; Werner Goez, « Reformpapsttum, Adel und monastische Erneuerung in der Toscana », *Investiturstreit und Reichsverfassung*, *op. cit.*, S. 205-239 ; Alfons Becker, « Urban II. und die deutsche Kirche », *ibid.*, S. 241-275.

39 So auch die Einschätzung bei L. Körntgen, « Investiturstreit », art. cité, S. 110-113. Erstmals gespiegelt finden sich diese damals noch neuen Tendenzen im Forschungsüberblick, den Laudage 1993 vorlegte : J. Laudage, *Gregorianische Reform*, *op. cit.*

40 Der Begriff der « papstgeschichtlichen Wende » geht zurück auf Rudolf Schieffer, « *Motu proprio*. Über die papstgeschichtliche Wende im 11. Jahrhundert », *Historisches Jahrbuch*, 122/2002, S. 27-41. Vgl. zudem die Bilanz bei Johannes Laudage, « Die papstgeschichtliche Wende », *Päpstliche Herrschaft im Mittelalter. Funktionsweisen – Strategien – Darstellungsformen*, Hg. Stefan Weinfurter, Ostfildern, Jan Thorbecke, 2012, S. 51-68.

41 So der Titel eines Sammelbandes : *Rom und die Regionen. Studien zur Homogenisierung der lateinischen Kirche im Hochmittelalter*, Hg. Jochen Johrendt und Harald Müller, Berlin et al., De Gruyter, 2012.

« papstgeschichtliche Wende » legen den Fokus auf die Nachfolger Petri selbst, ihr Agieren und Amtsverständnis sowie auf das kirchliche Zentrum in Rom. Es geht mithin um die Ansprüche, die von den Päpsten und ihrem reformerischen Umfeld seit Leo IX. formuliert worden sind[42]. Wendungen wie « Rom und die Regionen » oder auch « Römisches Zentrum und kirchliche Peripherie[43] » nehmen hingegen den Austausch und die Wechselwirkungen in den Blick, die zwischen der römischen Reformpartei und den lokalen Akteuren in den verschiedenen Regionen Europas bestanden. Das Hauptaugenmerk bilden hier also die Fragen, ob und wie die von den Päpsten erhobenen Ansprüche in Europa eingelöst wurden beziehungsweise werden konnten und wie umgekehrt regionale Entwicklungen auf die römische Kurie zurückwirkten[44].

42 Schieffer nutzte den Terminus « papstgeschichtliche Wende » etwa, um den veränderten Umgang der Reformpäpste mit dem primatialen Anspruch des Amtes zu charakterisieren, griffen sie im Unterschied zu ihren Vorgängern doch verstärkt aus eigenem Antrieb in regionale kirchliche Belange ein. Vgl. R. Schieffer, « *Motu proprio* », art. cité ; id., « Die Reichweite päpstlicher Entscheidungen nach der papstgeschichtlichen Wende », *Das begrenzte Papsttum. Spielräume päpstlichen Handelns : Legaten – delegierte Richter – Grenzen*, Hg. Klaus Herbers, Fernando López Alsina und Frank Engel, Berlin et al., De Gruyter, 2013, S. 13-27 ; id., « Das Papsttum als Autorität für die europäische Ordnung des Hochmittelalters », *Salisches Kaisertum und neues Europa*, *op. cit.*, S. 47-63, jedoch ohne expliziten Rekurs auf die Terminologie. Programmatisch auf das Papsttum fokussiert sind ebenso die Studien in *Das Papsttum in der Welt des 12. Jahrhunderts*, Hg. Ernst-Dieter Hehl, Ingrid Heike Ringel und Hubertus Seibert, Stuttgart, Thorbecke, 2002. Vgl. die Einschätzung speziell zur Bandeinleitung von E.-D. Hehl bei Jochen Johrendt und Harald Müller « Zentrum und Peripherie. Prozesse des Austauschs, der Durchdringung und der Zentralisierung der lateinischen Kirche im Hochmittelalter », *Römisches Zentrum und kirchliche Peripherie. Das universale Papsttum als Bezugspunkt der Kirchen von den Reformpäpsten bis zu Innozenz III.*, Hg. Jochen Johrendt und Harald Müller, Berlin et al., De Gruyter, 2008, S. 1-16, hier S. 7f., Anm. 25. Schließlich sind die jüngeren Studien von Gerd Althoff zur Legitimierung von Gewaltanwendungen durch die Reformpäpste diesem Forschungsstrang zuzuordnen : G. Althoff, *Päpste und Gewalt*, *op. cit.* ; id., « Amtsverständnis », art. cité ; id., « Zu den Grundlagen des Gregorianischen Amtsverständnisses », *Canossa. Aspekte einer Wende*, *op. cit.*, S. 73-87.

43 So der Titel eines weiteren Sammelbandes : *Römisches Zentrum und kirchliche Peripherie*, *op. cit.* Hg. J. Johrendt und H. Müller.

44 Vgl. zur Programmatik die Einleitungen der oben zitierten Sammelbände : J. Johrendt und H. Müller, « Römisches Zentrum », art. cité ; J. Johrendt und H. Müller « Rom und die Regionen. Zum vorläufigen Abschluss eines Forschungsprojektes *Rom und die Regionen* », *op. cit.*, S. 1-9 ; Klaus Herbers und Frank Engel « Das begrenzte Papsttum : Zur Einführung », *Das begrenzte Papsttum*, *op. cit.*, S. 1-10. Bei diesen Fragestellungen sind selbstverständlich längere Forschungstraditionen zu berücksichtigen. Die Frage nach der Rückwirkung allgemeiner Entwicklungen auf das Papsttum stand schon bei J. Laudage, *Priesterbild*, *op. cit.*, im Fokus der Untersuchung. Schließlich ist in diesem Zusammenhang

Neben einer geographischen Ausweitung kam es auch inhaltlich zu einer starken Auffächerung. So untersuchte man etwa das päpstliche Legatenwesen[45], die Delegationsgerichtsbarkeit[46], Exemtionen beziehungsweise die päpstliche Privilegierung allgemein[47] sowie weitere Mittel, über welche die römische Kurie ihren Einfluss vor Ort geltend zu machen suchte[48]. Auch die hierdurch bedingte Umstrukturierung der

---

ebenso auf Studien zu den unterschiedlichen Ausprägungen des Investiturstreits außerhalb des Reiches zu verweisen, wobei der Fokus abermals auf die Investiturfrage und das Verhältnis von Herrscher und Papst gelegt wurde. Vgl. hierzu etwa Stefanie Schild, *Der Investiturstreit in England*, Husum, Matthiesen, 2015, sowie die Übersicht bei J. Johrendt, *Investiturstreit*, *op. cit.*, S. 122-140.

45 Vgl. hierzu Claudia Zey, « Wirken und Wirkung päpstlicher Legaten im Investiturstreit am Beispiel Bischof Gebhards III. von Konstanz », *Konstanz und der Südwesten des Reiches im hohen und späten Mittelalter. Festschrift für Helmut Maurer zum 80. Geburtstag*, Hg. Harald Derschka, Jürgen Klöckler und Thomas Zotz, Ostfildern, Thorbecke, 2017, S. 57-74, bes. S. 58, Anm. 11, zum Forschungsstand ; Ludwig Vones, « Legation und Konzilien. Der päpstliche Legat Richard von Marseille und die konziliare Tätigkeit auf der iberischen Halbinsel », *Das begrenzte Papsttum*, *op. cit.*, S. 213-236 ; Ingo Fleisch, « Rom und die Iberische Halbinsel : das Personal der päpstlichen Legationen und Gesandtschaften im 12. Jahrhundert », *ibid.*, S. 135-189, mit jeweils weiterer Literatur.

46 Vgl. Daniel Berger, « Delegierte Gerichtsbarkeit im Bistum Burgos im 12. Jahrhundert. Zu Verbreitung und Akzeptanz einer neuen Form der Rechtsprechung », *Das begrenzte Papsttum*, *op. cit.*, S. 251-288 ; Harald Müller, « Generalisierung, dichte Beschreibung, kontrastierende Einzelstudien ? Stand und Perspektiven der Erforschung delegierter Gerichtsbarkeit des Papstes im Hochmittelalter », *Rom und die Regionen*, *op. cit.*, S. 145-156 ; id., « Entscheidung auf Nachfrage. Die delegierten Richter als Verbindungsglieder zwischen Kurie und Region sowie als Gradmesser päpstlicher Autorität », *Römisches Zentrum und kirchliche Peripherie*, *op. cit.*, S. 109-131 ; id., *Päpstliche Delegationsgerichtsbarkeit in der Normandie (12. und frühes 13. Jahrhundert)*, 2 Bde., Bonn, Bouvier, 1997.

47 Zu Exemtionen vgl. Matthias Schrör, « Von der kirchlichen Peripherie zur römischen Zentrale ? Zum Phänomen der Bistumsexemtionen im Hochmittelalter anhand der Beispiele von Le Puy-en-Velay und Bamberg », *Rom und die Regionen*, *op. cit.*, S. 63-82, sowie Lotte Kéry « Klosterfreiheit und päpstliche Organisationsgewalt. Exemtion als Herrschaftsinstrument des Papsttums ? », *ibid.*, S. 83-144, mit jeweils weiterer Literatur. Zu Privilegierungen für Reformkanoniker : Hubertus Seibert, « Kommunikation – Autorität – Recht – Lebensordnung. Das Papsttum und die monastisch-kanonikale Reformbewegung (1046-1124) », *Vom Umbruch zur Erneuerung ?*, *op. cit.*, S. 11-29 ; Uta-Renate Blumenthal, « Gregor VII. und die christliche Hierarchie », *ibid.*, S. 31-45, speziell zur Beziehung Gregors VII. zur Kanonikerbewegung. Zur päpstlichen Urkundenpraxis allgemein Rudolf Schieffer, « Papsttum und mittelalterliche Welt », *Hundert Jahre Papsturkundenforschung. Bilanz – Methoden – Perspektiven*, Hg. Rudolf Hiestand, Göttingen, Vandenhoeck & Ruprecht, 2003, S. 373-390.

48 Hierbei wäre bspw. auf die Erschließung und Nutzung finanzieller Ressourcen oder die Ausdifferenzierung des Kirchenrechts unter gleichzeitiger Formierung der Kanonistik zu verweisen : Jochen Johrendt, « Verdichtung und Monetarisierung päpstlicher Herrschaft von der papstgeschichtlichen Wende bis zum Ausgang des 13. Jahrhunderts », *Die Päpste. Amt und Herrschaft in Antike, Mittelalter und Renaissance*, *op. cit.*, S. 235-255 ; Lotte Kéry,

ecclesia « von einer kollegial organisierten Bischofskirche zu einer hierarchisch auf die Kurie ausgerichteten Papstkirche[49] » wurde umfassend analysiert[50]. Ferner öffnete man sich kommunikationsgeschichtlichen Fragestellungen, indem man die Dissemination der Reformideen oder die Kommunikationsnetze der Akteure beleuchtete und so die vornehmlich ideengeschichtlichen Forschungen zur Publizistik von Kurie und Herrscherhof um eine weitere Facette ergänzte[51]. Schließlich wurden neue Perspektiven auf die Zeit vor dem Investiturstreit entworfen, indem etwa die Bedeutung der Vorgänger Gregors VII. hervorgehoben oder der Einfluss der monastischen Reformen des 10. und 11. Jahrhunderts auf die kurialen Initiativen diskutiert worden ist[52]. Die vermeintliche Schlüsselstellung der Reformpäpste wurde dabei zugunsten einer stärkeren Beleuchtung ihres Umfeldes in Form der sich institutionalisierenden Kurie oder der sie herausfordernden « Gegenpäpste » relativiert, die als wichtige Triebfeder für diese Reform- und Verstetigungsprozesse gewertet wurden[53]. Das Papsttum

---

« Das Kirchenrecht als Instrument päpstlichen Führungsanspruchs », *ibid.*, S. 275-298 ; Thomas Wetzstein « *Noverca omnium ecclesiarum.* Der römische Universalepiskopat des Hochmittelalters im Spiegel der päpstlichen Finanzgeschichte », *Rom und die Regionen, op. cit.*, S. 13-62. ; Lotte Kéry, « Dekretalenrecht zwischen Zentrale und Peripherie », *Römisches Zentrum und kirchliche Peripherie, op. cit.*, S. 19-45, bes. S. 22 zur Bedeutung der gregorianischen Reformen ; Wilfried Hartmann, « Wahrheit und Gewohnheit. Autoritätenwechsel und Überzeugungsstrategien in der späten Salierzeit », *Salisches Kaisertum und neues Europa, op. cit.*, S. 65-84. Die Grenzen zwischen diesen unterschiedlichen Maßnahmen lassen sich meist nicht klar ziehen, entstanden doch gerade auf personaler Ebene vielfach Überschneidungen, indem einzelne Beauftragte mehrere Funktionen wahrnahmen. Vgl. bes. die Anmerkungen bei Klaus Herbers, « Im Dienste der Universalität oder der Zentralisierung ? Das Papsttum und die „Peripherien" im hohen Mittelalter – Schlussbemerkungen und Perspektiven », *Römisches Zentrum und kirchliche Peripherie, op. cit.*, S. 323-343, hier S. 339-341.

49 So die griffige Formulierung bei J. Johrendt, « Verdichtung und Monetarisierung », art. cité, S. 235.

50 Vgl. Matthias Schrör, *Metropolitangewalt und papstgeschichtliche Wende*, Husum, Matthiesen, 2009.

51 Einen guten Überblick über dieses weit verzweigte Forschungsfeld bietet mit entsprechenden Literaturverweisen Florian Hartmann, « Kommunikation im Wandel. Medien, Autoren und Kontexte in den Debatten des Investiturstreits. Eine Einführung », *Briefe und Kommunikation im Wandel, op. cit.*, S. 9-21.

52 Vgl. paradigmatisch den Zugriff bei Werner Goez, *Kirchenreform und Investiturstreit (910-1122)*, Stuttgart, Kohlhammer, ²2008.

53 Die wachsende Bedeutung des kurialen Umfeldes lässt sich etwa an der jüngeren Forschung zum Kardinalat ablesen. Vgl. die entsprechenden Beiträge in *Geschichte des Kardinalats im Mittelalter*, Hg. Jürgen Dendorfer und Ralf Lützelschwab, Stuttgart,

fungierte also vor allem als Orientierungsgröße, an die sich regionale wie thematische Spezialstudien zu den « gregorianischen Reformen » anbinden ließen.

Damit bot die Schwerpunktverlagerung auf die Päpste eine Möglichkeit, den allgemeinen geschichtswissenschaftlichen Anspruch auf eine europäische Geschichtsschreibung einzulösen. So hat etwa Michael Borgolte in mehreren Studien auf die Vielgestaltigkeit der hochmittelalterlichen Epoche wie auch ihrer Erforschung in den unterschiedlichen nationalen Wissenschaftskulturen hingewiesen, welche bei der Abfassung vergleichend angelegter Synthesen eine besondere Herausforderung bilde[54]. Ja die Betonung der « Vielfalt » Europas im Hochmittelalter war Borgolte ein so zentrales Anliegen, dass er es programmatisch als Titel für ein 2002 erschienenes Handbuch wählte[55]. Zugleich verwies Borgolte aber immer wieder auf die einheitsstiftenden Momente in dieser Phase, zu denen er auch das Papsttum zählte. Denn der seit der Mitte des 11. Jahrhunderts verstärkt eingelöste Anspruch des Papstes auf eine universale Leitungsgewalt in der westlichen *christianitas* ließ das Amt als geeigneten Fluchtpunkt für eine europäische Geschichte des Hochmittelalters erscheinen[56].

Allerdings verband Borgolte seinen Hinweis auf die einheitsstiftende Funktion der Nachfolger Petri direkt mit einer Einschränkung, indem er auf die Rolle anderer Kulturen und Religionen für die europäische Geschichte verwies. Daher entschied Borgolte sich wohl dazu, nicht die Päpste, sondern die gleichzeitige Präsenz der drei monotheistischen Religionen zum zentralen einheitsstiftenden Moment in der europäischen Geschichte des Hochmittelalters zu erheben[57]. Dieser letzte Punkt hat bedeutsame Folgen für das Thema des Bandes. Denn die

---

Hiersemann, 2011. Zur Bedeutung der Gegenpäpste für die Institutionalisierung der Kurie vgl. J. Johrendt, « Verdichtung und Monetarisierung », art. cité, S. 241 ; zu deren Neubewertung allgemein die Studien in *Gegenpäpste. Ein unerwünschtes mittelalterliches Phänomen*, Hg. Harald Müller und Brigitte Hotz, Köln et al., Böhlau, 2012.

54 Vgl. M. Borgolte, « Vor dem Ende der Nationalgeschichte ? », art. cité ; id., « Einheit, Reform, Revolution », art. cité.

55 Vgl. M. Borgolte, *Europa*, *op. cit.*

56 So in direkter Begrenzung auf das lateinische Europa M. Borgolte, « Vor dem Ende der Nationalgeschichte ? », art. cité, S. 587 Bereits in seinem Handbuch erweiterte Borgolte die Perspektive jedoch nachhaltig, indem er auf den allgemeineren Terminus « Römische Kirche » rekurrierte : M. Borgolte, *Europa*, *op. cit.*, S. 80.

57 Vgl. Michael Borgolte, *Christen, Juden, Muselmanen. Die Erben der Antike und der Aufstieg des Abendlandes 300 bis 1400 n. Chr.*, München, Siedler, 2006, S. 9.

deutsche Mediävistik hat die Grenzen der westlichen *christianitas* wie auch Europas in den letzten Jahren bereits weitläufig überschritten. Abermals einem Paradigmenwechsel in der Geschichtswissenschaft folgend setzt sich auch die Mittelalterforschung vermehrt kritisch mit eurozentrischen Erklärungsmodellen und der Annahme einer religiösen und kulturellen Homogenität Europas auseinander und widmet sich stattdessen transkulturellen und globalhistorischen Fragestellungen[58]. Dieser Perspektivenwechsel ist insofern bedeutsam, als er, wenn er konsequent im Sinne von Dipesh Chakrabartys « Provicializing Europe[59] » zu Ende gedacht wird, wenig Raum für eurozentrierte und monoreligiöse Forschungsgebiete wie dasjenige der « gregorianischen Reformen » lässt. Doch selbst wenn man diese radikale Konsequenz nicht zieht, relativiert der Hinweis auf die kulturelle und religiöse Heterogenität die Bedeutung, die dem Papsttum als Fixpunkt einer europäischen Geschichte des Hochmittelalters zugesprochen werden kann[60].

58 Zur neueren Diskussion um die einheitsstiftende Funktion von Papsttum und römischer Kirche bzw. die Einheit Europas im Mittelalter allgemein vgl. den instruktiven Überblick bei K. Herbers, « Im Dienste der Universalität oder der Zentralisierung ? », art. cité, S. 330-337, mit weiterer Literatur. Zu den neueren globalen und transkulturellen Ansätzen in bilanzierender wie programmatischer Perspektive Wolfram Drews, « Transkulturelle Perspektiven in der mittelalterlichen Historiographie. Zur Diskussion welt- und globalgeschichtlicher Entwürfe in der aktuellen Geschichtswissenschaft », *Historische Zeitschrift*, 292/2011, S. 31-59 ; Michael Borgolte, « Mittelalter in der größeren Welt. Eine europäische Kultur in globaler Perspektive », *Historische Zeitschrift*, 295/2012, S. 35-61. Zu den ersten Erträgen dieser Ansätze die Beiträge in : *Transkulturelle Verflechtungen im mittelalterlichen Jahrtausend. Europa, Ostasien, Afrika*, Hg. Michael Borgolte und Matthias M. Tischler, Darmstadt, Wissenschaftliche Buchgesellschaft, 2012 ; *Weltdeutungen und Weltreligionen, 600-1500*, Hg. Ernst-Dieter Hehl und Johannes Fried, Darmstadt, Wissenschaftliche Buchgesellschaft, 2010 ; *Europa im Geflecht der Welt. Mittelalterliche Migrationen in globalen Bezügen*, Hg. Michael Borgolte et al., Berlin, Akademie, 2012 ; *Hybride Kulturen im mittelalterlichen Europa / Hybrid Cultures in Medieval Europe. Vorträge und Workshops einer internationalen Frühlingsschule*, Hg. Michael Borgolte und Bernd Schneidmüller, Berlin, Akademie, 2010 ; *Mittelalter im Labor : Die Mediävistik testet Wege zu einer transkulturellen Europawissenschaft*, Hg. Michael Borgolte et al., Berlin, Akademie, 2008.

59 Dipesh Chakrabarty, *Provincializing Europe. Postcolonial Thought and Historical Difference*, Princeton et al., Princeton University Press, [2]2009. Chakrabarty ging es weniger um eine Relativierung des geographischen Europas, die er bereits als fest im Forschungsdiskurs verankert betrachtete, als vielmehr um eine Überwindung eurozentrischer Denkstrukturen, die historische Entwicklungen in anderen Weltteilen implizit oder explizit an einer vermeintlichen westlich-universalen Norm messen.

60 Dies bedeutet nicht, dass sich globale und transkulturelle Fragestellungen nicht grundsätzlich in die bestehende Forschungstradition integrieren ließen, wie bspw. der Brief Gregors VII. an den Hammadidenherrscher an-Nasir in Nordafrika zeigt. Vgl. hierzu die kursorischen

WEGE ABSEITS VON CANOSSA UND ROM, ODER PLÄDOYER FÜR EINE REGIONALISIERUNG DER PERSPEKTIVE IM EUROPÄISCHEN VERGLEICH

Der hier gewählte exemplarische Zugang zur deutschsprachigen Erforschung der « gregorianischen Reformen » hat deutlich machen können, wie stark und nachhaltig die Thematik in der deutschen Mediävistik auf die Universalgewalten und ihr direktes Umfeld fokussiert ist : Kaiser, Könige, Päpste und Reichsbischöfe prägen das Bild dieser Zeit. So verdienstvoll und unersetzlich diese Forschungsleistungen auch sind, gilt es zukünftig über die « Geschichte der großen Männer » herauszublicken : eben jenseits von Canossa, jenseits der Kurie, jenseits des Königshofs und letztlich jenseits der Reforminitiativen[61]. Den Beitrag regionaler Entwicklungen zu jener Umwälzung, als die die « gregorianischen Reformen » gemeinhin gelten, gilt es deutlicher zu konturieren – und zwar in all seinen Facetten, sei es auf religiöser, sozialer, wirtschaftlicher oder kultureller Ebene. Dabei muss die vermeintliche Peripherie als eigenständiger Aktionsraum ernstgenommen und nicht lediglich in ihrem Verhältnis zum Zentrum perspektiviert werden. Zwar sind solche Wege wie oben beschrieben im Umfeld der Papsttumsforschung durchaus schon beschritten worden[62]. Hier bleibt

Bemerkungen bei W. Hasberg und H.-J. Scheidgen, « Investiturstreit », art. cité, S. 48f., sowie – von diesem Kontakt ausgehend, aber eine übergeordnete Perspektive entwerfend – Felicitas Schmieder, « Jenseits der Peripherien. Die Päpste und die Ungläubigen außerhalb der Christianitas », *Zentrum und Netzwerk*, *op. cit.*, S. 329-357, mit weiterer Literatur. Ferner schärft der Vergleich mit anderen Kulturen die Binnenperspektive, wie die bei C. Sieber-Lehmann, *Zwillinge*, *op. cit.*, vorgeschlagene Lesart des Investiturstreits zeigt. Hiernach habe die jüdisch-christliche Tradition im Gegensatz zu anderen Kulturräumen allein über einen negativ konnotierten Zwillingsbegriff verfügt, sodass eine Gleichberechtigung der Universalgewalten von Kaiser- und Papsttum undenkbar gewesen sei. Die Eskalation des Konfliktes und die daraus resultierende Trennung der Sphären wären somit durchaus als westeuropäischer Sonderweg beschreibbar.

61 Das Narrativ einer « Geschichte großer Männer » gilt es durchaus im Wortsinne noch zu überwinden, fällt doch gerade im Vergleich mit der anglophonen Forschung die Absenz der Kategorie *gender* in der deutschsprachigen Mediävistik zum Thema auf. Vgl. S. Airlie, « A View from Afar », art. cité, S. 84-87.

62 Vgl. die regionalen Fallstudien in *Römisches Zentrum und kirchliche Peripherie*, *op. cit.*, Hg. J. Johrendt und H. Müller, sowie *Rom und die Regionen*, *op. cit.* Hg. J. Johrendt und H. Müller.

aber noch viel Arbeit zu leisten, gerade wenn man den Investiturstreit – wie in jüngerer Zeit vermehrt betont[63] – nicht mehr als Zäsur begreifen will : Der Erforschung des Episkopats in seinen diözesanen Bezügen kommt trotz der programmatischen Aussage Timothy Reuters, das 10. Jahrhundert als ein « Europa der Bischöfe » aufzufassen, vor allem zwischen der Karolingerzeit und dem Canossagang weiterhin der Status eines Forschungsdesiderates zu[64].

Wie lohnend eine konsequente Regionalisierung der Perspektive ist, zeigt die Arbeit von Tobie Walther zu den Bischöfen von Straßburg im Investiturstreit. Walther verdeutlicht in seiner Untersuchung, wie unterschiedlich der übergeordnete Konflikt zwischen Kaiser und Papst auf der lokalen Ebene präsent und wie stark die Auseinandersetzung hier durch regionale Interessen wie auch dem Wunsch nach Deeskalation beeinflusst sein konnte[65]. Solche Detailstudien sind von unschätzbarem Wert, denn erst auf ihrer Basis können übergeordnete, europäisch-vergleichende Synthesen erarbeitet und allzu monokausale Erklärungsmuster differenziert werden[66].

---

63 Vgl. die in Anm. 30 genannte Literatur.

64 So der programmatische Titel eines Aufsatzes : Timothy Reuter, « Ein Europa der Bischöfe. Das Zeitalter Burchards von Worms », *Bischof Burchard von Worms 1000–1025*, Hg. Wilfrid Hartmann, Mainz, Selbstverlag der Gesellschaft für mittelrheinische Kirchengeschichte, 2000, S. 1-28. Die anhaltende Bedeutung von Reuters Diktum lässt sich auch an dem Umstand ablesen, dass die Studie postum ins Englische übersetzt worden ist : Timothy Reuter, « A Europe of Bishops. The Age of Wulfstan of York and Burchard of Worms », *Patterns of Episcopal Power. Bishops in Tenth and Eleventh Century Western Europe / Strukturen bischöflicher Herrschaftsgewalt im westlichen Europa des 10. und 11. Jahrhunderts*, Hg. Ludger Körntgen und Dominik Waßenhoven, Berlin et al., De Gruyter, 2011, S. 17-38. Vgl. hierzu auch die Einschätzung der Forschungslage bei A. Bihrer, « Vom ‚Reichsbischof' zum ‚Diözesanbischof' », art. cité, S. 23-29. Eine erste Sondierung zu den diözesanen Bezügen von Bischöfen zwischen ca. 850 und 1100 bieten die Fallstudien in *Jenseits des Königshofs*, *op. cit.* Hg. A. Bihrer und S. Bruhn.

65 Vgl. Tobie Walther, *Zwischen Polemik und Rekonziliation. Die Bischöfe von Straßburg im Investiturstreit bis 1100 und ihre Gegner*, Stuttgart, Kohlhammer, 2017.

66 Walthers Studie zu den Straßburger Bischöfen steht in der deutschsprachigen Forschung gewiss keineswegs allein. Vgl. für ähnliche Ansätze : Franz-Reiner Erkens, *Die Trierer Kirchenprovinz im Investiturstreit*, Köln et al., Böhlau, 1987 ; Hans-Werner Goetz, « Die bischöfliche Politik in Westfalen und ihre historiographische Legitimierung während des Investiturstreits », *Westfälische Zeitschrift*, 141/1991, S. 307-328 ; Thomas Vogtherr, « Handlungsspielräume bischöflicher Parteinahme in Westfalen während des Investiturstreits », *Umbruch oder Erneuerung ?*, *op. cit.*, S. 417-425 ; Frank G. Hirschmann, « Die Bischofssitze um 1100 – Bautätigkeit, Reform und Fürsorge vor dem Hintergrund des Investiturstreits », *ibid.*, S. 427-452, zum urbanen Kontext ; Steffen Patzold, « Monastische

Ob die « gregorianischen Reformen » eine tragfähige begriffliche Rahmung für diese Regionalisierung im europäischen Vergleich bilden, bleibt noch zu prüfen. Denn beide Bestandteile der Terminologie bringen Probleme mit sich. So stellt das Adjektiv « gregorianisch » unmittelbar Bezüge zur Person Gregors VII. her, dessen Bedeutung für den Wandlungsprozess in den letzten Jahren durch neue Perspektiven auf seine Vorgänger und Nachfolger zu Recht relativiert worden ist[67]. Aber selbst wenn man gewillt ist, « gregorianisch » im Sinne Weinfurters lediglich als « Chiffre » für einen umfassenderen und längerfristigen Umbruch zu deuten, bleibt das Papsttum unweigerlich als Angelpunkt der Analyse bestehen. Dies schreibt letztlich nicht nur das Narrativ einer « Geschichte großer Männer » fort, sondern reduziert den Wandlungsprozess auch auf seine religiöse Komponente.

Ähnlich problembehaftet ist der Reformbegriff, dessen Anwendbarkeit auf mittelalterliche Phänomene seit der 1988 von Gerd Tellenbach vorgebrachten Kritik häufig bezweifelt worden ist[68]. Obwohl der Terminus einen analytischen Mehrwert verspricht, wenn er auf eine konkrete Fragestellung bezogen definiert wird[69], stellt sich gleichwohl die Frage,

---

Konflikte als geregelte Spiele ? Umbruch und Erneuerung in den Klöstern des Reiches im 11. und frühen 12. Jahrhundert », *ibid.*, S. 275-291, zum monastischen Bereich. Allerdings sind diese Studien meist auf wenige Räume und Konstellationen beschränkt. Zudem bedarf es vielfach eines stärkeren Einbezugs weiterer regionaler Akteure und Faktoren.

67 Vgl. den Überblick über die personenbezogenen Studien zu anderen Reformpäpsten bei W. Hartmann, *Investiturstreit*, *op. cit.*, S. 74f., die Einschätzung bei J. Laudage, « Wende », art. cité, bes. S. 59f. u. 62, den Überblick über die Reformpäpste vor Gregor VII. bei S. Weinfurter, *Entzauberung*, *op. cit.*, S. 77-100, oder mit Blick auf die päpstlichen Kommunikationsräume Th. Wetzstein, « Schriften », art. cité.

68 Vgl. zur Grundlegung dieser Kritik v.a. G. Tellenbach, *Westliche Kirche*, *op. cit.*, bes. S. 133-136. Tellenbachs Kritik ist aufgegriffen worden von : W. Hartmann, *Investiturstreit*, *op. cit.*, S. 78 ; Timothy Reuter, « „Kirchenreform" und „Kirchenpolitik" im Zeitalter Karl Martells. Begriffe und Wirklichkeit » *Karl Martell in seiner Zeit*, Hg. Jörg Jarnut, Ulrich Nonn und Michael Richter, Sigmaringen, Thorbecke, 1994, S. 35-59, hier S. 39-42 ; Jochen Johrendt, « Reformverlierer im Umfeld der Reformpäpste », *Reformverlierer 1000-1800. Zum Umgang mit Niederlagen in der europäischen Vormoderne*, Hg. Andreas Bihrer und Dietmar Schiersner, Berlin, Duncker & Humblot, 2016, S. 425-448, hier S. 425-427 ; Harald Sellner, *Klöster zwischen Krise und* correctio. *Monastische „Reformen" im hochmittelalterlichen Flandern*, Regensburg, Schnell & Steiner, 2016, S. 67f. Kritisch zur Funktion des Reformbegriffs als analytische Klammer für das Hochmittelalter äußert sich M. Borgolte, « Einheit, Reform, Revolution », art. cité, S. 255.

69 So habe ich den Terminus selbst im Rahmen meiner Dissertation zur Erfassung eines spezifischen Gruppendiskurses im spätangelsächsischen England genutzt, indem ich ihn kommunikationsgeschichtlich definiert habe. Vgl. Stephan Bruhn, *Reformer als*

was « Reform » auf einer übergeordnet-vergleichenden Ebene, wie sie in diesem Band intendiert ist, genau meinen soll. Denn übergreifende Definitionen, die zudem an den Erfordernissen der Mediävistik orientiert sind, existieren bislang kaum. Der Reformbegriff wird vielmehr meist unreflektiert gebraucht, wobei insbesondere nicht beachtet wird, dass er teleologisch angelegt und positiv konnotiert ist[70]. Wer sich mit Reformen befasst, wird religiöse Bewegungen jenseits der Amtskirche – etwa in Form von Häresien – nur schwer erfassen können.

Man sollte die begriffliche Kritik indes nicht auf die Spitze treiben. Auch wenn die « gregorianischen Reformen » schlussendlich nur den kleinsten gemeinsamen terminologischen Nenner bilden sollten, bleiben der zukünftigen Forschung auf diesem Themengebiet noch viele Aufgaben gestellt, wie nicht zuletzt der Facettenreichtum der in diesem Band versammelten Beiträge zu verdeutlichen vermag.

Stephan BRUHN
Deutsches Historisches Institut
London

Wertegemeinschaften. Zur diskursiven Formierung einer sozialen Gruppe im spätangelsächsischen England (ca. 850-1050), Ostfildern, Thorbecke, in Vorbereitung.

70 So schon eines der Bedenken bei G. Tellenbach, *Westliche Kirche*, *op. cit.*, S. 133, Anm. 3 : « Allgemein und selbstverständlich gilt die Reform als Fortschritt, als etwas Positives, und der Gedanke, daß es in der Geschichte auch reformationes in peius gibt, taucht kaum auf. Die moderne Forschung ist durchweg „reformfreundlich". » Ganz ähnlich die Einschätzung bei Andreas Bihrer und Dietmar Schiersner, « Reformen – Verlierer. Forschungsfragen zu einem besonderen Verhältnis », *Reformverlierer*, *op. cit.*, S. 11-35, hier S. 12-14.

L'INFLUENCE DE LA RÉFORME GRÉGORIENNE SUR LE DÉVELOPPEMENT DE LA SCIENCE DU DROIT

Pour l'historien du droit, la réforme grégorienne opère, sous l'impulsion du pape Grégoire VII qui lui donna son nom (1073-1085), un changement structurel massif dans la société médiévale[1]. Ce mouvement réformateur est une réponse à la désagrégation des structures ecclésiales que la féodalité a provoquée. La crise à laquelle fait face l'Église revêt deux aspects.

Le premier, d'ordre moral, repose sur le constat que les clercs connaissent mal les préceptes du dogme (baisse du niveau de culture, tendances à vendre les biens de l'Église comme s'il s'agissait des leurs...)[2]. Le second, résultant d'une crise d'autorité, vient du fait que l'Église commence à perdre l'idée d'universalité de la chrétienté ; l'Église se régionalise en ce sens où chaque diocèse est tombé sous la seule responsabilité spirituelle et juridique de son évêque, si bien que le droit canonique

1 Sur la réforme grégorienne, pour un tableau général, Sylvain Gouguenheim, *La réforme grégorienne. De la lutte pour le sacré à la sécularisation du monde*, Paris, Temps Présent, 2010.

2 Problème auxquels les autorités tentent de répondre. Par exemple, en Viennois : « Dès 1057, le premier coup de la réforme grégorienne en Provence est porté par Hildebrand lui-même, et il révèle un plan soigneusement conçu. L'archevêque d'Embrun sur la route d'Italie en Provence et en Viennoise avait au Xe siècle perdu tous ses suffragants, alors que sa qualité même le rendait indépendant des métropolitains rivaux de Vienne et d'Arles. Les grandes familles se le disputaient les armes à la main, sans reculer devant l'assassinat. Cette année-là, Hildebrand qui venait de Milan arriva à Vienne pour tenir un concile contre la simonie et le nicolaïsme. L'archevêque d'Embrun Uc s'y trouvait, par hasard, et par hasard aussi, certains l'accusèrent de simonie. Uc, sentant venir le danger crut l'éluder en achetant ses dénonciateurs. Il avait compté sans l'énergie d'Hildebrand ; celui-ci voyant sa proie lui échapper et Uc se gausser ouvertement de lui, le soumet à une épreuve. La faconde d'Uc l'abandonne soudain ; il se trouble, il avoue. Hildebrand le dépose immédiatement puis revient à Rome avec Guiniman, chanoine de l'abbaye viennoise de Romans que Victor II ordonne archevêque d'Embrun » (Jean-Pierre Poly, *La Provence et la société féodale*, Paris, Bordas, 1976, p. 259).

varie ainsi considérablement d'un diocèse à l'autre. Aussi, les papes de la fin du XIe siècle et du siècle suivant, persuadés de leur autorité directe sur toutes les strates de l'Église, vont s'efforcer de réformer les vieilles structures ecclésiastiques. Refusant l'idée qu'un pape n'est qu'un évêque parmi les autres, la papauté s'appuie sur l'Église régulière pour soumettre à son autorité l'Église séculière. Cette réforme est également une lutte politique ; le pape réussit à interdire aux grands laïcs (au premier rang desquels l'Empereur du Saint-Empire Romain Germanique et les rois) l'investiture laïque (droit de désigner les dignitaires de l'Église). En 1073, dans les *Dictatus papae*, Grégoire VII formule une sorte de programme de gouvernement qui, en tant que doctrine officielle de l'Église romaine, repose sur deux principes : l'absolutisme religieux (le pape affirme son droit à légiférer et son droit exclusif à déposer les évêques et réunir les conciles généraux) et la supériorité du pape sur le pouvoir temporel (affirmation par le pape de son droit de déposer les empereurs et les rois, car il est un intermédiaire entre les princes et Dieu).

La mise en œuvre de cette réforme, évidemment, n'atteint pas la même intensité selon les régions et les époques[3]. Le phénomène a été particulièrement mis en valeur par deux historiens du droit ; Laurent Grimaldi qui a travaillé sur le corpus viennois[4] et Jacques Péricard sur le corpus berrichon[5]. La pratique, évidemment, montre quelques disparités dans la mise en œuvre, dues notamment à quelques rapports de force venant du monde séculier.

Il est important, en revanche, de retenir que la réforme grégorienne aspire à construire un modèle séparant le religieux du politique ; elle a donné les bases d'un système au sein duquel le domaine du religieux

3 Pour une approche plus spécialisée au prisme de cas précis, Florian Mazel, « Entre mémoire carolingienne et réforme "grégorienne" : Stratégies discursives, identité monastique et enjeux de pouvoir à Redon aux XIe et XIIe siècles », *Annales de Bretagne et des pays de l'Ouest*, 122/2015, p. 9 ; Patrick Henriet, « En quoi peut-on parler d'une spiritualité de la Réforme grégorienne ? », *Revue d'Histoire de l'Église de France*, 96/2010, p. 71 ; id., « Les trois voies de la réforme dans l'hagiographie érémitique du XIIe siècle. Enquête sur la *Vita Bernardi Tironensis* (BHL 1251) », *Médiévales*, 62/2012, p. 105.

4 Laurent Grimaldi, *Le Viennois du monde carolingien au début des temps féodaux*, thèse, dactyl., Clermont I, 2002.

5 Jacques Péricard, Ecclesia Bituricensis. *Le diocèse de Bourges des origines à la réforme grégorienne*, Clermont-Ferrand, LGDJ, 2006 ; Jacques Péricard et Laura Viaut, « L'archevêque de Bourges, chef de son diocèse ? Rapports de force et négociations (XIIe-XIIIe siècles) », *Évêques et communautés religieuses dans le royaume de France et ses marges (816-1563). Stratégies politiques, enjeux, confrontations*, dir. Anne Massoni et Noëlle Deflou-Leca, à paraître.

est géré par les religieux, et les affaires de la cité gérées par les hommes de la cité. La distinction de ces deux domaines a été nécessaire aux réformateurs pour affirmer la primauté du spirituel sur le temporel.

La réforme grégorienne, telle qu'elle est présentée dans les manuels d'histoire du droit[6], a eu deux conséquences majeures : le contrôle de l'activité juridictionnelle (I) et le développement de la pensée juridique (II).

LE CONTRÔLE DE L'ACTIVITÉ JURIDICTIONNELLE

La première conséquence de la réforme grégorienne repose sur l'affirmation de la puissance politique de l'Église ; auparavant, l'évêque se pensait comme une autorité morale. Grâce à la réorganisation de la curie romaine et au renforcement de la hiérarchie et du contrôle du pape sur les évêques notamment par l'envoi de légats du pape dans les provinces pour juger en appel les sentences des évêques, l'Église a pu développer son activité juridictionnelle et, plus largement, sa présence à différents niveaux de la société.

Le cas est particulièrement sensible dans une affaire aquitaine survenue en 1117 : la revendication de la propriété de l'église de Migné entre 1102 et 1160[7]. Si l'on s'en tient aux faits, en 1102, Étienne de Migné, fils d'Étienne de Blois, avait obtenu, après un procès jugé par l'évêque de Poitiers les opposant aux chanoines d'Airvault, l'église de Migné. Ils l'ont ensuite donnée aux moines de Bourgueil. Ils leur donnèrent aussi des biens et des dîmes perçues sur la nourriture (lentilles, légumes, etc.). Mais Mélissendre, la sœur d'Étienne de Migné, donna plus tard quelques-uns de ces biens à l'abbaye de Montierneuf. Son frère fut convoqué, mais refusa de venir. Une charte a donc été rédigée pour se souvenir de la donation faite par Mélissendre. Nous traduisons[8] :

---

6 Par exemple Marie Bassano, *Introduction historique au droit*, Paris, Unjf, 2013, chapitre *L'émancipation et l'influence des droits savants*.

7 *Recueils des documents relatifs à l'abbaye de Montierneuf de Poitiers*, éd. François Villard, *Archives historiques du Poitou*, t. LIX, 1973 (désormais Montierneuf).

8 Les traductions que nous proposons ici essaient au mieux de restituer le texte en français, dans la mesure où il peut en supporter les tournures ; même si nous avons le moins possible fait abstraction des maladresses, des redondances et des incohérences des rédacteurs

« Moi, Étienne de Migné, fils d'Étienne de Blois, je veux faire savoir que les clercs d'Airvault ont acquis par mon père l'église de Migné, située au-dessus de Ausente et qui a longtemps été la propriété de nos ancêtres. Les moines de Bourgeuil le contestaient. En vertu de l'ancienne justice de l'abbaye de Bourgueil et des clercs, ils ont acquis cette église par le jugement du seigneur évêque Pierre de Poitiers. Moi, en fin de compte, j'y ai consenti en respectant la justice. Je leur ai aussi donné, sur mes biens, ce que je possédais dans l'église ou dans le cimetière, trois ouvrées de vignes avec la maison, six ouvrées de prairie situées à proximité de l'église, au domaine de Nanlion, une jointée, la jointée que Geoffroy Olric tenait et deux jointées accompagnées de la dîme de la terre labourable que Geoffroy Olric occupait également. Je leur ai aussi donné la dîme, tout le lin, tout le chanvre de la paroisse, la dîme des trois légumes (blé, orge, millet blanc) que Geoffroy Olric possédait et six jointées de terre cultivable accompagnée de la dîme. J'avais consenti à ce que mes vassaux donnent, s'ils le voulaient, quelque chose aux moines pour le bénéfice ecclésiastique. J'ai concédé tout cela pour le salut de mon âme et celui de mes parents, et tout particulièrement pour ma très chère mère Agnès qui, grâce à cela, a pu être inscrite dans le registre des moines. Cela a été fait de manière suffisamment ferme pour que les moines conservent pour toujours, paisiblement et sans taxes les vignes, les dîmes et les terres cultivables, même s'ils perdaient l'église aujourd'hui ou demain, par un pré-jugement ou un jugement qui leur ferait défaut. Fait à Poitiers, du temps de Guillaume qui a rassemblé une armée à Jérusalem. J'ai concédé cette église à l'abbé Baudri, en présence de mes hommes qui ont apposé leurs seings : E. Étienne, Garnier Rabo, Aldebert Botier, Pierre Aldebert fils, Raimond Acra, Christian, juge, Airan, juge, Aimeric, son fils, Gilduin Rufe, Geoffroy de Paché. Du côté des moines : Guillaume, prêtre de Saint-Porchaire, Alon, fidèle, Bernard Marescal, Airaud Balduin, Teutbaud Pul, Geoffroy Girard, Constantin Nigrère, Arald de Tourtignac et Teutbaud de Gelme. Cette charte a été faite et validée à Poitiers, dans le cloître de Saint-Porchaire, l'année d'incarnation de notre seigneur 1102 sous le règne du roi des Francs, Philippe.

Peu de temps après, Milesende, la sœur d'Étienne de Migné, a donné aux moines du monastère, furtivement et sans l'avis de son frère à qui ce droit revenait, trois ouvrées de vigne et la maison précédemment évoquée. Pour cette raison, le frère et la sœur ont été convoqués à un procès opposant les moines de Bourgueil à ceux de Montierneuf et tenu par Pierre de Forne et Bernard de Morthemer, époux de Milesende. Les plaintes de chacune des deux

lorsqu'elles existent, le risque de leur substituer un style qui leur serait étranger reste présent. En effet, par souci de clarté, nous avons ajouté, ici et là, de la ponctuation, explicité quelques sujets sous-entendus et remplacé des pronoms par les noms propres qu'ils désignent. Nous avons évité de maintenir les noms de personnes et de lieux dans leur forme latine ; lorsque la toponymie n'était d'aucun secours et que la graphie latine était variable, nous avons privilégié une forme française uniforme et la plus proche possible du texte latin.

parties y ont été entendues. Milisende disait qu'elle avait possédé dans sa vie la maison et la vigne, suite à une donation de son père. Étienne rétorquait que ce don n'avait pu être fait sans son accord parce que Geoffroy Dandin, le prêtre de l'église qui avait planté la vigne et édifié la maison pour le cens dû à son père, les lui avait donnés, à lui et à son père. Les hommes, Pierre et Bernard, ont reconnu cela et ont décidé qu'Étienne prouverait ses dires lors d'un procès. Mais ni Milisende, ni les moines de Montierneuf n'ont accepté ce procès. Les témoins de cette affaire sont ceux dont les noms ont été écrits ci-dessous. Seings de Raimond Le Bernardus, Étienne Gargarel, Pierre Rainaud, Geoffroy, Christian, juge, Aimeric Aram.

Dix-huit jours avant les calendes de février[9], Agnès est morte[10]. »

---

9 15 janvier.

10 Montierneuf nº 36 (daté de 1102) : *Ego Stephanus de Magnaco, Stephani Blesiensis filius, notum fieri volo quod aecclesiam de Magniaco super Ausaciam sitam, a proavis nostris diu possessam, canonici de Aurea Valle a patre meo adquisierunt ; quod monachi Burgulienses calumpniantes, ostenso privilegio Romano, prefatam aecclesiam, per judicium domini Petri Pictavensis episcopi, pro antiqua Burguliensis ecclesiae justicia, super canonicos adquisierunt ; quod dictante justicia tandem concessi. Dedi eis etiam de meo proprio vel quod in aecclesia vel in cimiterio habebam et tres operas de vinea cum domo, sex operas prope ecclesiam de prato et ad villam que Nantolium dicitur junctum unum et junctum unum quam tenebat Goffridus Olrici et duos junctos cum decima de terra arabili quos similiter indem Goffridus Olrici tenuit. Dedi etiam eis decimam lini omnis et chavanei totius parrochiae decimamque trium leguminum lenticulae videlicet gessiae albas et pelucis albi quam similiter idem Goffredus Olrici tenuit et interum VI junctos cum decima de terra arabili. Et si quod casati mei in eadem postestate monachis pro beneficio conferre voluerint libenter concessi. Haec supradicta omnia pro anima mea et parentum meorum et specialiter karissime genetricis mee Agnetis quae propter hoc in monachorum kalendario scribetur, tam firmiter concessi ut si monachi, hodie post cras, quolibet judicio vel prejudicio, quod absit ecclesiam praedictam perdiderint tamen supradicta omnia in pratis vineis decimisque vel terra arabili non perdant sed omni tempore absque ulla consuetudine quiete possideant actum Pictavis tempore Willelmi que Jherosolimam exercitum conduxit et domno Baldrico abbati prefatam ecclesiam concessit, his meis hominibus presentibus : St. Stephani, S. Ganerii Rabo, S. Aldeberti Boterii, S. Petri Adleberti filii, S. Raimundi Acra, S. Cristiani judicis, S. Airamni judicis, S. Aimerici filii ejus, S. Gelduini Rufi, S. Gaufredi de Pache. Ex parte monachorum, Guillelmus presbiter Sancti Porcharii, Alo miles, Bernardus marescallus, Airaudus Balduini, Tetbaldus Pullus, Goffridus Girardi, Constancius Nigregri, Araldus de Turtiniaco, Tetbaldus de Gelna. Facta est autem haec carta et firmata Pictavis in claustro Sancti Porcharii, anno ab Incarnatione. Domini nostri MCII, regnante Philippo rege Francorum. Non multo tempore transacto, Milesendis soror Stephani de Magnaco, clanculo et absque consilio fratris, cui ejus erat, dedit monachis Novo Monasterii tres operas vinee et domum prenotatam. Unde uterque, frater scilicet et soror, monachis Burguliensibus et monachis Novi Monasterii presentibus, coram Petro de Foro et Bernardo de Moruomari, qui filiam ejusdem Milisendis habebat uxorem, in judicium devenerunt, ubi auditis utriusque querelis ; Milisendi dicente : domum et vineam ex dono patris suis in vita habuisse : et Stephano contradicente : hoc donum nequaquam absque suo assensu fieri potuisse, quia Gaufredus Daudins presbiter ecclesie qui vineam plantaverat et domum edificaverat in censu patris sui et suo, quando domum cum vinea patri suo dedit, dedit similiter et sibi. Predicti viri, Petrus videlicet et Bernardus eorum causam juste discernentes, judicaverunt ut Stephanus per legem judicii ostenderet, prout affirmabat, verum fore. Quam legem nec Milesendis nec monachi Novi Monasterii recipere voluerunt. S. Stephani de Magnaco. Hujus rei testes sunt*

Quinze années plus tard, en 1117, l'abbaye de Bourgueil et l'abbaye de Montierneuf se sont disputé la propriété de l'abbaye de Migné. C'est Girard, l'évêque d'Angoulême et légat du pape qui interviendra pour l'attribuer aux moines de Bourgueil :

> « Gérard, évêque d'Angoulême et légat de sainte Église romaine, au respectable frère, Guibert, abbé de Bourgueil, et à ses successeurs, pour toujours. Concernant l'affaire de l'église de Migné et de ses dépendances que tu as eue contre l'abbé Marquer et les moines du monastère de Montierneuf de Saint-Jean de Poitiers et qui a conduit le monastère de Bourgueil à être dépouillé, nous t'avons convié à Angoulême, toi et les moines, le jour que nous avions fixé. Toi, tu es venu pour développer l'affaire. L'abbé Marquer, parce qu'il n'avait été ni présent ni représenté, voulait plaider sa cause. Lorsque nous l'avions convoqué d'autres jours et lorsque ([11]…). Toi, pour rendre justice à ton monastère, tu nous as accusé avec insistance après avoir vu la charte dans laquelle la maison de l'église de Migné avec ses dépendances était valide et renforcée par le sceau du siège romain pontifical de Jean. Voyant que tu te plaignais de la spoliation de cette église, nous t'en avons investi, après avoir pris l'avis des hommes sages et pieux qui étaient avec nous, mais aussi selon l'avis de l'archidiacre de Poitiers, Guillaume Adelelme. De bonne mémoire, Pierre, l'évêque de Poitiers, avait investi de la même manière ton prédécesseur qui avait remporté l'église en l'arrachant des mains des clercs d'Airvault, par un procès. Concernant les dîmes et les dépendances relevant de cette église, que tu réclames, nous avons décidé que le dossier devait être plus amplement étudié, soit par nous ou par des personnes ecclésiastiques.
>
> Ont assisté à cette investiture l'archevêque de Dol Baudri, Pierre, l'abbé de Malliac, Guillaumme Adelelme, l'archidiacre de Poitiers et Pierrre, le chantre d'Angoulême. Pour que cette charte soit fermement validée et véritable, nous y avons apposé notre seing de notre propre main et l'avons renforcée par l'autorité de notre sceau. Moi, Gérard, évêque d'Angoulême et légat de la sainte Église romaine. Cette charte a été faite à Angoulême, l'année d'incarnation du seigneur 1117, indiction 10, sous le règne du roi des Francs, Louis[12]. »

---

quorum nomina subterscripsimus : S. Raimundi Li Bernardus, S. Stephani Gargarels, S. Petri Rainaldi, S. Gaufredi, S. Christiani judicis, S. Aimerici Aramni. XVIII kalend. Februar. Agnes obiit.

11 Perte documentaire.

12 Montierneuf nº 52 (daté de 1117) : *Girardus Engolismensis episcopus et sancte Romane ecclesie legatus, venerabili fratri Guiberto Burguliensi abbati ejusque successoribus in perpetuum. Pro causa quam habebas adversus Marquerium abbatem et monachos Monasterii novi sancti Johannes Pictavensis de ecclesia de Magniaco cum pertinentiis unde monasterium Burguliense expoliatum erat, et te ipsos abbatem et monachos ante nos, termino constituto Engolisme invitavimus. Tu vero ad augendam causam tuam praeperatus affuisi ; predictus autem abbas Marquerius quoniam*

L'affaire remonte alors au pape. Calixte II confirme alors l'accord trouvé au concile de Reims, lequel donnait la propriété de l'église aux moines de Montierneuf :

> « Calixte, évêque serviteur des serviteurs de Dieu, au cher fils Marcher, abbé de Montierneuf de Poitiers et, selon la règle, à ses successeurs qui viendront après lui, pour toujours. Nous, du siège apostolique, avons été rappelé et forcé par la bonté d'accéder aux justes requêtes et aux justes volontés. Par conséquent, très cher fils, dans le christ, abbé Marcher, nous consentons à tes pieux souhaits et aux justes prières du très vénérable Pierre de Cluny. Nous confirmons le don de l'église Saint-Pierre de Migné, située à Ausente, que de bonne mémoire Pierre, l'évêque de Poitiers, a accordée de mémoire à l'abbé Hugo de Cluny et à Montierneuf, lors du concile de Clermont tenu par notre prédécesseur qui était, de sainte mémoire, le seigneur Urbain. Nos seigneurs prédécesseurs, de sainte mémoire les pontifes Pascal et Gélase, ont certainement recommandé cette donation et conseillé que le serment judiciaire soit conservé dans des chartes qui ont été envoyées. Restant attaché à ce qu'ont fait nos pères prédécesseurs, nous avons immédiatement recommandé à Guillaume, l'évêque de Poitiers, d'investir l'abbé de Cluny et les moines de Montierneuf de cette église et de ses dépendances après en avoir reçu les chartes et de faire en sorte que le serment judiciaire soit définitif. Mais, ensuite, passant par Bourgueil, nous avons été dérangé par les plaintes excessives des moines de ce lieu, et les avons convoqués à Tours pour traiter leur réclamation. Parce que l'abbé de Cluny, qui était très occupé, n'a pas pu se déplacer, nous avons repoussé cela jusqu'au concile que nous devions tenir à Reims. Lorsque vous êtes venus, après avoir été convoqués pour y répondre devant les cardinaux et les nombreux hommes illustres, leur porte-parole, l'archevêque Baudri, a raconté leur affaire du mieux qu'il a pu. Parce qu'il a dit que vous aviez été investi de cette église par l'évêque Pierre, les cardinaux, qui l'ont entendu,

---

minime affuisset nec per se nec per alias personas causam suam agere voluit. Cum a nobis pro eadem causa pluribus aliis terminis invitatus fuisset, cumque recessisset et tu, pro justitia monasterii tui, nos instanter pulsasses visaque carta in qua domus ecclesie de Magniaco cum pertinentiis suis continebatur sigillo etiam Johannis Romane sedis pontificis roborata : videntesque te de prefate ecclesie expoliatione conquerentem consilio sapientium religiosorum virorum qui nobiscum aderant atque consilio Guillelmi Adelelmi Pictaviensis archidiaconi, te de supradicta ecclesia cum suis pertinentiis investivimus eo modo quo bone memorie Petrus Pictaviensis episcopus antecessorem tuum investivit, qui de manibus canonicorum Aureae Vallis judicio eripuit. De decimis vero et possessionibis eidem ecclesie pertinentibus unde conquerebaris distulimus donec vel ante nos vel ante ecclesiasticas personas, plenius discuteretur. Interfuerunt autem huic investitura Baldricus Dolensis archiespiscopus, Petrus abbas Malliacensis, Guillelmus Adelelmus Pictaviensis archidiaconus, Petrus Engolismensis precentor. Et ut hec carta firmior et certior permaneat, propria manu nostra subscripsimus et authoritatis nostrae sigillo muniri fecimus. Ego Girardus Engolismensis episcopus et sanctae ecclesiae Ramane legatus. Facta est autem hec carta Engolisme, anno Incarnationis Domini MCXVII, indictione X, regnante Ludovico rege Francorum.

ont demandé la présentation des chartes. Ils ont dit qu'ils traiteraient le fond de l'affaire et que les moines de Montierneuf posséderaient l'église de Migné si leurs chartes étaient plus valides que la vôtre. Ils ont répondu qu'ils ne répondraient pas sur le fond, à moins que le procès ne porte sur l'investiture. Les cardinaux : « puisqu'il en est ainsi, il est injuste que vous vous plaigniez parce que vous auriez accepté de vous conformer à notre demande et en rien contredit cela si votre cause était juste. En raison de quoi, nous décidons que l'abbé de Cluny et les frères de Montierneuf aient et possèdent juridiquement et pour toujours cette église accompagnée de la dîme et de ses autres dépendances ». Ceux qui y ont assisté, à ce moment-là, avec nous et avec d'autres hommes vertueux en charge du procès sont : les cardinaux, l'évêque de Suse Lambert, Pierre Prestinus, évêque, le prêtre cardinal Boson, le prêtre cardinal Deusdetiton, le prêtre cardinal Jean Crement, le diacre cardinal Grégoire, l'huissier et diacre cardinal Grisogon, l'abbé de Saint-Laurent et prêtre cardinal Amic. Guillaume de Campel, évêque de Catalogne, Geoffroy, évêque de Chartres et beaucoup d'autres personnes méritantes y ont aussi assisté. Nous confirmons cela et quiconque qui tenterait de s'opposer ou de rejeter notre décision, ou quiconque qui envisagerait d'attaquer les moines de Montierneuf sur cette affaire serait châtié par le glaive de l'anathème et par la communauté des chrétiens. Qu'il sache qu'il sera rejeté. Fait à Latran, par la main d'Hugo, sous-diacre de la sainte Église romaine, deux jours avant les calendes d'avril[13], indiction 1, l'année d'incarnation du seigneur 1123, sous le pontificat du seigneur Calixte II, cinquième pape[14]. »

13 31 mars.

14 Montierneuf n° 69 (daté de 1123) : *Calixtus episcopus servus servorum dei, dilecto in christo filio Marcherio abbati novi Monasterii Pictavensis ejusque successoribus regulariter in perpetuum substituendis. Justis votis justisque peticionibus annuere, nos sedis apostolite benignitas admonet et compellit. Tuis igitur, fili in Christo karissime Marcheri abba piis votis et reverendissimi Petri Cluniacensis justis peticionibus annuentes, confirmamus donum quod felicis memorie Petrus. Pictavensis episcopus a domino predecessore nostro sancte memorie Urbano in Claramontensi concilio exoratus, reverende memorie Hugoni Cluniacensi abbati et Monasterio novo sicut in ipsius episcopi cirographo continetur, de ecclesia Sancti Petri de Magnaco super Ausentiam sitam fecit. Quod nimirum donum, domni predecessores nostri, sancte memorie Pascalis et Gelasius pontifices firmam preceperunt, missis litteris conservari. Et nos predictorum patrum vestigiis inherentes jamdudum qpud Mauziacum datis litteris, Willelmo Pictavensi episcopo precepimus ut de ipsa ecclesia et appendiciis ejus. Cluniacensem abbatem et Novi monasterii monachos reinvestiret et concessionem, que inde eis facta fuerat firmam deinceps et ratam custodiret. Sed sequenti tempore, per Burgulium iter agentes, monachorum loci illius nimiis clamoribus moti, Turonis vos vocavimus ad respondendum de hac querimonia quam faciebant : et quia abbas Cluniacensis qui erat in causa deerat distulimus hoc usque ad concilium quod eramus Remis celebrutari. Ubi et vos et illi venientes, jussu nostro vocati, in conspectu cardinalium et multorum illustrium virorum, responsuri assicistis. Prolocutor autem illorum, Baldricus archiepiscopus, causam illorum ut melius potuit dixit et tamen quia vos fueratis investiti de hac ecclesia a Petro episcopo non tacuit. Quo audito dictum est eis a cardinalibus ut ostenderent munimenta sua et agarent de fundo rei et si illorum munimenta validiora essent quam vestra haberent et possiderent. Qui inito consilio dixerunt se*

La présente affaire, particulièrement banale, a l'intérêt de montrer l'entrée d'un nouvel acteur de la gestion des conflits : le légat du pape qui vient ici faire le relai entre le pape et les autres strates de la société. Par là, l'activité juridictionnelle, dont la force de contrainte était affaiblie par le système féodal, se développe considérablement et, avec elle, le recours au droit.

LE DÉVELOPPEMENT DU DROIT ROMANO-CANONIQUE

À la chute de l'Empire romain au Ve siècle, le droit romain a survécu de manière parcellaire dans quelques sources de droit romano-barbare[15]. Mais il faut attendre le XIIe siècle pour que le droit romain

de fundo nullo modo agere nisi prius de investitura judicium fieret. Ad hec dixerunt cardinales : « Modo apparaet quonima injustum erat quod clamabatis, quia si justam causam haberetis libenter de hac re, sicut decimus tractaretis et omnino in causa defecistis. Et ideo judicamus ut abbas Cluniacensis et fratres Novi Monasterii hanc ecclesiam cum decima et aliis appendiciis suis jure perpetuo habeant et possideant ». Hoc judicium fecerunt qui tempore nobiscum aderant, cum aliis probis viris : cardinales, Lambertus episcopus Hostiensis : Conon episcopus Prenetinus, Boso, presbiter cardinales, Deusdedit, presbiter cardinalis, Johannes Cremensis, presbiter cardinalis, Petrus Leonis, diaconus cardinalis, Gregorius, diaconus cardinalis, Grisogonus, cancellarius et diaconus cardinalis, Amicus, abbas Sancti Laurentii et diaconus cardinalis. Interfuernt etiam Willelmus de Campellis, episcopus Catalaunensis, et Gaufredus, episcopus Carnotensis et plures alie indonee persone. Quod et nos confirmamus et quicumque huic notro decreto, quod absit ! contraire temptaverit, aut Novi Monasterii monachos de hac re deinceps infestare praesumpserit, gladio anathematis se percussum et a christianorum consortio donec resipiscat, noverit segregatum. Datum Laterani per manum Hugonis, sancte Romane ecclesie subdiaconi, II kalendas aprilis, indictione prima, incarnationis dominice anno MCXXIII, pontificatus autem domni Calixti secundi pape V.

15 Jean Gaudemet, « Survivances romaines dans le droit de la monarchie franque (V^e^-Xe siècle) », *Tijdschrift voor Rechtsgeschiedenis*, 23/1955, p. 149 ; Jean-François Lemarignier, « Les actes de droit privé de Saint-Bertin au haut Moyen Âge : survivances et déclin du droit romain dans la pratique franque », *Revue internationale des droits de l'Antiquité*, 5/1950, p. 35 ; Éric Bournazel et Jean-Pierre Poly, *La mutation féodale*, Paris, Presses universitaires de France, 1980, p. 389 ; Paul Ourliac, « La tradition romaine dans les actes toulousains des Xe et XIe siècles », *Cahiers de civilisation médiévale*, 23/1980, p. 93 ; Marcel Garaud, « Le droit romain dans les chartes poitevines du IXe au XIe siècle », *Mélanges Georges Cornil*, t. 1, Paris, 1926, p. 399 ; Christian Lauranson-Rosaz, « Le midi de la Gaule en l'an mil », *Hortus Artium Medievalium*, 6/2000, p. 125 ; Christian Lauranson-Rosaz et Alain Dubreucq (dir.), Traditio iuris. *Permanence et/ou discontinuité du droit romain durant le haut Moyen Âge*, Lyon, Université de Lyon-Cahiers Jean Moulin, 2005. Ces travaux ont été menés dans la

soit véritablement redécouvert[16]. La réforme grégorienne, parce qu'elle aspire à affirmer l'autorité politique et spirituelle de la papauté, dans et hors de l'Église, invite à répondre aux revendications de l'empereur du Saint Empire romain germanique et des rois. Un tel conflit politique ne peut qu'obliger la sphère ecclésiastique comme laïque à exhumer des textes juridiques romans oubliés pour rechercher des dispositions qui permettraient d'appuyer leurs prétentions respectives…

La réforme grégorienne est ainsi un bouleversement considérable dans l'histoire de la culture intellectuelle, notamment dans celle de la pensée juridique. Elle est le point de départ d'un mouvement de recherche de textes, de compilations, d'interprétation et d'élaboration de collections canoniques. Car, et il ne faut pas l'oublier, les prétentions pontificales s'appuient sur des textes juridiques. Le droit est pour le pape l'un des moyens, particulièrement efficaces, de la réforme. Le renforcement du pouvoir législatif du pape donne naissance à une législation réformatrice, et avec elle au refus du morcellement du droit à l'intérieur l'Église. On observe ainsi un vaste mouvement de regroupement et de diffusion des textes de droit canonique, en vue de les harmoniser[17].

L'Aquitaine peut ici fournir un bel exemple. Les régions poitevines et albigeoises ont été des pôles majeurs de production du droit canonique pendant la réforme[18]. On doit au premier l'émergence de la *collectio*

---

continuité de ceux de Hermann Fitting et de Charles-Frédéric Savigny, *Histoire du droit romain au Moyen Âge*, Paris, Auguste Durand, 1830, 2 t.

16 Antonio Ciaralli et Charles Radding, *The* Corpus Iuris Civilis *in the Middle Ages. Manuscripts and Transmission from the Sixth Century to the Juristic Revival*, Leyde, Brill, 2007.

17 Voir notamment Max Weber, *Sociologie du droit*, trad. Jacques Grosclaude, Paris, PUF, 1986, p. 181-182 : « Au début du Moyen Âge l'Église occidentale prend pour modèle les éléments les plus formels du droit germanique […]. D'autre part, l'organisation de l'université médiévale sépare l'enseignement de la théologie et du droit séculier et du droit canon, elle empêche ainsi la naissance de structures théocratiques hybrides comme cela se produit partout ailleurs. La méthode rigoureusement logique et la technique juridique professionnelle formées au contact de la philosophie et de la jurisprudence antiques ont une très grande influence sur le maniement du droit canonique. […] Cette conception qui est à la fois une particularité de l'Église catholique et une conséquence de son attache avec l'Antiquité, est temporairement interrompue avec la période féodale mais renaît et devient prépondérante avec la période grégorienne ».

18 Gabriel Le Bras, « L'activité canonique à Poitiers pendant la réforme grégorienne (1049-1099) », *Mélanges offerts à René Crozet à l'occasion de son soixante-dixième anniversaire*, dir. Pierre Gallais et Yves-François Riou, Poitiers, Société d'études médiévales, 1966, p. 237, ainsi que Uta Renate-Blumenthal, « Poitevin Manuscripts, the Abbey of saint-Ruf and Ecclesiastical Reform in the Eleventh Century », *Readers, Texts and Compilers in the Earlier*

Tarraconensis[19], façonnée au XIe siècle à l'appui de peu de sources séculières[20]. Son rédacteur a puisé une grande partie de sa substance dans le Décret de Burchard de Worms, le *Liber Pontificalis*, les vraies et fausses décrétales et les écrits d'Auxilius[21]. Une seconde particularité en fait un assemblage de différents textes, et non une compilation chronologique de canons[22]. Il y a là, très nettement, un objectif d'harmonisation du droit canonique, laquelle permet de renforcer l'autorité normative de l'Église.

Mais l'évolution de la pensée va au-delà de ce simple travail d'harmonisation. Le travail fait autour des textes juridiques conduit à l'élaboration de collections d'un genre nouveau. C'est vers 1140 qu'est préparé le Décret de Gratien, lequel permet un renouveau majeur de la science canonique ; car il ne s'agit pas d'une compilation de textes anciens, mais de résoudre le problème des canons discordants nés de ces compilations. Le Décret est une synthèse qui s'efforce de trouver une harmonie entre toutes les dispositions.

Par ailleurs, les papes successifs déploient une très forte activité normative entre 1140 et 1230, par l'émergence de collections privées. En 1234, Grégoire IX commande à Raymond de Peñafort une compilation officielle de tous les textes pontificaux depuis l'époque du Décret de Gratien (*Liber decretalium extra Decretum vagantium* ; « Livre des décrétales flottant en dehors du Décret ») ; il s'agit là des *Décrétales* de Grégoire IX. En 1298, Boniface VIII fait compiler le « Sexte », en 1317, Clément V y ajoute les « Clémentines ». En 1324, Jean XXII fait compiler les « Extravagantes ».

Middle Ages : Studies in Medieval Canon Law in Honour of Linda Fowler-Magerl, dir. Martin Brett, Cambridge, Ahgate, 2008, p. 89.

19 *Ibid.* D'autres auteurs sont restés plus vagues en ciblant le sud-ouest de la France, Paul Fournier, *Le Liber tarraconensis : étude sur une collection canonique du XIe siècle*, Paris, Leroux, 1895.

20 Seulement deux citations du droit romain et six références aux capitulaires.

21 Paul Fournier, *Le* liber tarraconensis *: étude sur une collection canonique du XIe siècle*, Paris, Leroux, 1895, *passim.* Soulignons ici le travail, beaucoup plus spécialisé de Franck Roumy, « L'origine et la diffusion de l'adage canonique *Necessitas non habet legem », Medieval Church Law and the Origins of the Western Legal Tradition : A Tribute to Kenneth Pennington*, dir. Wolfgang P. Müller et Mary E. Sommar, Washington, The catholic University of America Press, 2008, p. 301.

22 Linda Fowler-Magerl, « Vier französische un spanische vorgratianische Kanonessammlungen », *Aspekte europäischer Rechtgeschichte*, dir. Carl Bergfeld *et alii*, Francfort-sur-le-Main, Klosterman, 1982, p. 125.

Autour du droit romain que l'on redécouvre et du droit canon que l'on refaçonne émerge le droit savant, lequel se transmet au sein des universités, notamment à Bologne qui devient le plus célèbre lieu d'enseignement juridique. Le droit, considéré comme un objet de réflexion, au même titre que la théologie, débouche sur une réflexion systématique et scientifique. Les Écoles de droit se livrent ainsi à leur interprétation. Les glossateurs font de l'exégèse du texte : explication du vocabulaire, sens des passages, ajout d'une opinion personnelle de l'enseignant. En transformant le sens et la portée du droit romano-canonique émerge une véritable science du droit.

Il ne fait nul doute que le contexte de la réforme a été celui d'une émulation de l'esprit juridique, par le travail de systématisation autour des textes, mais également le travail doctrinal qui l'accompagne. La réforme grégorienne, en renouvelant les structures de la pensée en Occident, participe très nettement à la Renaissance juridique du XIIe siècle[23].

Laura VIAUT
Université Paris I Panthéon
Sorbonne

23 Jean Gaudemet, *Les naissances du droit*, 3e éd., Paris, Montchrestien, 2001.

DEUXIÈME PARTIE

L'ART DU SIÈCLE GRÉGORIEN

ART ET RÉFORME GRÉGORIENNE : ART CENTRALISÉ OU PRATIQUES LOCALES ?

L'exemple de la primauté pontificale et de sa mise en image

Les XIe et XIIe siècles représentent en matière d'histoire de l'art un âge d'or de l'iconographie au cours duquel la production iconographique s'intensifie, intensification caractérisée par un renouvellement et une diversification des images produites. Régulièrement ce phénomène révélateur de la « Renaissance du XIIe siècle[1] » est expliqué par le contexte religieux de la réforme grégorienne qui aurait été le moteur et la source d'inspiration unique de cette floraison artistique. Le constat majeur appuyant ces dires est notamment l'observation qu'en écho à l'idéal grégorien de *renovatio*, cette renaissance iconographique s'accompagne d'une résurgence marquée de schémas iconographiques paléochrétiens, témoignant d'une volonté de montrer par l'image son appartenance à l'Église rénovée de Rome[2].

---

1 L'expression fut popularisée par Charles Haskins en 1923, puis utilisée à de nombreuses reprises notamment par Jacques Verger. Elle ne se limite pas à un simple renouveau artistique mais englobe l'ensemble des phénomènes sociaux, politiques et religieux du XIIe siècle. Dans cet article le phénomène sera considéré uniquement d'un point de vue artistique. Charles Homer Haskins, *The Renaissance of the Twelfth Century*, Cambridge, Harvard University Press, 1927 ; Jacques Verger, *La Renaissance du XIIe siècle*, Paris, Le Cerf, 1999.

2 Parmi les tenants de cette théorie on compte Hélène Toubert, Ernst Kitzinger, Serena Romano, Manuel Castiñeiras. Le débat est parfois rapproché du questionnement sur l'appellation « art roman » qui ne sera pas évoquée ici. Pour une bibliographie plus complète sur l'influence de la réforme grégorienne sur l'iconographie, se référer aux ouvrages suivants : Xavier Barral i Altet, « Arte medievale e riforma gregoriana, riflessioni su un problema storiografico », *Hortus Artium Medievalium*, 16/2010, p. 73-82 ; Herbert Kessler, « A Gregorian Reform Theory of Art ? », dir. Serena Romano, *Roma e la Riforma gregoriana, tradizioni e inovazionni artistiche*, Rome, Guigno, 2007, p. 25-48 ; Ernst Kitzinger, « The Gregorian Reform and the Visual Arts : a Problem of Method », *Transactions of the Royal Historical Society*, 5/22, 1972 ; Émile Mâle, *L'art religieux du XIIe siècle en France*, Paris, Armand Colin, 1922 ; Jean Wirth, *L'image à l'époque romane*, Paris, Cerf, 1999.

La référence majeure de ce courant grégorien dans l'historiographie francophone est incontestablement Hélène Toubert. S'attachant à démontrer combien l'influence de la réforme pouvait être un facteur primordial pour comprendre la production artistique de cette période, ses recherches sur les édifices romains ou fortement impliqués dans l'entreprise de la réforme l'amenèrent à évoquer un « art dirigé » et à théoriser le phénomène d'une « propagande grégorienne » venue de Rome. Le plus manifeste à ce sujet est d'ailleurs le titre de son ouvrage lui-même : *Un art dirigé, réforme grégorienne et iconographie*[3]. Pourtant dans son introduction elle s'exprimait ainsi :

> « C'est en multipliant [les] exemples (...) que l'on parviendra à faire la distinction entre la réception en Occident de l'art pontifical et romain, qui est une version de la rénovation grégorienne, et celle qui fut promue par d'autres centres, ou induite par le mouvement plus général de la renaissance du XIIe siècle. Il ne s'agit pas en effet de faire de Rome le centre moteur de la floraison iconographique qui s'épanouit dans des foyers variés, mais de reconnaître à la Ville un rôle de stimulation qu'elle joua auprès de nombreux protagonistes comme Anselme de Cantorberry, Hugues de Cluny ou Suger[4]. »

Son but n'était donc pas de prouver que Rome était la cause et le foyer majeur d'une iconographie nouvelle, mais de discerner, dans des cas pratiques, ce qui relevait de l'influence romaine de ce qui dépendait d'autres facteurs plus locaux. Elle était donc elle-même consciente qu'une généralisation de l'influence romaine ne permettrait pas d'appréhender la réalité et la complexité de l'évolution de l'iconographie au cours de la période dite grégorienne[5].

La réalité s'avère en effet plus complexe et de nombreux facteurs sont à prendre en compte pour cerner les enjeux de la production artistique des XIe et XIIe siècles. Ce sont ces différents facteurs que distinguent et mettent en évidence les auteurs qui par la suite ont pris le contrepied des positions grégoriennes. Ainsi Daniel Russo en 2008, s'intéressant à l'espace bourguignon, affirme que « les contextes et milieux locaux

3 Hélène Toubert, *Un art dirigé. Réforme grégorienne et iconographie*, Paris, Cerf, 1990. Cet ouvrage est en réalité une compilation de ses nombreux articles sur le sujet.

4 H. Toubert, *Un art*..., *op. cit.*, p. 15.

5 La période dite grégorienne est ici prise dans un sens large englobant les XIe et XIIe siècles et non pas limitée au seul pontificat de Grégoire VII.

l'emportent[6] ». À sa suite en 2012, Xavier Barral i Altet insiste sur l'importance de ne pas généraliser à toute l'Europe et à deux siècles ce qui est un fait indéniable pour l'Italie grégorienne. Il ajoute également que les sources d'innovation sont multiples et parfois même antérieures à la période grégorienne[7].

Afin de mieux cerner ce débat, il importe donc de s'intéresser autant à des monographies d'édifice qu'à des thématiques considérées comme grégoriennes, pour, selon les mots d'Arturo Carlo Quintavallo, « saisir les reflets de la réforme dans les images[8] » et déterminer dans quelle mesure l'influence romaine impactait la conception, la production et la circulation des images. Au-delà de l'influence romaine sur la production et la circulation des images, c'est la théorisation même de la propagande grégorienne à partir de Rome qu'il convient de questionner pour mesurer combien et comment l'impact de la réforme a pu se manifester dans les espaces francophones. À travers des cas monographiques et thématiques en lien avec la primauté pontificale, nous nous proposons donc de retracer ce débat historiographique, d'en redessiner les contours et les limites.

LES PEINTURES DE LA TRINITÉ DE VENDÔME

Située entre Orléans, Tours, Blois, Le Mans et Chartres, l'abbaye de la Trinité de Vendôme était au XIe siècle, sous l'abbatiat de Geoffroy de Vendôme, un foyer moteur de la réforme. Cet aspect de l'histoire du site se reflète encore sur un pan de mur de l'ancienne salle capitulaire, rare vestige de l'abbaye romane elle-même où, en 1972, des fresques furent mises au jour. Réalisées probablement vers 1096, elles représentent un cycle de la Résurrection du Christ dont l'étude proposée

6 Daniel Russo, « La réforme de l'Église et le moment figuratif dans l'art religieux (XIe et XIIe siècles) », *Bulletin du Centre d'études médiévales d'Auxerre*, BUCEMA [En ligne], Hors-série n° 2/2008, p. 5.

7 Xavier Barral i Altet, « Art monumental roman et réforme grégorienne : plaidoyer contre une fiction historiographique très enracinée », *Art et réforme grégorienne en France et dans la péninsule ibérique*, dir. Barbara Franzé, Paris, Picard, 2015, p. 41-56.

8 Arturo Carlo Quintavallo, « La réforme grégorienne : image et politique (XIe et XIIe siècles) », *Art et…*, *op. cit.*, p. 16.

par Hélène Toubert en 1983 a démontré la forte connotation romaine et grégorienne[9].

Le cycle, composé de cinq scènes représentant chronologiquement le repas d'Emmaüs (Luc 24, 13-35), la pêche miraculeuse au lac de Tibériade, la seconde investiture de saint Pierre (Jean 21, 1-14), le départ en mission des apôtres (Matthieu, 28, 16-20) et l'Ascension du Christ, porte en lui-même un témoignage unique de l'empreinte de Geoffroy de Vendôme, alors abbé du monastère (1093-1132) et commanditaire de ces fresques. Cette empreinte se remarque aussi bien par la préférence pour certaines scènes habituellement rares dans l'iconographie, que par les choix internes effectués dans la représentation de certains de ces épisodes néotestamentaires. Deux scènes en sont particulièrement révélatrices : l'apparition au lac de Tibériade et la seconde investiture de saint Pierre.

FIG. 1 – Abbaye de la Trinité de Vendôme, salle capitulaire, mur nord, 1096. De gauche à droite : La pêche au lac de Tibériade et la seconde investiture de saint Pierre. © Photothèque CESCM, CESCM-DRAC 1983.

9 L'article initial est le suivant : Hélène Toubert, « Les fresques de la Trinité de Vendôme, un témoignage sur l'art de la réforme grégorienne », *Cahiers de civilisation médiévale*, 104/1983, p. 297-326. Il a par la suite été repris dans H. Toubert, *Un art…*, *op. cit.*

Relatée chez Jean 21, la pêche miraculeuse au lac de Tibériade est l'épisode au cours duquel le Christ ressuscité apparaît à sept de ses apôtres alors qu'ils pêchaient sur le lac de Tibériade. Le reconnaissant saint Pierre s'élance alors vers lui et un dialogue s'ensuit au cours duquel le Christ l'investit une seconde fois de sa mission de chef de l'Église[10].

La scène en elle-même est très lacunaire. Toutefois il est possible de dénombrer onze apôtres dans la barque, contrairement aux précisions de l'Évangile selon saint Jean qui n'en mentionne que sept. Cette divergence numérique pourrait résulter d'une confusion avec l'épisode de la tempête apaisée décrit en saint Matthieu 8. En réalité, comme l'a démontré Hélène Toubert, cette erreur est volontaire et renvoie à une lettre de Geoffroy de Vendôme au pape Pascal II, dans laquelle, s'appuyant sur les écrits de saint Ambroise, il oppose la barque mouvementée de saint Matthieu où se trouvait Judas à la barque apaisée sans Judas au lac de Tibériade. La barque étant l'image de l'Église, le pape devait en expulser le nouveau Judas, à savoir l'empereur Henri V. La présence de onze apôtres au lieu de sept dans la barque serait donc un écho volontaire aux écrits de Geoffroy de Vendôme[11].

Naturellement cet argument isolé est trop léger pour affirmer le caractère grégorien des peintures de Vendôme. Toutefois, cette scène est couplée avec la seconde investiture de saint Pierre, scène rare dans l'iconographie et dont le choix ici est lourd de sens. Elle présente deux personnages dont l'un trône sur un globe tandis que l'autre est en train de s'asseoir sur une chaire qui pourrait évoquer une cathèdre. Cet agencement et notamment le geste du second personnage qui n'est pas encore assis, figure donc le dialogue entre saint Pierre et le Christ, juste après la pêche du lac de Tibériade[12]. Au cours de cet épisode, le Christ que saint Pierre a renié par trois fois la nuit de sa Passion, lui demande par trois fois : « Pierre m'aimes-tu ? ». Devant la triple réponse positive de saint Pierre, le Christ l'institue une seconde fois chef de son

10 Cet épisode ne doit pas être confondu avec la première pêche miraculeuse racontée par saint Luc, qui est l'origine de la vocation des apôtres, ni avec le miracle de Pierre marchant sur l'eau relaté en Matthieu 14.

11 Les écrits de Geoffroy de Vendôme sont édités dans la *Patrologie Latine* (P.L), CLVII, 33-90. Hélène Toubert invite à se référer plus spécialement à l'expression *Judas foras expulso*, Geoffroy de Vendôme, *Epistolae*, I, 7, *PL*, CLVII, 42.

12 Pour identifier cette scène Hélène Toubert a fait appel à la logique chronologique des scènes elles-mêmes mais également à des comparaisons.

Église par ces mots : « Pais mes agneaux, pais mes brebis, sois le chef des brebis et des pasteurs[13] ». Ainsi nous aurions donc à droite le Christ trônant instituant saint Pierre qui, en s'asseyant sur sa chaire, reçoit son autorité de Dieu.

Cela est d'autant plus fort que traditionnellement, pour exalter la primauté pontificale, l'iconographie a recours à la *Traditio legis et clavium*, évoquant la première investiture de saint Pierre (Matthieu 16, 13-23) où le Christ a ces paroles célèbres : « Tu es Pierre et sur cette pierre je bâtirai mon Église (…) Je te donnerai les clefs du royaume des cieux ». À Vendôme le choix est donc fait de présenter saint Pierre, recevant de nouveau sa mission du Christ, malgré son triple reniement. Malgré sa faute, le Christ lui pardonne et le maintient dans sa mission.

Par ailleurs, alors que sur l'ensemble des peintures tous les personnages assis, même pour le repas d'Emmaüs, trônent sur un globe, saint Pierre est le seul assis sur une chaire, évoquant donc la cathèdre, la chaire de saint Pierre, symbole de l'autorité pontificale à Rome mais aussi par extension de l'évêque dans son diocèse. Or Geoffroy de Vendôme était lui-même un farouche partisan de la primauté pontificale à une époque où l'empereur soutenait un antipape. Il entretenait des liens étroits avec Urbain II, car, alors que, jeune abbé, il se rendait à Rome pour plaider la cause de son monastère auprès du pape, il permit à ce dernier, qui n'avait pas accès au palais du Latran (lieu du siège apostolique), de s'asseoir sur le trône de saint Pierre et de retrouver toute sa légitimité. En effet, Geoffroy vendit tout ses biens pour racheter le palais et y faire entrer Urbain II[14]. Il aimait donc répéter qu'il était celui qui avait rétabli le pape légitime sur le trône de saint Pierre. Représenter saint Pierre en train de s'asseoir sur sa chaire et de retrouver sa légitimité est donc riche de sens à Vendôme, d'autant que cette représentation prend place dans la salle capitulaire qui est le lieu d'exercice du pourvoir et de l'autorité de l'abbé. Geoffroy de Vendôme affirme donc par l'image qu'il ne connaît qu'un seul pasteur, le pape, mais légitime également sa propre autorité sur son monastère qui bénéficiait d'un privilège d'exemption pontificale.

---

13 Malgré le mauvais état de conservation qui ne laisse apercevoir que la partie inférieure de la scène, cette scène est identifiable grâce à certains détails savamment exploités par Hélène Toubert.

14 Geoffroy de Vendôme, *Epistola* I, 8, *PL*, CLVII, 47-48.

Enfin, comme le fait remarquer Hélène Toubert, il est fort probable que les fresques aient été réalisées en l'honneur de la visite d'Urbain II à Vendôme en 1096 et notamment de sa présence au sein du monastère lors de la fête de la *cathedra sancti Petri*[15].

Plus qu'une simple influence romaine c'est donc véritablement un manifeste grégorien et romain en faveur du pape qui se déroule sur le mur de la salle capitulaire de l'abbaye de Vendôme et que l'étude non remise en cause d'Hélène Toubert a mis en évidence. Geoffroy de Vendôme à travers les peintures rappelle son investissement au sein de la réforme et son appui inconditionnel procuré au souverain pontife. Les peintures de Vendôme sont donc un cas emblématique où l'iconographie est remaniée et revue en fonction des idéaux de la réforme et surtout des ambitions du commanditaire, dans un territoire éloigné de Rome. Toutefois l'importance des ambitions de Geoffroy de Vendôme pour comprendre et cerner le choix et la portée des scènes, souligne un phénomène qui n'est pas isolé : plus qu'un cas d'influence voire de propagande romaine, les fresques de Vendôme sont en réalité un manifeste local d'adhésion aux idées de la réforme, adhésion volontaire d'une personnalité qui prend l'initiative de faire de la « propagande » grégorienne pour Rome, et non pas sous l'influence de Rome.

LA *TRADITIO LEGIS* ET SES EMPLOIS À ROME ET DANS L'EMPIRE

Au-delà des cas monographiques comme celui de Vendôme, l'étude des thématiques grégoriennes est également révélatrice de l'influence exercée par des personnalités locales. En effet, chaque période de l'histoire connaît des images favorites propres ou héritées qui éclosent et évoluent en fonction du contexte social, politique ou religieux. Pour mesurer l'impact de la réforme sur les images, il convient de s'intéresser également aux thématiques qui sont celles des XIe et XIIe siècles et de comprendre les raisons de leur renouvellement. La *Traditio legis* est en cela une

15 Ou en souvenir. La visite d'Urbain II à Vendôme s'écoula entre le 19 février et le 3 mars 1096, comprenant ainsi la fête de la *cathedra sancti Petri*, célébrée le 22 février.

thématique idéale pour la mise en image et l'exaltation de la primauté pontificale. Mais son interprétation est sujette à débat. Dans quelles mesures peut-elle s'interpréter comme une exaltation de la réforme et de la propagande romaine ?

Le motif de la *Traditio legis* fut élaboré au IVe siècle sous le pontificat de Damase Ier, après un retour à la paix dans l'Église, suite au règne de Julien l'Apostat et à la crise arienne. Selon le schéma classique on retrouve le Christ debout ou assis transmettant un phylactère où se trouvent les mots « *Dominus legem dat* » à saint Pierre à sa gauche, tandis qu'il est acclamé par saint Paul, placé à sa droite. Ce modèle, dont les mosaïques du Mausolée de Sainte-Constance à Rome conservent encore un bel exemple, se diffuse à l'époque paléochrétienne et évoque l'Église formée des juifs convertis et des païens christianisés[16].

Du temps de Grégoire VII, le motif évolue et devient une *Traditio legis et clavium* où le Christ lui-même transmet ses pouvoirs aux apôtres et à leurs successeurs. Saint Pierre, à la gauche du Christ reçoit les clefs tandis que saint Paul reçoit le phylactère à droite comme sur la *Traditio legis* de Tivoli[17]. Tous ces éléments semblent naturellement prédisposer le motif à devenir un manifeste visuel au service de la réforme et de la cause pontificale, Juliette Rollier allant même jusqu'à évoquer un « marquage de territoire » distinguant les territoires appartenant à l'Église rénovée de Rome des autres territoires[18].

Toutefois, comme le fait remarquer Barbara Franzé, ce motif se retrouve assez facilement dans les territoires germaniques dépendant de l'empereur et donc appartenant à la principale sphère d'opposition à la réforme et à Rome. C'est le cas à Saint-Michel de Pavie, lieu de couronnement de l'empereur Frédéric Barberousse en 1155, ou à Andlau, église reconstruite au XIIe siècle grâce au soutien financier de l'empereur. La présence d'un motif élogieux vis-à-vis de Rome au sein des territoires

16 L'étude de ce motif iconographique est particulièrement documentée, se référer aux ouvrages suivants : Armin Bergmeier, « The *Traditio Legis* in Late Antiquity and its Afterlives in the Middle Ages », *Gesta*, 56.1/2017, p. 27-52 ; Yves Christe, « Apocalypse et *Traditio Legis* », *Römische Quartalschrift für christliche Altertumskunde und Kirchengeschichte*, 71/1976, p. 42-45 ; Robert Couzin, *The Traditio Legis : Anatomy of an Image*, Oxford, Archeopress, 2015 ; Yves-Marie Congar, « Le thème du "don de la Loi" dans l'art paléochrétien », *Nouvelle Revue Théologique*, 84-2/1962, p. 915-933.

17 La *Traditio legis* se situe précisément dans l'abside de l'église San Silvestro de Tivoli.

18 Juliette Rollier-Hanselmann, « La *traditio legis* de Berzé-la-Ville : entre tradition et innovation », *Hortus Artium Medievalium*, 17/2011, p. 275-287.

de l'empereur suscite donc quelques interrogations. Comme le fait remarquer Barbara Franzé, il s'avère qu'en réalité la formule utilisée par l'Empire connait quelques variantes significatives. D'une part, les deux apôtres s'approchent les mains voilées pour recevoir les clefs pour saint Pierre et un livre fermé en remplacement du phylactère pour saint Paul. D'autre part, une inversion des places des deux apôtres est opérée puisque saint Pierre se retrouve à la droite du Christ et saint Paul à sa gauche. À première vue l'iconographie impériale tendrait donc à rétablir l'ordre logique des deux apôtres, en donnant à saint Pierre la préséance en le plaçant à la droite du Christ. Cela paraîtrait donc contradictoire au vu de la politique menée par l'empereur germanique[19].

En réalité, comme le démontre Barbara Franzé, cette inversion des places est inspirée de l'iconographie carolingienne de la *Traditio legis*, elle-même développée dans un contexte similaire d'hostilité entre l'empereur et Rome. C'est le cas notamment sur les peintures de Müstair où saint Paul tient la loi présentée sous la forme d'un livre fermé comme tout ecclésiastique, tandis que saint Pierre reçoit les clefs. Or depuis le Ve siècle saint Paul est considéré comme le prédicateur par excellence, il représente donc le glaive spirituel manié par le clergé, tandis que saint Pierre, qui a tranché l'oreille de Malchus est volontiers comparé au prince, au pouvoir temporel, évoquant ainsi la théorie des deux glaives, le glaive matériel et le glaive spirituel, collaborant tous deux au gouvernement de l'Église et tenant leur autorité directement de Dieu. Cette lecture de la *Traditio legis* donne naturellement à saint Pierre la prééminence puisqu'il représente non pas le pape mais le pouvoir temporel, expliquant ainsi sa place à la droite du Christ. Barbara Franzé appuie son explication par l'observation qu'à Saint-Benoit-de-Malle en Suisse sont répartis deux personnages évoquant les deux pouvoirs spirituels et temporels autour de la *Traditio legis*. Or l'ecclésiastique représentant le clergé est situé du côté de saint Paul, tandis que le prince est situé du côté de saint Pierre[20].

Il ressort donc, comme l'expliquait Barbara Franzé, que la réforme grégorienne, étant sensible au respect des origines, a conservé le schéma iconographique initial sans chercher à établir saint Pierre à la droite du Christ, tandis que l'Empire a réemployé cette image, vecteur de la

19 Barbara Franzé, « Iconographie et théologie politique : le motif de la *Traditio Legis* », *Art et…*, *op. cit.*, p. 176-193.

20 B. Franzé, « Iconographie … », art. cité, p. 20.

propagande romaine au service de sa propre propagande pour manifester visuellement l'origine divine du pouvoir impérial, à la suite des Carolingiens. L'idée est d'affirmer par l'image l'origine divine des deux pouvoirs et la prééminence du pouvoir temporel sur le spirituel.

Une *Traditio legis* n'est donc pas nécessairement le signe d'un attachement à la réforme et à l'autorité de Rome. Les cas d'emploi au sein de l'Empire dans une volonté inversée sont particulièrement probants. Les thématiques que l'on expliquerait volontiers par l'influence de la réforme, peuvent parfois s'avérer être de faux-amis et une lecture prudente est de rigueur. L'image de saint Pierre n'est pas nécessairement le signe d'une influence grégorienne. Au contraire elle peut témoigner d'un positionnement inverse ou d'une connotation différente comme vient le compléter le cas exemplaire de la *Traditio legis* de la chapelle-aux-moines de Berzé-la-Ville.

LA CHAPELLE-AUX-MOINES DE BERZÉ-LA-VILLE

Berzé-la-Ville est un cas monographique complémentaire de l'étude thématique de la *Traditio legis* puisque ce motif y est utilisé au sein d'une institution d'une manière subtilement détournée de son but initial. Cet édifice, d'humbles proportions, fut construit à la demande d'Hugues de Semur ou de son successeur Pons de Melgueil. La chapelle étant conçue comme un lieu de retraite pour les abbés de Cluny, son décor est donc en adéquation avec l'investissement de l'ordre au sein de la réforme de l'Église et avec l'exaltation de Cluny.

La fameuse *Traditio Legis* abritée par le cul-de-four de l'abside de cette chapelle a fait couler beaucoup d'encre et il semblerait que chacun des spécialistes ait eu son mot à dire sur la manière dont pouvait s'interpréter ce motif iconographique, qui, dans le topos commun est synonyme d'affirmation de la primauté pontificale et de la réforme grégorienne. Juliette Rollier l'a donc considéré récemment comme une affirmation par l'image du soutien apporté par Cluny à Rome dans le cadre de la querelle des investitures. Selon elle, la *Traditio Legis* était un marqueur de territoire permettant de distinguer qui était réformé de qui ne l'était pas[21]. Éric Palazzo, bien avant elle, y voyait déjà une affirmation nette de la primauté pontificale[22], au contraire d'Yves Christe aux yeux duquel cette *Traditio* ne revêtait qu'une simple valeur eschatologique représentant le Christ ressuscité transmettant la loi à l'ensemble au collège apostolique et non pas uniquement à saint Pierre[23].

FIG. 2 – Chapelle-aux-moines de Berzé-la-Villle, abside, XIe siècle, *Traditio legis*. © Photothèque CESCM, CESCM-Wiedemann 1973.

L'interprétation la plus convaincante est celle donnée par Daniel Russo en 2000, prouvant par une analyse minutieuse et détaillée de chacune des peintures de cette chapelle qu'en réalité l'iconographie adoptée se résume en de nombreux empreints romains (Rome étant synonyme de stabilité) utilisés pour manifester l'importance de Cluny et présenter l'ordre comme le pôle secondaire de la Chrétienté après Rome. Au-delà d'une marque de fidélité à Rome et à la primauté pontificale, l'emploi

21 J. Rollier-Hanselmann, « La *traditio legis*... », art. cité, p. 284.

22 Éric Palazzo, « L'iconographie des fresques de Berzé-la-Ville dans le contexte de la réforme grégorienne et de la liturgie clunisienne », *Les Cahiers de Saint-Michel de Cuxa*, 19/1988, p. 169-186.

23 Yves Christe, « À propos des peintures de Berzé-la-Ville », *Cahiers archéologiques*, 44/1996, p. 77-84.

du motif se fait ici dans une volonté réelle d'exaltation de l'abbaye et de son réseau monastique[24].

L'abside présente un Christ trônant dans une mandorle, sur un fond bleu semé d'étoiles. Il est entouré à sa gauche par saint Pierre recevant un rouleau déplié de la main droite tout en présentant une double clef de la main gauche. À la droite du Christ se trouve saint Paul qui reçoit lui aussi un phylactère. Au bas de la mandorle d'autres personnages interviennent. Ils sont au nombre de quatre, répartis deux à deux. Ce sont à la droite du Christ les deux diacres martyrs Laurent et Vincent, et à sa gauche deux abbés de Cluny vêtus des attributs épiscopaux[25].

Il s'avère que, comme le démontrait Yves Christe, la *Traditio legis* de Berzé-la-Ville représente plus qu'une transmission de la loi à saint Pierre en personne, une transmission du gouvernement de l'Église au collège apostolique dans son ensemble et ce dans une perspective eschatologique. Les inscriptions portées sur les rouleaux présentés par les personnages vont dans ce sens car, au lieu de l'habituel « *Dominus legem dat* » inscrit sur le rouleau donné à saint Pierre, se lisent les citations suivantes : « Et moi je dispose pour vous du Royaume comme mon Père en a disposé pour moi » (Luc 22) et « Pour moi vivre c'est le Christ et mourir m'est un gain » (Philippiens I). Daniel Russo explique le choix de la citation de Luc 22 par un commentaire de Bruno de Segni dans lequel est évoqué ce passage comme indiquant la transmission du gouvernement de l'Église aux apôtres et à leurs successeurs comme les évêques et les prêtres. Or justement dans l'abside de Berzé-la-Ville, deux abbés de Cluny sont représentés un peu en retrait de la *Traditio*, vêtus comme des évêques puisqu'ils avaient obtenu cette prérogative d'Urbain II. Les abbés de Cluny se déclaraient donc ainsi visuellement comme les successeurs des apôtres[26].

À cela s'ajoute le reste du décor, choisi avec précaution pour exalter la place du monachisme clunisien au sein de la Chrétienté. Ainsi les soubassements de l'abside représentent divers martyrs au centre desquels

---

24 Daniel Russo, « Espace peint, espace symbolique, construction ecclésiologique, Les peintures de Berzé-la-Ville (Chapelle-des-Moines) », *Revue Mabillon*, 72/2000, p. 57-87.

25 Beaucoup d'autres personnages sont représentés dans la chapelle, mais il serait trop long de les présenter un à un. Tous sont le reflet du sanctoral clunisien. D. Russo, « Espace peint… », art. cité.

26 À cela Juliette Rollier ajoute que le choix de l'extrait de l'épitre de saint Paul aux Philippiens renvoie à une mise en garde contre les faux docteurs. J. Rollier-Hanselmann, « La *traditio legis*… », art. cité, p. 283.

est placé saint Sébastien, considéré comme le troisième des apôtres patron de Rome, après les saints Pierre et Paul et dont l'abbaye de Cluny se vantait de conserver les reliques. Représenté dans l'axe du Christ il forme donc un triangle avec les saints Pierre et Paul mais également il est le martyr central, celui autour duquel les autres martyrs sont répartis. Selon Daniel Russo, l'idée serait ici d'évoquer un transfert d'apostolicité de Rome aux églises de Gaule et surtout à Cluny, dans la tradition de Rome. Tous les saints représentés appartenant au sanctoral clunisien, c'est le rayonnement de l'abbaye et sa capacité de diffusion de la réforme et du christianisme qui est soulignée[27].

Dans cette chapelle où l'abbé de Cluny venait se ressourcer, tout est mis en œuvre pour rappeler le rôle de Cluny au sein de la réforme et exalter sa place de pôle secondaire du christianisme. Le tout dans un respect de la tradition iconographique romaine, qui reste le symbole par excellence de stabilité, expliquant ainsi l'emprunt au répertoire romain à travers la formule choisie pour la *Traditio legis*.

Ces différents exemples prouvent combien il peut être délicat d'affirmer l'impact grégorien sur les images, y compris dans des endroits où cet impact paraît évident comme à Cluny. De même, certains espaces très reculés peuvent témoigner étonnamment de leur attachement à la réforme comme c'est le cas pour Vendôme. Se reporter au commanditaire, à ses écrits et ambitions s'avère donc essentiel pour affirmer de manière certaine que l'iconographie présente en un lieu est un manifeste grégorien ou qu'elle reprend des éléments romains pour les mettre au service d'une autre idée.

CONCLUSION

L'iconographie de la primauté pontificale au cours des XIe et XIIe siècles est donc une thématique révélatrice des débats historiographiques concernant l'influence romaine et grégorienne sur les images. Beaucoup d'autres thématiques mériteraient d'être citées comme la question de

27 Tous ces éléments ont été mis en évidence et analysés dans D. Russo, « Espace peint... », art. cité, p. 57-87.

l'Eucharistie à la suite de la querelle bérengerienne ou la condamnation par l'image des clercs simoniaques. Mais ces diverses thématiques ne permettaient une évaluation satisfaisante de ce qu'Hélène Toubert nomme « propagande » dans les espaces francophones.

Cette « propagande grégorienne » doit se comprendre en réalité dans le sens d'une propagation de la réforme par le biais de foyers locaux qui s'en font le relais. Dans les espaces francophones, la propagande visuelle était davantage une marque d'adhésion de certaines communautés ou personnalités aux idées de la réforme plutôt que le résultat de l'influence romaine. Cette adhésion est toujours reliée à des ambitions propres qui parfois prennent plus d'importance que la diffusion de la réforme elle-même. L'art n'est donc centralisé qu'autour de pôles secondaires et non pas autour de Rome. Le contexte local à travers la personnalité du commanditaire est un élément clef pour comprendre la réalité de la production iconographique des XIe et XIIe siècles et son intégration au sein du phénomène plus vaste de *renovatio* qui s'exprime différemment en chaque endroit, et non de manière uniforme d'après un unique modèle romain.

Toutefois, comme l'a fait remarquer Florian Mazel, le débat comme l'étude des cas particuliers nous ramènent bien toujours à Rome et à son influence. Dans la mesure où Rome est le siège du pourvoir spirituel d'où émane l'autorité, il est évident qu'une influence romaine existe. Les échanges sont permanents et fréquents que ce soit à travers les voyages d'Urbain II, l'envoi de légats pontificaux en province ou encore l'obligation pour les évêques de recevoir le *pallium* des mains du pape. Il y aura donc toujours un lien avec Rome, mais cela ne doit pas empêcher de considérer d'autres facteurs comme l'impact des personnalités locales, les influences antérieures à la réforme ou les héritages iconographiques non romains justifiant les choix iconographiques au cours des XIe et XIIe siècles.

Claire BOISSEAU
Université de Poitiers

UN ÉCHANGE DE BONS PROCÉDÉS

La royauté capétienne et l'Église au regard des sculptures du prieuré de Saint-Fortunat à Charlieu (c. 1170)

Le monastère de Saint-Fortunat à Charlieu est une abbaye bourguignonne devenue prieuré clunisien puis institution royale. Ce cas d'étude se révèle être particulièrement parlant pour appréhender la situation d'un important établissement clunisien avant la réforme grégorienne, durant cette dernière et ses conséquences effectives. L'histoire de ce monastère et de son décor sculpté sur la façade septentrionale de son avant-nef (c. 1170) seront ainsi analysés. Ce large cadre chronologique permet d'enrichir les recherches actuelles sur la réforme grégorienne, qui se concentrent majoritairement sur les temps forts de cet évènement, à savoir du pontificat de Grégoire VII (1073-1085) jusqu'au concordat de Worms (1122). L'étude proposée permet également de rendre compte du fait que, si cette réforme a touché l'entièreté de l'Occident, aucune généralisation ne peut être formulée[1]. Ce postulat est d'autant plus pertinent lorsque l'on traite d'une production artistique puisque d'autres facteurs entrent alors en jeu. Les affiliations de chaque monastère, avec Cluny ou avec de grands seigneurs, et leur localisation jouent en effet un rôle essentiel dans leur réception des grandes réformes.

Saint-Fortunat à Charlieu représente un cas singulier puisqu'il est prieuré clunisien, situé dans le royaume de France, mais aux portes de l'Empire. En effet, le rôle de Cluny et de son réseau au sein de la réforme grégorienne est débattu[2]. Il est ainsi légitime de se questionner quant

1 Arturo Carlo Quintavalle, « La réforme grégorienne : image et politique (XIe-XIIe siècles) », *Art et réforme grégorienne (XIe-XIIe siècles) en France et dans la péninsule Ibérique*, dir. Barbara Franzé, Paris, Éditions A. et J. Picard, 2015, p. 15-40.

2 La position de Cluny face à la réforme grégorienne est sujette à débat, pour Kassius Hallinger, *Gorze-Kluny. Studien zu den monastischen Lebensformen und Gegensätzen im Hochmittelalter*, 2 vol., Rome, Orbis Catholicus-Herder, 1950/1951 et H. E. J. Cowdrey, *The Cluniacs and Gregorian Reform*, Oxford, Oxford University Press, 1970, la « réforme

à la réalité de cette affirmation dans les faits. C'est pourquoi nous analyserons l'histoire et le statut du monastère de Charlieu à la lumière des sources préservées, de sa fondation au IXe siècle jusqu'à la fin du XIIe siècle avec la mise sous tutelle officielle par la royauté.

DANS LE ROYAUME DE FRANCE, AUX PORTES DE L'EMPIRE
Les enjeux géographiques et historiques de Charlieu

À la fin du XIIe siècle, le prieuré de Saint-Fortunat de Charlieu (Loire) se distingue par sa situation géographique limitrophe : à la frontière du duché de Bourgogne et de la Seigneurie de Beaujeu, dans le diocèse de Mâcon, à la limite de celui de Lyon. Le monastère se trouve donc aux confins méridionaux du royaume de France, aux portes de l'Empire. L'importance stratégique de ce monastère et de la ville qui se développe à ses abords est également due à la présence d'axes de circulation, puisque deux des plus importantes routes du royaume s'y croisent, l'une reliant la vallée de la Saône à celle de la Loire et de l'Allier, et l'autre, portant le nom de *grande voie royale*, unissant Lyon à Nevers et à Paris[3].

Cette localisation a engendré la prospérité mais également de nombreux troubles au sein du monastère. Les premiers siècles de son existence (IXe-Xe siècle) peuvent être retracés grâce à une vingtaine de documents, majoritairement des copies du XVIIe siècle[4]. L'histoire de l'ancien prieuré et de la ville qui se construit alors à ses abords commence avec

---

clunisienne » et la « réforme grégorienne » sont deux éléments constitutifs d'un seul mouvement et possèdent les mêmes origines, tandis que Gerd Tellenbach, *Die westliche Kirche vom 10. zum frühen 12. Jahrhundert*, Göttingen, Vandenhoeck/Ruprecht, 1988 différencie les deux réformes qu'il considère même comme antagonistes.

3 Etienne Fournial, *Charlieu, Histoire de la ville et de ses habitants des origines à l'aurore des temps modernes*, Roanne, Association pour la connaissance de Charlieu, 1985, p. 157.

4 Les archives du monastère ont été entièrement détruites en 1792 : Jean-Baptiste Desevelinges, *Histoire de la ville de Charlieu depuis son origine jusqu'en 1789*, Lyon/Roanne, Hachette, 1856 ; E. Fournial, *Charlieu…*, *op. cit.* ; Etienne Fournial, « Document inédits des IXe, Xe, XIe et XIIe siècles relatifs à l'histoire de Charlieu », *Actes des journées d'études d'histoire et d'archéologie organisées à l'occasion du XIe centenaire de la fondation et de la ville de Charlieu*, Charlieu, Association pour la connaissance de Charlieu, 1973, p. 107-121.

sa fondation, qui prend place peu avant l'an 876, par l'évêque Ratbert de Valence (859-880) et son frère Édouard. Ils placent la nouvelle institution religieuse sous le vocable des saints Étienne, Fortunat, Félix et Achilée[5]. Dès les premières années de son existence, le monastère jouit d'une protection et de nombreuses donations de la part des pouvoirs spirituel et temporel. Ainsi, le pape Jean VIII (872-882) prend l'abbaye de Charlieu sous sa protection le 12 juillet 878, à la prière de l'abbé Gausmar et de l'évêque fondateur, et permet également à la communauté de choisir librement son abbé[6]. L'année suivante, Boson, fraîchement couronné roi de Provence (879-887), fait don au monastère d'une petite abbaye consacrée à Saint-Martin ainsi que de toutes ses annexes pour le salut de son âme[7].

Les décennies suivantes sont marquées par un rapide enrichissement du monastère qui lui vaut des spoliations de la part du comte de Mâcon, menant à la réunion d'un concile en 926 à Charlieu même, afin que les biens usurpés à l'abbaye lui soient rendus[8]. Ces troubles ont certainement conduit l'abbé Odon (927-942) à solliciter Hugues, comte d'Arles (905-934) et roi d'Italie (925-947), pour présenter, en 931, une requête au pape Jean XI (931-936) selon laquelle le monastère de Charlieu devrait être placé sous l'autorité et la protection de Cluny[9]. Cette affiliation implique des conséquences évidentes pour le monastère de Charlieu qui doit désormais se plier aux rites et coutumes clunisiens, comme en témoigne la restructuration de son complexe monastique qui se calque sur celui de Cluny[10]. L'autorité de l'abbaye-mère sur le monastère se durcit

5 Petrus Delalande, *Conciliorum antiquorum Galliae a Jac. Sirmondu S.J. editorum, supplementa nunc prodeunt opera et studio Petro Delalande* ..., Paris, 1666, p. 286-287, dans E. Fournial, « Documents... », *op. cit.*, p. 115, n° 2 ; E. Fournial, *Charlieu...*, *op. cit.*, p. 120-124.

6 BnF, coll. Baluze, vol. 38, f. 247 et 254, dans E. Fournial, « Document... », *op. cit.*, p. 107-108, n° I.

7 BnF, ms. lat. 11898 f. 29 r°-v°, dans E. Fournial, « Document... », *op. cit.*, p. 115, n° 5. Le rôle de Boson en tant que fondateur ne se retrouve dans aucun document contemporain à la création de l'abbaye. Quant à son tombeau, il se trouve dans la cathédrale de Saint-Maurice de Vienne, en compagnie de celui de sa femme Ermengarde, fille de l'empereur Louis II, voir Pierre Cavard, *La cathédrale Saint-Maurice de Vienne*, Vienne, Blanchard Frères, 1978, p. 98.

8 E. Fournial, *Charlieu...*, *op. cit.*, p. 129-130.

9 BnF, nouv. acq. lat. ms. 2262 n° 12 (cart. C de Cluny).

10 Le complexe monastique de Charlieu est structuré comme celui de Cluny II ; on retrouve ainsi l'église Notre-Dame, l'ajout d'une avant-nef, le cloître coudé à cette dernière et l'accès direct entre ces deux structures.

drastiquement durant les premières décennies du XIe siècle, comme le démontre le changement de statut de l'établissement qui passe de celui d'abbaye à celui de prieuré[11]. Cette substitution a pour conséquence majeure la perte de la libre élection de leur abbé par la communauté monastique charliendine. Le dirigeant est désormais choisi par Cluny qui peut également décider de révoquer ce prieur quand bon lui semble[12]. Cette mainmise de l'abbaye-mère sur ses possessions peut être perçue comme une manifestation de son dessein de réformer et d'uniformiser la totalité de son réseau. Nous pouvons toutefois questionner les effets de ce changement de statut pour le prieuré dans le cadre de ses rapports avec Cluny et d'autres monastères d'une part, et avec le pouvoir temporel d'autre part.

Les sources relatives à l'histoire du prieuré pour la période de grandes réformes allant de la seconde moitié du XIe siècle à la fin du XIIe siècle, sont peu prolifiques, seuls quarante documents (de 1041/6 à 1196) ont été recensés[13]. Au sein de ce corpus, le prieuré de Charlieu est mentionné parmi d'autres possessions clunisiennes dans cinq actes émanant de la papauté confirmant les biens et les privilèges de Cluny, le premier en 1055 et le dernier en 1109[14]. Cette emprise de l'abbaye est visible à travers les sources, Cluny se montrant omniprésente dans les affaires du prieuré[15]. Ainsi, lors d'interactions entre Charlieu et une autre institution religieuse ou un seigneur, un représentant de Cluny est présent ou l'abbaye elle-même gère l'échange en tant qu'intermédiaire. Se faisant, Cluny s'assure la tutelle qu'elle détient sur ses prieurés, tout en affirmant son pouvoir face à l'aristocratie de son temps, s'inscrivant donc au sein des revendications de la réforme grégorienne.

Les relations de l'abbaye-mère et de son prieuré semblent toutefois se dégrader vers le milieu du XIIe siècle, comme l'indique la donation du monastère de Charlieu à l'abbaye de San Michele della Chiusa par Cluny. L'année de cette donation est inconnue, toutefois, elle doit prendre place peu avant 1154, date à laquelle le pape Anastase IV (1153-1154) ordonne à l'abbé Pierre le Vénérable (1122-1156) d'annuler les donations

---

11 E. Fournial, « Documents… », *op. cit.*, n° 111 p. 110.

12 *Papsturkunden 896-1046*, I, n° 67, éd. Harald Zimmermann, Vienne, Verlag der Österreichischen Akademie der Wissenschaften, 1984, p. 111-112.

13 E. Fournial, « Documents… », *op. cit.*

14 BnF, nouv. acq. lat. ms. 2262 n° 38 (cart. C de Cluny).

15 E. Fournial, « Documents… », *op. cit.*, n° 22, 23, 27, 35, p. 117-119.

de plusieurs prieurés appartenant à l'abbaye[16]. Ces donations promulguées par l'abbaye s'expliquent avant tout par les problèmes financiers qu'elle affronte à cette période et, de manière plus générale, l'instabilité dans laquelle elle se trouve[17]. La situation empire lors du schisme (1159-1179) opposant Alexandre III (1159-1181), qui sera soutenu par le roi d'Angleterre puis celui de France, et Victor IV (1164) défendu par Frédéric Barberousse (1155-1190)[18]. Cluny et une grande partie de son réseau se concentrent en effet dans une région limitrophe entre le royaume de France et l'Empire, de ce fait, ne voulant choisir un camp lors de ce conflit religieux, l'abbaye – et tout son réseau – se retrouve menacée par les seigneuries environnantes[19].

L'âge d'or de la réforme grégorienne semble dès lors révolu et l'inclusion du pouvoir royal dans les affaires de l'Église devient alors indispensable pour l'abbaye-mère et le prieuré de Charlieu qui possède une situation géographique particulièrement stratégique aux portes de l'Empire. En 1166, l'abbé de Cluny Etienne Ier (1163-1173), soutenu par l'évêque et les chanoines de Mâcon, sollicite l'intervention et la protection royales dans le Mâconnais en raison des abus de pouvoir des comtes de Mâcon et de Chalon[20]. Les lettres du dirigeant religieux mettent en avant le rôle du roi dans la défense de l'Église et lui rappellent que l'*Ecclesia Cluniacensis* fait partie intégrante du royaume et que la communauté a toujours été loyale envers la Couronne[21]. L'abbé ajoute également que la Bourgogne constitue une part du territoire royal qu'il ne doit pas négliger, mais où il lui faut, au contraire, affirmer son pouvoir et son autorité[22]. Cet appel au secours du prélat à Louis VII (1137-1180)

16 Jacques Paul Migne, *Patrologiae Cursus Completus, Series Latina*, vol. CLXXXVIII, Paris, Garnier Frères, 1849-1855, p. 1070, n° 75.

17 George Duby, « Économie domaniale et économie monétaire : le budget de l'abbaye de Cluny entre 1080 et 1155 », *Annales. Économies, sociétés, civilisations*, 2/1952, p. 155-171.

18 Marcel Pacaut, *Alexandre III : étude sur la conception du pouvoir pontifical dans sa pensée et dans son œuvre*, Paris, Vrin, 1957.

19 Lettre d'Hugues III à Gilbert Folliot, janvier-mars 1163, *Materials for the History of Thomas Becket*, éd. James Craigie Robertson, 1881 p. 30-32, *Paix et communautés autour de l'abbaye de Cluny : (x^e^-xve siècle)*, dir. Didier Méhu, Lyon, Presses Universitaire de Lyon, 2001, p. 621.

20 D. Méhu, *Paix…*, *op. cit.*, p. 621.

21 Lettre CCCXCVII, dir. Michel Jean Joseph Brial, *Recueil des historiens des Gaules et de la France*, Paris, Imprimerie impériale puis royale, 1813, p. 129c ; lettre CCCXCVII, *Recueil…*, *op. cit.*, p. 130a.

22 Lettre CCCXCIX, *Recueil…*, *op. cit.*, p. 130e-131a.

démontre l'insécurité dans laquelle se trouve Cluny, une situation telle que seule la royauté peut apaiser.

Finalement, durant les premiers mois de son règne en tant que souverain unique du royaume de France (1180), Philippe II Auguste (1180-1223) prend le prieuré de Charlieu sous sa protection directe à la prière de l'abbé de Cluny Thibaud (1180-1184) et d'Artaud, prieur de Charlieu, et y fait construire une tour de garde[23]. Les liens qui se créent entre la royauté et le prieuré sont l'occasion pour ce dernier de revendiquer une certaine autonomie, et, finalement, d'obtenir le statut de monastère royal en 1210[24]. Les sculptures ornant la façade septentrionale de son avant-nef, qui constituent la seule source de première main conservée, attestent de cette alliance et des revendications du prieuré durant le troisième quart du XIIe siècle.

UN SEUL TÉMOIN À COMPARAITRE
Le programme sculpté du prieuré Saint-Fortunat ou le recours à la royauté

Ces sculptures permettent d'éclairer la position politique et religieuse du prieuré vers 1170[25]. Deux baies de taille distincte richement

23 BnF, coll. Baluze, vol. 38, f. 252.

24 N° 1196 : 1210, Melun – Lettre de Philippe Auguste déclare que le bourg de Charlieu ne pourra jamais être séparé de la Couronne, dans Léopold Delisle, *Catalogue des actes de Philippe Auguste*, Paris, A. Durant, 1856, p. 275.

25 Jusqu'à présent, ces sculptures ont été datées entre les années 1120 et le dernier tiers du XIIe siècle, sur la base d'analyses stylistiques et archéologiques. Deux grandes tendances peuvent être relevées : la première tend vers une datation de l'œuvre plus ou moins contemporaine aux grands chantiers bourguignons de Cluny (1115-1125), d'Autun (1120-1146) et de Vézelay (1120-1150) et la seconde vers une datation légèrement plus tardive, au milieu du XIIe siècle, dans les années 1150. Seuls Neil Stratford (1973) et plus récemment Anelise Nicolier (2015), proposent de dater l'ensemble du dernier tiers du XIIe siècle sur la base de comparaisons stylistiques interrégionales et d'études archéologiques du bâti. Pour un résumé de l'état des recherches, voir Neil Stratford, « Chronologie et filiations stylistiques des sculptures de la façade nord du porche de Charlieu », Actes des journées d'études d'histoire et d'archéologie organisé à l'occasion *du XIe centenaire de la fondation et de la ville de Charlieu*, Charlieu, Société des amis des arts de Charlieu, 1973, p. 7-13 ; Jochen Zink, « Zur dritten Abteikirche von Charlieu (Loire), insbesondere zur Skulptur

sculptées occupent la partie inférieure de la façade nord du narthex[26]. Le grand portail accueille une iconographie qui semble, de prime abord, commune pour la région, en présentant la seconde venue du Christ. Le Messie est inscrit dans une mandorle soutenue par deux anges et, dans les écoinçons, sont présents les quatre évangélistes. Sur les voussures sont symbolisés les 24 Vieillards de l'Apocalypse et *l'Agnus Dei* surplombe l'ensemble. Cette vision céleste de la partie haute du portail est accompagnée par la Vierge au centre du linteau, flanquée de deux archanges et d'une assemblée de douze figures. Sur les jambages sont sculptés une série de rinceaux tous différenciés. Les piédroits sont occupés sur la droite par des médaillons habités de fleurs et de figures monstrueuses, surmontés par une représentation de la *Luxuria*, alors que sur la gauche sont sculptés des rinceaux de vignes. Tous deux sont couronnés par un chapiteau figurant deux anges atlantes au milieu de végétaux, faisant référence au contexte paradisiaque les surplombant. Les couronnements des jambages accueillent 6 figures. Les deux extrémités sont occupées par le roi David à gauche et saint Jean Baptiste à droite, tous deux identifiés par une inscription. Au centre sont présentes deux figures tenant un modèle réduit dans leurs mains, identifiées comme les deux fondateurs mythiques du monastère : le roi Boson de Provence (879-887) et l'évêque Ratbert de Valence. Finalement, encadrant le monolithe, se tiennent les deux saints tutélaires des lieux : Étienne et Fortunat.

Ce programme sculpté est souvent considéré dans la continuité de celui du grand portail de Cluny III (1115-1130)[27]. Néanmoins, de la même manière que les sources textuelles nous orientent vers un rapprochement du prieuré avec la royauté, l'étude de l'iconographie de son portail principal nous incite à formuler la même hypothèse. Cette affiliation entre le prieuré et le pouvoir capétien se présente pour le monastère de Charlieu comme la meilleure occasion de réaffirmer son autonomie par rapport à Cluny et de s'assurer une protection face aux assaillants seigneuriaux.

der Vorhalle und ihrer künstlerischen Nachfolge », *Wallraf-Richartz-Jahrbuch*, 44/1983, p. 57-144 ; Anelise Nicolier, *La construction d'un paysage monumental religieux en Brionnais à l'époque romane*, 2 tomes, Thèse de doctorat, Université Lumière Lyon 2015, t. I, p. 286-287.

26 Dans le cadre du propos actuel, le présent article se concentre essentiellement sur le grand portail, pour l'iconographie complète de la petite baie, voir J. Zink, « Zur dritten… », *op. cit.*, p. 90-98.

27 A. Nicolier, *La construction…*, *op. cit.*, p. 842-844.

Le tympan du portail charliendien accueille une *Maiestas Domini* s'apparentant à celle du grand portail de Cluny III. Toutefois, l'iconographie du prieuré ne reprend ni l'organisation centripète des quatre évangélistes ni la présence de Jean à la droite du Christ, présentes à Cluny. En effet, l'iconographie du portail de l'abbaye-mère met en avant ses affiliations avec la papauté et même, selon Yves Christe, ses revendications de se positionner comme la nouvelle Rome au nord des Alpes, là « où se situent les forces vives de la Chrétienté[28] ». À Charlieu, nous retrouvons la même composition qu'à Chartres (1144-1150) : les évangélistes sont disposés en position centrifuge, avec la tête retournée vers le Christ, et la place d'honneur à sa droite est occupée par le symbole de Matthieu, mettant ainsi en avant la double nature du Christ et son ascendance royale. Ce discours est développé par le programme du « petit portail » sur lequel sont figurées la première et la dernière *revelatio* du Christ – manifestations de sa divinité –, à savoir les Noces de Cana au tympan et la Transfiguration sur l'archivolte. Au grand portail, la figure de Marie au centre du linteau ainsi que la présence du roi David sur les couronnements des jambages renvoient à l'ascendance royale du Christ. L'accent du programme de Charlieu est donc mis sur cette double nature du Christ : humaine et divine.

Plus encore, l'écart entre les deux programmes réside dans le thème représenté qui n'est pas le même. Tandis que l'iconographie du grand portail de Cluny présente une Ascension – les douze apôtres accompagnés de la Vierge, le regard certainement dirigé vers le Christ inscrit dans le tympan, et aux extrémités du monolithe une représentation des Saintes Femmes au tombeau sur la gauche et la Rencontre aux pèlerins d'Emmaüs sur la droite –, la composition du linteau à Charlieu est pour le moins originale. L'assemblée du monolithe est assise, la Vierge trône au centre de la composition, flanquée de deux archanges et de douze figures, communément vues comme les apôtres. Toutefois, cette identification est remise en doute par la découverte en 1989, lors d'une campagne de restauration, d'une parfaite correspondance entre l'une des figures du linteau et une tête couronnée conservée au musée lapidaire du monastère[29]. Les nombreuses marques présentes sur la structure à

28 Yves Christe, « Le grand portail de Cluny III : les interférences de la tradition tardo-antique, romaine et islamique sur un monument atypique », *Hortus Artium Medievalium*, 20-2/2014, p. 658-665, ici p. 664.

29 Marie-Pierre Lernout, Thierry Lefevre, « Restauration du portail de Charlieu », juillet-novembre 1989.

l'arrière des figures tendent à admettre qu'elles étaient toutes pourvues du même attribut royal. De ce fait, les douze figures du linteau ne seraient pas des apôtres, mais des rois, puisqu'aucune représentation d'apôtre couronné n'existe.

Durant cette période, seul le motif de l'Arbre de Jessé présente les mêmes éléments iconographiques qu'à Charlieu. Ce thème, développé pour la première fois dans sa forme monumentale au vitrail *in capite ecclesiae* de l'abbaye de Saint-Denis, n'est cependant pas organisé de la même manière à l'abbaye royale et à Charlieu. Les deux compositions diffèrent dans leur organisation, verticale pour l'abbaye royale et horizontale au prieuré, la Vierge et le Christ sont en revanche représentés de manière analogue. La Vierge est figurée en position frontale ; ses genoux sont légèrement écartés et ses bras sont ouverts. Compte tenu de la détérioration de la sculpture charliendine, on ne peut toutefois affirmer que Marie tient des branches dans ses mains comme à Saint-Denis. En revanche, les deux volutes végétales placées en dessous de la mandorle du Christ – qui ne se retrouve dans aucune autre *Maiestas Domini* – correspondent à la représentation du vitrail de l'abbaye royale, ainsi qu'au passage de la Vision d'Isaïe[30].

Demeure la question de la signification de l'Arbre de Jessé. Cette problématique est depuis longtemps sujette à débats. Pour un groupe de chercheurs, ce motif est en effet à placer dans un contexte strictement marial. L'abbé Corblet (1860) est le premier à s'intéresser à cette représentation en recensant ses occurrences et en les classant par rapport aux nombres de prophètes et de rois figurés[31]. L'abbé rappelle également les origines vétérotestamentaires de cette iconographie sans pour autant les analyser plus longuement. L'initiateur de véritables questionnements relatifs au motif n'est autre qu'Émile Mâle (1922), qui place Suger comme l'instigateur de ce motif iconographique qui serait engendré par le Drame des Prophètes[32]. Cette hypothèse est rejetée par Arthur Watson (1934)

30 Isaïe (11, 1-2) : « *Et egredietur virga de radice Jesse, et flos de readice ejus ascendet. Et requiescet super eum spiritus Domini.* »

31 Abbé Jules Corblet, « Étude iconographique sur l'Arbre de Jessé », *Revue de l'art chrétien*, 4/1860, p. 49-61 ; p. 113-125 ; p. 169-181.

32 Emile Mâle, *L'art religieux du XIIe siècle en France : études sur les origines de l'iconographie du Moyen Âge*, Paris, A. Colin, 1922 p. 169-175 ; le *Drame des Prophètes* est connu par un texte présent dans le manuscrit de Saint-Martial de Limoges, daté aux environs de 1100, BnF, latin 8.

qui analyse cette représentation par le biais d'un corpus qui n'est plus uniquement centré sur la France et en revenant aux textes fondateurs des Pères de l'Église et à ceux de l'exégèse[33]. Cette démarche l'amène à conclure que la *virga*, symbole de la Vierge, constitue le catalyseur pour la création de ce motif[34]. La dimension mariale véhiculée par l'Arbre de Jessé est reprise et nuancée par Mirella Levi d'Ancona (1957), qui fait la distinction entre deux types de représentation : l'une mettant en avant une dimension maculiste et l'autre immaculiste[35]. Enfin, Anita Guerreau-Jalabert (1996) avance l'hypothèse d'une combinaison entre la parenté charnelle et la parenté spirituelle de la figure du Christ au sein de ce motif.

Pour James R. Johnson et Marie-Louise Thérel, l'Arbre de Jessé doit être replacé dans un contexte politique en raison de son apparition à l'abbaye royale de Saint-Denis[36]. Selon eux, le motif qui met en valeur le thème de la descendance est à inscrire au sein d'une mise en valeur de la royauté capétienne. L'interprétation politique du motif de l'Arbre de Jessé est également soutenue par Jean Anne William Hayes dans sa récente étude sur le codex de Vyshrad, première représentation conservée de l'arbre de Jessé[37]. Selon l'auteur, la représentation fait référence au couronnement de Vratislav II comme roi de Bohème.

Enfin, Séverine Lepape étudie l'ensemble des recherches pour le motif de l'Arbre de Jessé et conclut qu'il est essentiellement l'expression de la parenté du Christ, avec un accent mis sur le rôle de la Vierge[38]. Cette dimension serait le moteur même de la formule iconographique conçue à Saint-Denis, sans être liée à l'Immaculée Conception. Elle rejette toutefois la piste de l'interprétation politique, qui serait trop exclusive et nierait

33 Watson Arthur, *The early iconography of the Tree of Jessé*, Londres, Oxford University Press, 1934.

34 *Ibid.*, p. 142.

35 Mirella Levi D'Ancona, *The Iconography of the Immaculate Conception in the Middle Ages and Early Renaissance*, New York, College Art Association of America in conjunction with the Art bulletin, 1957.

36 James R. Johnson, « The Tree of Jesse window of Chartres : *Laudes Regiae* », *Speculum*, 36/1961, p. 1-22 ; Marie-Louise Thérel, « Comment la patrologie peut éclairer l'archéologie », *Cahiers de civilisation médiévale*, 6/1963, p. 145-158.

37 Jean Anne Hayes Williams, « The earliest dated Tree of Jesse image : thematically reconsidered », *Athanor*, 18/2000, p. 17-23.

38 Séverine Lepape, *Étude iconographique de l'Arbre de Jessé en France du Nord du XIVe siècle au XVIe siècle*, Thèse de doctorat, École des Chartes, Paris, 2007.

l'importance théologique du motif. En se concentrant sur une période allant du XIIIe au XVIe siècle, S. Lepape néglige les siècles de la genèse de l'Arbre de Jessé, essentiels à la bonne compréhension de ce motif, puisque l'affirmation selon laquelle les deux dimensions d'interprétation – théologique et politique – sont antagonistes n'est pas pertinente dans le contexte du XIIe siècle. L'alliance entre les deux pouvoirs est en effet une caractéristique de cette période. Le cas du prieuré de Charlieu, qui a entretenu des liens étroits avec le pouvoir royal, et ce depuis les premières années de sa fondation, tend à démontrer cette hypothèse.

Outre le choix de motifs renvoyant à la monarchie contemporaine présents sur le grand portail, les concepteurs du programme sculpté valorisent cette longue relation qu'entretient Charlieu avec la royauté. On retrouve ainsi le roi Boson, fondateur mythique de l'établissement, aux couronnements des jambages, représenté avec une maquette de l'église Saint-Fortunat entre les mains qu'il tend en direction de saint Étienne à sa gauche. La même représentation est peinte dans l'ancien réfectoire du monastère, réalisée autour de 1200[39]. La légende de cette fondation royale perdura jusqu'à la dissolution de la communauté charliendine[40]. L'autre fondateur des lieux, l'évêque Ratbert de Valence, apparaît également au portail, présentant aussi une maquette d'église à saint Fortunat présent à sa droite. La composition des couronnements, qui prolonge l'assemblée royale du linteau, est ainsi distinctement séparée en deux camps : le temporel sur la gauche avec les rois David et Boson et le saint diacre Etienne ; le spirituel sur la droite avec Jean-Baptiste, l'évêque Ratbert et saint Fortunat. Cette répartition n'étonne pas, toutefois, la présence du temporel à la droite du Christ est, elle, moins habituelle. Cette inversion marque dans la pierre la situation politique de son temps : l'alliance de l'Église avec la royauté française pour sa propre survie.

39 Yves Christe, « Les peintures murales du porche de l'abbaye de Payerne et de Saint-Fortunat de Charlieu », *Cluny, 910-2010 : onze siècles de rayonnement*, dir. Neil Stratford, Paris, éd. du Patrimoine, 2010, p. 270-275.

40 *Descriptio fluminum Galliae que Francia est*, Paris, 1618, p. 24 ; Arch. Bibl. mun. De Roanne 9 H 24.

CONCLUSION
Une réforme manquée ?

L'analyse proposée dans le cadre de cette étude permet, de manière plus générale, une meilleure appréhension des enjeux politiques et religieux qui se développe durant le XIIe siècle dans une région limitrophe entre le royaume de France et l'Empire. Seulement quelques décennies après les temps forts de la « réforme grégorienne », marquée par des revendications et des actions concrètes de la part de la papauté, le soufflé est retombé. Le soutien du pouvoir temporel devient alors indispensable à la survie de l'*Ecclesia Cluniacensis* et de l'Église en général. Ainsi, comme le fait très justement remarquer Denise Riche : « Par choix, par pragmatisme, une nouvelle orientation se dessine, qui prévaudra désormais. Cluny s'insère dans le cadre de la monarchie française[41]. » Au sein de la politique de la fin du XIIe siècle, l'Église qui était encore intransigeante quelques décennies auparavant semble être condamnée à rechercher le soutien du monarque français. Une position de force que les rois capétiens sauront utiliser de main de maître, tel que tend à le démontrer l'histoire et le décor sculpté du prieuré de Charlieu. Cet échange de bons procédés entre la monarchie et le pouvoir religieux permet aux Capétiens de manifester leur présence et leur autorité et d'acquérir une nouvelle visibilité au sein de la société.

Elodie Leschot
Université de Lausanne

41 Denyse Riche, *L'ordre de Cluny à la fin du Moyen Âge : « le vieux pays clunisien » : XIIe-XVe siècles*, Saint-Étienne, Publications de l'Université, 2001, p. 181.

ILLUSTRATIONS

FIG. 1 – Charlieu, prieuré Saint-Fortunat, avant-nef, façade septentrionale, vue d'ensemble, c. 1170. © photographie de Dave Lüthi.

FIG. 2 – Charlieu, prieuré Saint-Fortunat, avant-nef, façade septentrionale, grand portail, parties hautes, c. 1170. © photographie de Dave Lüthi.

TROISIÈME PARTIE

MOUVEMENT GRÉGORIEN ET ENJEUX THÉOLOGIQUES

MONASTISCHE REFORM ALS VORLÄUFER DER « GREGORIANISCHEN REFORM » ?

Der Beitrag der Klostergeschichte zum Verständnis der « gregorianischen Reform »

Den Ausgangspunkt der folgenden Überlegungen stellt die Beobachtung dar, dass der Zeit von der Mitte des 11. bis zur Mitte des 12. Jahrhunderts in der deutschsprachigen und der französischsprachigen Forschung jeweils eine sehr unterschiedliche Bedeutung beigemessen wird. Während diese Zeit in der französischen Forschung momentan äußerst prominent ist, kommt derselben Zeit in der aktuellen deutschsprachigen Forschung eine vergleichsweise geringe Rolle zu : So stellt ein Sammelband jüngst die Frage, ob es sich beim Hochmittelalter um eine vernachlässigte Epoche handele[1]. Auch unterscheiden sich die Perspektiven : Wohingegen von deutscher Seite traditionellerweise das Verhältnis vom Königtum zum Papsttum im Zentrum der Fragestellungen steht, legen die jüngsten französischen Studien den Fokus vornehmlich auf Aspekte des gesellschaftlichen Wandels[2]. Deutlich erkennbar treten

---

1 *Das Hochmittelalter – eine vernachlässigte Epoche ? Neue Forschungen zum 11.-13. Jahrhundert*, Hg. Lisa Klocke und Matthias Weber, Berlin, Peter Lang Verlag, 2020.

2 Siehe zur deutschen Perspektive jüngst Rudolf Schieffer, « Deutungen des Investiturstreits », *Briefe und Kommunikation im Wandel. Medien, Autoren und Kontexte in den Debatten des Investiturstreits*, Hg. Florian Hartmann, Köln et al., Böhlau 2016, S. 23-41, sowie kritisch Bernhard Jussen, « „Reich" – „Staat" – „Kirche" ? Worüber verhandelten die Päpste mit den fränkischen Herrschern ? », *Die Päpste und Rom zwischen Spätantike und Mittelalter. Formen päpstlicher Machtentfaltung*, Hg. Norbert Zimmermann, Tanja Michalsky, Stefan Weinfurter und Alfried Wieczorek, Regensburg, Schnell & Steiner, 2017, S. 271-286, sowie den umfassenden Forschungsüberblick von Stephan Bruhn, « Nur Kaiser, Päpste, Reichsbischöfe ? Die "gregorianischen Reformen" in der deutschsprachigen Mediävistik – Forschungsstand und –perspektiven. » im vorliegenden Band. Zu den französischen Ansätzen siehe beispielhaft Michel Lauwers, « De l'incastellamento à l'inecclesiamento. Monachisme et logiques spatiales du féodalisme », *Cluny. Les moines et la société au premier âge féodal*, Hg. Dominique Iogna-Prat, Michel Lauwers, Florian Mazel und Isabelle Rosé, Rennes, Presses universitaires, 2013, S. 275-278.

diese abweichenden Perspektiven an den verwendeten Begriffen hervor : So spricht die französischsprachige Forschung zumeist von der « gregorianischen Reform », ein Begriff, der von deutscher Seite kaum benutzt wird[3]. Stattdessen wird diese Zeit vor allem als das « Zeitalter des Investiturstreits » bezeichnet[4].

Dass das Thema in Deutschland weiterhin auf öffentliches Interesse stößt, belegen gleich zwei neue Einführungswerke : Zunächst der in der renommierten Reihe von C.H. Beck erschienene Band von Claudia Zey « Der Investiturstreit », in dem diese einen aktuellen Überblick über die « bedeutende Zäsur des Mittelalters » präsentiert[5]. Gleichzeitig hat Jochen Johrendt in der wbg-Reihe « Geschichte kompakt » über den Investiturstreit geschrieben[6]. Ein Blick in die beiden Bände belegt, dass die Bewertungen des Ereignisses in Deutschland sehr weit auseinander gehen und die Forschung dringend einer neuen, intensiven Beschäftigung mit dem Thema bedürfte. Bereits an den Klappentexten wird die unterschiedliche Verordnung erkennbar : So schreibt Zey, der Investiturstreit « entzündete sich an gegensätzlichen Ansprüchen zwischen dem König des römisch-deutschen Reiches und dem Papst über die Einsetzung von Bischöfen und Äbten, wuchs sich zu einem Machtkampf zwischen beiden Gewalten aus und erlebte 1077 mit dem Bußgang König Heinrichs IV. nach Canossa einen dramatischen Höhepunkt. 1122 fand man schließlich mit dem Wormser Konkordat einen für die Verfassungsgeschichte des Reiches wegweisenden Kompromiss ». Aus dieser Perspektive handelt es sich beim Investiturstreit um einen politischen Konflikt zwischen dem deutschen Herrscher und den Päpsten über den Zugriff auf kirchliche Güter. Jochen Johrendt dagegen betont in seinem Band, dass « der Investiturstreit, anders als der Name suggeriert, keine Auseinandersetzung um die Investitur, die symbolische Einsetzung in ein Amt oder Besitz [war], sondern ein grundsätzliches Ringen von geistlicher und weltlicher Gewalt ». Und weiter « schildert [er] den

3 Exemplarisch sei hier nur auf den Sammelband *La réforme „grégorienne" dans le Midi (milieu* XIe*-début* XIIIe *siècle)*, Hg. Michelle Fournié, Toulouse, Privat, 2013 verwiesen.

4 Siehe exemplarisch zuletzt *Brief und Kommunikation im Wandel : Medien, Autoren und Kontexte in den Debatten des Investiturstreits*, Hg. Florian Hartmann, Köln et al., Böhlau 2016.

5 Claudia Zey, *Der Investiturstreit*, München, C.H. Beck, 2017.

6 Jochen Johrendt, *Der Investiturstreit*, Darmstadt, Wissenschaftliche Buchgesellschaft, 2018.

Investiturstreit als Konflikt von europäischer Dimension, der zwar im Reich mit besonderer Härte und Dauer ausgefochten wurde, jedoch im gesamten lateinischen Europa eine entscheidende Rolle spielte. Dabei geht er auf die sozialen, wirtschaftlichen und religiösen Strukturen des 11. Jahrhunderts als Rahmenbedingungen […] ein ».

Deutlicher können sich zwei Perspektiven auf ein Ereignis kaum unterscheiden : Auf der einen Seite ein Konflikt zwischen deutschen Herrscher und Papsttum um Verfassungsfragen und auf der anderen Seite ein Konflikt europäischer Dimension der soziale, wirtschaftliche und religiöse Strukturen veränderte.

Es sei noch knapp auf ein drittes deutschsprachiges Einführungswerk zu dieser Thematik verwiesen : Bereits im Jahr 2000 hat Werner Goez in der Kohlhammer Reihe einen Band über « Kirchenreform und Investiturstreit » publiziert[7]. Der Band unterscheidet sich in der Anlage von den beiden jüngeren Bänden gleich auf mehreren Ebenen : Zum einen wird der zeitliche Horizont deutlich weiter gefasst. Statt den Investiturstreit allein zu behandeln, beginnt Goez im Jahr 910 mit der Gründung Clunys und der Klosterreform. Danach behandelt er allgemein die Kirchenreform des 11. Jahrhunderts, bevor er zum eigentlichen « Investiturstreit » kommt. Klosterreform, Kirchenreform und Investiturstreit werden konsequent als eine zusammengehörige Entwicklung gesehen. Dementsprechend konzentriert sich Goez auch nicht nur auf das Reich oder das Papsttum, sondern « schildert […] das dramatische Ringen zwischen dem sich selbst neu gewiß werdenden Papsttum und den Königtümern Europas ». Es ist diese letzte Perspektive, die ich im Folgenden etwas genauer beleuchten möchte, nämlich das Verhältnis von Klosterreform zur « gregorianischen Reform » in der deutschsprachigen Forschung. Zumindest Goez hat beide als zusammengehörend betrachtet. In der neueren Übersichtswerken von Zey und Johrendt finden sich dagegen jeweils nur ein knappes Kapitel zu den « Anfänge[n] der Kloster- und Kirchenreform[8] » bzw. zur « monastischen Entwicklung »[9]. Es scheint also so, dass der Rolle der Klosterreform um 1000 eine deutlich geringere Bedeutung für den Investiturstreit

7 Werner Goez, *Kirchenreform und Investiturstreit : 910 – 1122*, 2. aktualisierte Auflage, Stuttgart, Kohlhammer, 2008.

8 Claudia Zey, *Der Investiturstreit*, *op. cit.*, S. 22-28.

9 Jochen Johrendt, *Investiturstreit*, *op. cit.*, S. 25-31.

beigemessen wird. Dem war nicht immer so und andersherum spielte vor allem die sog. « gregorianische Reform » in der Forschung zur « monastischen Reform » des späten 10. und frühen 11. Jahrhunderts eine große Rolle. Die Beschäftigung mit der Klostergeschichte stand dementsprechend jahrzehntelang im Schatten der Untersuchung des vermeintlich bedeutenderen Ereignisses.

Im Folgenden soll ein kurzer Überblick über die Forschungen zu den monastischen Reformen und ihr Verhältnis zur « gregorianischen Reform » in der deutschsprachigen Forschungslandschaft geboten werden. Dabei muss bedacht werden, dass eine besondere Schwierigkeit darin besteht, dass besonders die Ordensforschung schnell nationale Grenzen überwunden hat und quasi gezwungenermaßen immer einen europäischen Blickwinkel einnahm. Bereits 2007 betonte Franz J. Felten, dass gerade die Ordensforschung immer über die jeweiligen nationalen Grenzen hinaus vergleichend vorgehen muss, da das monastische Leben im Mittelalter ein gesamteuropäisches Phänomen gewesen sei und sich nicht an weltlichen Grenzen orientiere[10]. Zunächst stellt sich die Frage, was es inhaltlich bedeutet, wenn der Einfluss der monastischen Reformen auf den Investiturstreit untersucht wird. Es geht darum, ob sich eine Kontinuität von der Klosterreform des 10. Jahrhunderts zu Papst Gregor VII. ziehen lässt.

Im 10. Jahrhundert erlebte das Mönchtum einen neuen Aufschwung. Es entwickelten sich verschiedene Gemeinschaften, die versuchten, das monastische Leben gemäß der Benediktsregel zu reformieren. Das Kloster Fleury, das für sich die Reliquien vom heiligen Benedikt beanspruchte, war 936 von Odo von Cluny zu einem Leben nach der Benediktsregel zurückgeführt worden[11]. Gorze in Lotharingien entwickelte sich zu einem reformerischen Zentrum, das sehr schnell ‚reformierte' Mönche als Äbte in zahlreiche andere Klöster entsandte, die dafür Sorge tragen sollten, auch dort das Leben gemäß der Regel zu erneuern. Am wirkmächtigsten blieb jedoch Cluny, das 910 gegründet

10 Siehe hierzu Franz J. Felten, « Wozu treiben wir vergleichende Ordensgeschichte ? », *Mittelalterliche Orden und Klöster im Vergleich*, Hg. Gert Melville und Anne Müller, Berlin, Lit Verlag, 2007.

11 Zur Reform Fleurys durch Odo siehe zuletzt Isabelle Rosé, *Construire une société seigneuriale : itinéraire et ecclésiologie de l'abbé Odon de Cluny (fin du IXe-milieu du Xe siècle)*, Turnhout, Brepols, 2008, sowie Isabelle Rosé, « Odon de Cluny, précurseur d'Abbon ? », *Abbon, un abbé de l'an mil*, Hg. Annie Dufour und Gilette Labory, Turnhout, Brepols, 2008, S. 241-272.

worden war und bereits durch das Gründungsdokument eine große Freiheit genoss[12]. Es war nur den Aposteln Petrus und Paulus unterstellt und das Papsttum sollte nur im Notfall als Verteidiger eintreten. Im Jahr 931 erhielt es die päpstliche Sonderregelung, dass das Kloster Mönche aus anderen Konventen aufnehmen durfte, die sich einem perfekteren Leben zuwenden wollten[13]. 998, ein Jahr nach Fleury, erhielt auch Cluny die Exemtion von der bischöflichen Gewalt, die schließlich 1024 auf alle cluniazensischen Priorate ausgeweitet wurde. Damit stand Cluny idealtypisch für die *libertas ecclesiae* – die Befreiung der Kirche vom weltlichen Einfluss[14]. Parallel mit weiteren Entwicklungen, die aus den monastischen Reformkreisen hervorgingen, veränderte sich in den folgenden Jahrzehnten das Verständnis vom Priesteramt und es wurde eine immer größere Reinheit der Kirche gefordert. Die Streitschriften von Abbo von Fleury prangern zum Ende des 10. Jahrhunderts die Käuflichkeit bischöflicher Ämter an und setzen diese (wie bereits Gregor der Große) mit einer Häresie gleich[15]. Auch die Priesterehe wurde von den Reformern kritisiert und Forderungen nach einem tatsächlich einzuhaltenden Zölibat wurden laut – nur wer ein unbeflecktes Leben führe, könne auch die Gnadengabe weitergeben. Es ging dementsprechend vermehrt darum, die Priester als separaten Stand tatsächlich von der Welt zu lösen. Aus dem Ziel, das monastische Leben zu reformieren, entwickelten sich Bestrebungen, das Leben der gesamten Kirche von jeglichem weltlichen Einfluss zu befreien und reiner zu gestalten[16]. Durch

12 Siehe zur Gründung Régine Le Jan, « La fondation de Cluny, le genre et le premier âge féodal », *Cluny. Les moines et la société au premier âge féodal*, *op. cit.*, S. 219-228.

13 Joachim Wollasch, *Cluny im 10. und 11. Jahrhundert*, Göttingen, Vandenhoeck & Ruprecht, 1967.

14 Immer noch grundlegend : Gerd Tellenbach, Libertas. *Kirche und Weltordnung im Zeitalter des Investiturstreites*, Stuttgart, Kohlhammer, 1936.

15 Zu Abbo von Fleury siehe maßgeblich Marco Mostert, *The Political Theology of Abbo of Fleury. A Study of the Ideas about Society and Law of the Tenth-Century Monastic Reform Movement*, Hilversum, Verloren, 1987, sowie die Biographien, Dom Patrice Cousin, *Abbon de Fleury-sur-Loire. Un savant, un pasteur et un martyr à la fin du xᵉ siècle*, Paris, 1954 ; Pierre Riché, *Abbon de Fleury : un moine savant et combatif (vers 950 – 1004)*, Turnhout, Brepols, 2004 ; und Elizabeth Dachowski, *First Among Abbots : The Career of Abbo of Fleury*, Washington, DC, Catholic Univ. of America Press, 2008.

16 Johannes Laudage, *Priesterbild und Reformpapsttum im 11. Jahrhundert*, Köln, Böhlau, 1984. Siehe dazu auch kritisch Rudolf Schieffer, « „Priesterbild", Reformpapsttum und Investiturstreit. Methodische Anmerkungen zu einer Neuerscheinung », *Archiv für Kulturgeschichte*, 68/1986, S. 479-494.

die zum Teil öffentlich ausgetragenen Differenzen kam es zu sozialen Umwälzungen und veränderten Erwartungshaltungen. Da diese Ideen grundlegend für die Konfliktpunkte des Investiturstreites wurden, drehte sich die Forschung schnell darum, welche Bedeutung den Reformern für die Entwicklungen ab der Mitte des 11. Jahrhunderts zukam.

Bereits die monumentale Untersuchung von Ernst Sackur aus den Jahren 1892–1894 stellt diese Fragen und beantwortet sie negativ[17] : Cluny trage nicht die « Schuld am Investiturstreit ». Eine Antwort auf die Frage, worin der Investiturstreit begründet lag, bot seine Arbeit aber nicht, legte sie doch den Schwerpunkt der Betrachtung auf die Klosterreform. Auch Gerd Tellenbach und Johannes Haller lehnten von deutscher Seite aus eine zu große Bedeutung der Klosterreform für den Investiturstreit ab. Die Arbeit von Kassius Hallinger « Gorze – Kluny » von 1950 griff die Frage erneut aus einer nationalen Perspektive auf[18]. So arbeitete Hallinger einen heute nicht mehr akzeptierten Gegensatz zwischen zwei « Reformzentren » heraus, zwischen dem französischen Cluny und dem deutschen Gorze und betonte den konservativen, bildungsfernen Charakter Clunys gegenüber Gorze[19]. Insbesondere Joachim Wollasch trat als Kritiker Hallingers in Erscheinung, der diesem einen sehr zweifelhaften Umgang mit den Quellen, insbesondere den *consuetudines* und Nekrologien, bescheinigte[20].

Hartmut Hoffmann betonte 1963 dagegen drei Aspekte, die die Bedeutung des Reformmönchtums für den Investiturstreit hervortreten ließen[21] : 1. Die Kritik an der « königlichen Kirchenherrschaft » entstand im deutsch-französischen Grenzgebiet. 2. Das geistige Klima, das die Reform betonte, erhielt mit Bruno von Toul als Papst Leo IX., der aus Lothringen stammte, Einzug in Rom. 3. Das Reformpapsttum unterhielt durchgehend enge Bindungen zu Cluny. Außerdem hob er

17 Ernst Sackur, *Die Cluniacenser in ihrer kirchlichen und allgemeingeschichtlichen Wirksamkeit bis zur Mitte des elften Jahrhunderts*, Halle, Niemeyer, 1892-1894.

18 Cassius Hallinger, *Gorze – Kluny : Studien zu den monastischen Lebensformen und Gegensätzen im Hochmittelalter*, Rome, Orbis catholicus, 1950-1951.

19 Siehe hierzu und zum Folgenden auch Michael Borgolte, *Sozialgeschichte im Mittelalter. Eine Forschungsbilanz nach der deutschen Einheit*, München, Oldenbourg Verlag, 1996, S. 313-356.

20 Joachim Wollasch, « Neue Methoden der Erforschung des Mönchtums im Mittelalter », *Historische Zeitschrift*, 225/1977, S. 529-571.

21 Hartmut Hoffmann, « Von Cluny zum Investiturstreit », *Archiv für Kulturgeschichte*, 45/1963, S. 165-209.

in der Vorgeschichte hervor, dass Cluny bereits seit Odo mit großem Interesse nicht nur an einer Reform des monastischen Lebens, sondern auch an einer allgemeineren Reform der Gesellschaft gearbeitet habe. Hoffmann betonte abschließend den durchgehenden Zusammenhang von Cluny und Investiturstreit. Fast zeitgleich vertrat Theodor Schieffer eine andere Meinung[22]. Für ihn ließen sich « Cluniazenser und Gregorianer [...] weder in eins setzen noch völlig scheiden ». Vielmehr sei « Cluny ein Opfer – vielleicht gar : das Opfer des Investiturstreites ». Wenig später bildete sich rund um Joachim Wollasch in Münster und Karl Schmid in Freiburg schließlich eine Gruppe, die prosopographische Fragen stellten und die Klosterreform als soziales Phänomen verstanden[23]. Es ging der Klostergeschichte nun weniger um übergeordnete Fragen und vermehrt darum, den Blick auf die monastischen Gemeinschaften selbst zu richten.

In den 1990er und 2000er Jahren hat sich die deutsche Beschäftigung mit Reform durch die Forschergruppe um Gert Melville auf die Ordensforschung verlagert. Die Fragestellungen hatten sich verändert, es ging jetzt vor allem um Fragen der Institutionalisierung von klösterlichen Gemeinschaften, was den Blick vom 10. und 11. Jahrhundert in das 12. Jahrhundert und das Spätmittelalter verschoben hat. Mit der vergleichenden Ordensforschung veränderte sich auch der methodische Ansatz. Es ging vermehrt um den vergleichenden Blick auf die Entwicklungen in unterschiedlichen Gemeinschaften. Sehr verschiedene Aspekte des monastischen Lebens wurden nun gemeinschafts- und zeitübergreifend verglichen. Verwiesen sei exemplarisch auf den Band « Oboedientia. Zu Formen und Grenzen von Macht und Unterordnung im mittelalterlichen Religiosentum » von Sébastien Barret und Gert Melville aus dem Jahr 2005[24].

Die jüngsten Studien zeichnen sich durch eine Regionalisierung einerseits und eine thematische Auffächerung andererseits aus. So befassen

22 Theodor Schieffer « Cluny und der Investiturstreit », *Cluny. Beiträge zur Gestalt und Wirkung der cluniazensischen Reform*, Hg. Helmut Richter, Darmstadt, Wissenschaftliche Buchgesellschaft, 1975.

23 Siehe exemplarisch Karl Schmid und Joachim Wollasch, « *Societas et Fraternitas*. Begründung eines kommentierten Quellenwerkes zur Erforschung der Personen und Personengruppen des Mittelalters », *Frühmittelalterliche Studien* 9/1975, S. 1-48.

24 *Obodientia : zu Formen und Grenzen von Macht und Unterordnung im mittelalterlichen Religiosentum*, Hg. Sébastien Barret und Gert Melville, Münster, Lit-Verlag, 2005.

sich gleich mehrere Arbeiten mit Konflikten innerhalb monastischer Gemeinschaft und dem Zusammenhang zwischen diesen Konflikten und allgemeineren Reformbestrebungen. Zu nennen sind hier drei maßgebliche Arbeiten : Im Jahr 1999 untersuchte Martina Wiech die Rolle des Abtes bei innermonastischen Konflikten[25] : Anhand der zahlreichen Konflikte im Bodenseeraum arbeitet Wiech heraus, welche Rolle den Äbten und insbesondere auch dem Einfluss von außen bei der Konfliktaustragung zukommt und durch welche Mittel die Konfliktbeilegung erfolgte. Ein Jahr später folgte die Untersuchung von Thomas Füser über Mönche im Konflikt[26]. In dieser Studie legt der Autor bei der Betrachtung von innermonastischen Konflikten den Schwerpunkt auf die Bedeutung von Statuten und anderen normativen Texten für die Konfliktaustragung. Zeitgleich untersuchte auch Steffen Patzold Konflikte im Kloster[27]. Für die Zeit vor den großen normstiftenden Orden analysiert der Verfasser die Bedeutung sozialer Bindungen sowie von Ritualen für die innermonastische Konfliktbeilegung. Dabei betont er, dass die engen Beziehungen zwischen Kloster und Welt dazu beitrugen, dass die Konflikte nur selten innerhalb der Klostermauern blieben. Zusätzlich wird hervorgehoben, dass die Stärke des Königtums kaum eine Rolle spielte, so dass die Schwächung der karolingischen Herrschaft keinen Einfluss auf die Arten der monastischen Konfliktaustragung ausübte. An diesen Arbeiten lässt sich auch erkennen, dass sich der Schwerpunkt verschoben hat von der Untersuchung allgemeiner Entwicklungen hin zu Fragen des monastischen Lebens innerhalb der Gemeinschaft und des lokalen sozialen Umfelds.

Gleichzeitig hat sich die Perspektive verändert. Im Rahmen der Untersuchungen von Jochen Johrendt über « Papsttum und Landeskirchen » und den Sammelbänden von J. Johrendt und Harald Müller zu « Römisches Zentrum und kirchliche Peripherie » sowie « Rom und die Regionen » ist der Blick auf das Verhältnis der regionalen

25 Martina Wiech, *Das Amt des Abtes im Konflikt : Studien zu den Auseinandersetzungen um Äbte früh- und hochmittelalterlicher Klöster unter besonderer Berücksichtigung des Bodenseegebiets*, Siegburg, F. Schmitt, 1999.

26 Thomas Füser, *Mönche im Konflikt : zum Spannungsfeld von Norm, Devianz und Sanktion bei den Cisterziensern und Clunizensern (12. bis frühes 14. Jahrhundert)*, Münster, Lit-Verlag, 2000.

27 Steffen Patzold, *Konflikte im Kloster : Studien zu Auseinandersetzungen in monastischen Gemeinschaften des ottonisch-salischen Reichs*, Husum, Matthiesen, 2000.

Einheiten zum Papsttum stärker ins Zentrum der deutschen Forschung gerückt[28]. Klosterreform wird in diesem Ansatz nicht von sich aus betrachtet, sondern in Bezug zum Papsttum, wie der Beitrag von Lotte Kéry, « Klosterfreiheit und päpstliche Organisationsgewalt. Exemtion als Herrschaftsinstrument des Papsttums ? » zeigt, der dabei darauf aufmerksam macht, dass die Initiative zur Erlangung der Exemtion weiterhin zumeist nicht vom Papsttum, sondern eher von den Klöstern selbst ausging[29]. So verfolgte das Papsttum keinen systematischen Plan, möglichst viele Gemeinschaften vom bischöflichen Einfluss zu befreien, um hierdurch selbst mehr lokale Kontrolle zu erlangen.

Gleichzeitig hat sich die Klostergeschichte in den letzten Jahren emanzipiert und ist mit ganz eigenen Fragen an die überaus breite Quellenüberlieferung herangetreten. Klostergeschichte wurde nun mit neuen, eigenen Methoden betrieben und lieferte eigene Ergebnisse, die für sich alleinstehen und nicht nur in Bezug auf die spätere Reform gelesen werden. Die jüngere Forschung zu den Klosterreformen im 11. Jahrhundert hat sich von der Theorie der Dualität der Reformbestrebungen von Gorze und Cluny gelöst und tendiert dazu, immer mehr einzelne Klöster und Reformkreise zu untersuchen und spricht deshalb nicht mehr von der monastischen Reform sondern wendet sich immer mehr den monastischen Reformen zu, die zwar eine gemeinsame Stoßrichtung hatten, aber insgesamt doch so unterschiedlich verliefen, dass nicht von einer einheitlichen Reform gesprochen werden kann. Als Beispiel seien hier Neithard Bulst und die Erforschung der Klosterreform von Wilhelm von Volpiano oder auch Steffen Patzold zu einzelnen Gemeinschaften, die der Hirauser Reform zugerechnet wurden, genannt, die auf eine große Eigenständigkeit und letztendlich Freiheit der einzelnen Häuser aufmerksam gemacht haben[30] : So zuletzt 2016 die Arbeit von Harald

28 Jochen Johrendt, *Papsttum und Landeskirchen im Spiegel der päpstlichen Urkunden (896 – 1046)*, Hannover, Hahn, 2004 ; *Römisches Zentrum und kirchliche Peripherie : das universale Papsttum als Bezugspunkt der Kirchen von den Reformpäpsten bis zu Innozenz III.*, Hg. Jochen Johrendt und Harald Müller, Berlin / New York, de Gruyter, 2008 ; *Rom und die Regionen : Studien zur Homogenisierung der lateinischen Kirche im Hochmittelalter*, Hg. Jochen Johrendt und Harald Müller, Berlin / New York, de Gruyter, 2012.

29 Lotte Kéry « Klosterfreiheit und päpstliche Organisationsgewalt. Exemtion als Herrschaftsinstrument des Papsttums ? », *Rom und die Regionen*, *op. cit.*, S. 83-144.

30 Neithard Bulst, *Untersuchungen zu den Klosterreformen Wilhelms von Dijon (962 – 1031)*, Bonn, Röhrscheid, 1973, sowie Steffen Patzold, « Die monastischen Reformen in Süddeutschland am Beispiel Hirsaus, Schaffhausens und St. Blasiens », *Canossa 1077 – Erschütterung der*

Sellner zu „Klöstern zwischen Krise und correctio" in Flandern[31]. Sellner untersucht anahnd der Abteien Saint-Bertin, Marchiennes, Saint-Martin de Tournai und Anchin, verschiedene Aspekte von *correctio* und Reform und betont die Bedeutung der Untersuchung einzelner Konvente. Die mikrohistorisch-sozialgeschichtliche Untersuchung einzelner Konvente lässt erkennen, dass die innere Reform auch immer eine Veränderung des sozialen Umfeldes bedingte und andersherum. Nur durch eine präzise Untersuchung einzelner Gemeinschaften kann das Phänomen Reform in seiner tatsächlichen Wirkmächtigkeit erfasst werden.

Diese vermehrte Untersuchung von Einzelfällen hat neue Perspektiven auf die Entwicklungen der einzelnen Klöster eröffnet und weniger die Perspektive der Konsequenzen dieser trotz aller Unterschiede zeitgleich und ähnlich verlaufenden Reformen eingenommen. So haben die Ergebnisse dazu beigetragen, grundsätzlich ein besseres Verständnis für die allgemeinen Entwicklungen der Kirchenreform im 10., 11. und 12. Jahrhundert zu ermöglichen, und gehen in ihrer Relevanz weit über den regionalen Rahmen der Untersuchungen hinaus.

Diese neuen Ergebnisse zur Klosterreform wurden auch durch die Arbeit mit hagiographischen Quellen generiert. Verwiesen sei hier nur auf die Studien von Steven Vanderputten zu Richard von Saint Vanne, der anhand der Viten über Richard und die von Richard selbst verfassten Viten zahlreiche Fragen rund um Führungsideal und Anspruch auf Anführerschaft in der Welt durch einen monastischen Akteur herausgearbeitet hat[32]. Gleichzeitig rückte der Begriff der Reform und vor allem der tatsächliche Ablauf von Reform in den Fokus. Erneut sei auf Vanderputten verwiesen : In seinem einflussreichen Buch über « Monastic Reform als Progress » betont er den offenen Charakter jeglicher Reformbemühungen[33]. So muss jede Untersuchung von monastischen Reformen immer auch die Möglichkeit des Nichtgelingens beachten. Ausdrücklich weist Vanderputten darauf

Welt. Geschichte, Kunst und Kultur am Aufgang der Romanik, Hg. Christoph Stiegemann und Matthias Wemhoff, München, Hirmer, 2006, S. 199-208.

31 Harald Sellner, *Klöster zwischen Krise und* correctio. *Monastische „Reformen" im hochmittelalterlichen Flandern*, Regensburg, Schnell & Steiner, 2016.

32 Steven Vanderputten, *Imagining Religious Leadership in the Middle Ages : Richard of Saint-Vanne and the Politics of Reform*, Ihaca, Cornell Univ. Press, 2015.

33 Steven Vanderputten, *Monastic Reform As Process : Realities and Representations in Medieval Flanders, 900-1100*, Ithaca, Cornell Univ. Press, 2013.

hin, dass ein Großteil der Quellen nicht von den Reformern selbst, sondern meistens von einer zweiten Generation verfasst worden sind, die durch das Lob der « Reformer » den aktuellen Status quo sichern wollten. Die zentrale Quelle seiner Untersuchung stellen wiederum Heiligenviten dar. Deshalb wird im Folgenden noch knapp auf die Frage nach der Erforschung hagiographischer Quellen in der deutschen Forschung eingegangen.

Grundsätzlich haben sich deutsche Historiker sehr lange mit der Nutzung hagiographischer Quellen schwergetan. Im 19. und in der ersten Hälfte des 20. Jahrhunderts haben Heiligenviten aufgrund ihres erbaulichen Charakters wenig Beachtung gefunden – für die Reichs- und Herrschergeschichte boten sie wenig verlässliche Informationen und Daten. Als Beispiel hierfür sei auf die frühen Editionen der Monumenta Germaniae Historica verwiesen, die die Heiligenviten nur in Ausschnitten edierten. Diese Skepsis hielt lange an, auch in Bezug auf die Erforschung des monastischen Lebens. So schreibt Theodor Schieffer noch 1961 über Hugo von Cluny, « haben [wir] ferner ein halbes Dutzend Viten [...], alle bald nach seinem Tode aufgezeichnet, doch bringen sie kaum etwas anderes als erbauliche Berichte des bekannten hagiographischen Genres[34] ». Erst durch die Studien von Frantisek Graus zu « Volk, Herrscher und Heiliger im Reich der Merowinger » von 1965 wandte die deutsche Forschung sich der Hagiographie zu[35]. Insbesondere die Gruppe um Friedrich Lotter und Friedrich Prinz befasste sich methodisch mit dem reichen Quellenkorpus der Viten und etablierte dieses in den 1970er Jahren als hervorragende Quelle für sozial- und mentalitätsgeschichtliche Fragestellungen[36].

Der Aufschwung hielt an bis in die frühen 2000er Jahre. Im Jahr 1997 hat Stephanie Coué ihre Arbeit über « Hagiographie im

34 Theodor Schieffer, « Cluny und der Investiturstreit », *Cluny. Beiträge zur Gestalt und Wirkung der cluniazensischen Reform*, Hg. Helmut Richter, Darmstadt, Wissenschaftliche Buchgesellschaft, 1975.

35 František Grausj *Volk, Herrscher und Heiliger im Reich der Merowinger : Studien zur Hagiographie der Merowingerzeit*, Prag, Nakladatelstvi Československé akademie věd, 1965.

36 Siehe exemplarisch Friedrich Lotter, « Methodisches zur Gewinnung historischer Erkenntnisse aus hagiographischen Quellen », *Historische Zeitschrift*, 229/1979, S. 298-356, sowie Friedrich Prinz, « Hagiographie als Kultpropaganda. Die Rolle der Auftraggeber und Autoren hagiographischer Texte des Frühmittelalters », *Zeitschrift für Kirchengeschichte*, 103/1992, S. 174-194.

Kontext » publiziert, in der sie die gesellschaftlichen Bedingungen, die das Verfassen von Viten prägten, untersucht und besonders die Bedeutung der jeweils sehr konkreten *causae scribendi* anhand von sechs ausgewählten Beispielen herausgearbeitet[37]. Einen größeren Corpus hatte dagegen die 2000 erschiene Studie von Stephanie Haarländer über Bischofsviten[38]. In dieser monumentalen Untersuchung, die sämtliche gedruckten Bischofsviten der Ottonen- und Salierzeit zum Gegenstand hat, zeichnet die Autorin einen umfassenden Überblick, nicht nur über die Autoren und die Darstellungsabsicht der Viten, sondern beleuchtet vergleichend zentrale Aspekte des Bischofsamtes. So untersucht sie die Charakterisierung der Bischöfe durch die Autoren sowie deren Werdegang ; darüber hinaus beschäftigt sich Haarländer mit der Darstellung des Verhältnisses des Metropoliten zum Mönchtum und zum Klerus, zum Adel, zum Königtum und zum Papsttum. Diesen beiden Untersuchungen sind wenig neue, übergreifende Studien gefolgt. Seitdem ist es wieder überraschend still geworden um die Hagiographie. Eine systematische Erfassung der Viten wie auf französischer Seite durch die Gruppe rund um Francois Dolbeau, Joseph-Claude Poulin und Martin Heinzelmann sowie Fragen der Réécriture haben in der deutschsprachigen Forschung kaum Fuß gefasst[39]. Es ist aussagekräftig, dass mit Martin Heinzelmann einer der wenigen Vertreter der deutschsprachigen hagiographischen Forschung Mitarbeiter des Deutschen Historischen Instituts in Paris gewesen ist.

Zusammenfassend bleibt festzuhalten, dass in der jüngeren Forschung Klosterreform und Investiturstreit dementsprechend nicht mehr hauptsächlich zusammen gedacht wurden – die eingangs präsentierten Überblickswerke belegen dies. Mit dem Rückgang an verfassungsgeschichtlichen Fragen und der sinkenden Beschäftigung mit dem Investiturstreit ist auch das deutsche Interesse an der Erforschung der

37 Stephanie Coué, *Hagiographie im Kontext. Schreibanlass und Funktion von Bischofsviten aus dem 11. und vom Anfang des 12. Jahrhunderts*, Berlin, De Gruyter, 1997.

38 Stephanie Haarländer, Vitae episcoporum. *Eine Quellengattung zwischen Hagiographie und Historiographie, untersucht an Lebensbeschreibungen von Bischöfen des Regnum Teutonicum im Zeitalter der Ottonen und Salier*, Stuttgart, Hiersemann, 2000. Zu Bischofsviten siehe auch Daniel Alt, Sanctus Episcopus. *Das Bischofsideal von früh- und hochmittelalterlichen Bischofsviten im Spannungsfeld von Anspruch und Wirklichkeit*, Herne, Gabriele Schäfer Verlag, 2013.

39 François Dolbeau, Martin Heinzelmann und Joseph-Claude Poulin, « Les sources hagiographiques narratives composées en Gaule avant l'an mille », *Francia*, 15/1987, S. 325-338.

Klosterreformen des 10. und 11. Jahrhunderts, die jetzt nicht mehr als Vorgeschichte für eines der wichtigsten Ereignisse der deutschen Geschichte bewertet wurden, zurückgegangen. Es erscheint nun Zeit für eine neue Synthese.

Jérémy WINANDY
Universität Hamburg

LA QUERELLE BÉRENGARIENNE DANS LA RÉFORME GRÉGORIENNE

Controverse théologique et rupture ecclésiologique

Dans son ouvrage fondateur sur *La Réforme grégorienne*, Augustin Fliche n'accorde que quelques pages à la controverse bérengarienne. Il traite l'affaire comme un épiphénomène, une sorte de parenthèse qui se serait bien vite refermée. Pour lui, « il ne semble pas que la foi traditionnelle ait été sérieusement ébranlée » par Bérenger ; et il conclut en jugeant que « Grégoire VII [...] a préservé l'Église d'une rude secousse doctrinale[1] ». Près de cent ans de recherches effectués à la suite de l'ouvrage de Fliche ont largement remis en cause cette appréciation, en montrant à quel point la controverse théologique joue au contraire un rôle décisif dans le basculement dont la réforme grégorienne est à l'origine.

Avant d'explorer la manière dont l'historiographie a articulé controverse bérengarienne et réforme grégorienne, ainsi que les difficultés que pose l'étude de cette problématique, il convient de rappeler brièvement les enjeux et les étapes du débat doctrinal qui a agité l'Église au cours de la seconde moitié du XIe siècle[2]. Bérenger est chanoine à la collégiale Saint-Martin de Tours, où il exerce les fonctions d'écolâtre, mais aussi archidiacre de l'église Saint-Maurice d'Angers, lorsque, vers 1048, il découvre un exemplaire du traité sur l'eucharistie écrit au IXe s. par Ratramne, moine à Corbie. Il l'attribue à Jean Scot et croit y voir la tradition authentique de l'Église, dont on se serait écarté. Cette tradition serait *grosso modo* une interprétation symbolique, qui insiste sur l'écart entre le signifiant (le sacrement de l'autel) et le signifié (le corps du Christ demeurant au ciel). Bérenger fait alors part de sa « découverte »,

---

1 Augustin Fliche, *La Réforme grégorienne*, t. 2, *Grégoire VII*, Louvain, 1925, p. 109.

2 La présentation qui suit se fonde sur : Jean de Montclos, « Lanfranc et Bérenger : les origines de la doctrine de la Transsubstantiation », *Lanfranco di Pavia e l'Europa del secolo XI nel IX centenario della morte (1089-1989). Atti del convegno internazionale di studi (Pavia, Almo Collegio Borromeo, 21-24 settembre 1989)*, Rome, Herder, 1993, p. 297-326.

ce qui suscite les vives réactions de plusieurs théologiens, dont la plus célèbre est sans doute celle de Lanfranc, prieur et écolâtre du Bec. Ce dernier lui répond dans un traité où il défend une théologie réaliste, inspirée notamment de Paschase Radbert, également moine à Corbie au IXe s. D'un point de vue institutionnel, la controverse est dominée par deux moments essentiels. Lors du synode romain de 1059, Bérenger est contraint de lire une profession de foi, rédigée par le cardinal Humbert, où le mode de la présence réelle est qualifié par l'adverbe *sensualiter*. Lors d'un autre synode romain, en 1079 cette fois, Bérenger doit de nouveau lire une profession de foi, peut-être rédigée par Albéric du Mont-Cassin, où l'adverbe *substantialiter* est choisi pour désigner la présence du Christ dans les espèces. Après cette date, il semble que l'écolâtre de Tours n'ait plus cherché à défendre activement ses idées ; la querelle retombe en intensité, tandis que Bérenger lui-même s'éteint en 1088, sans que l'on puisse lui attribuer des disciples avec certitude[3].

Le propos qui suit ne vise en rien à donner une bibliographie exhaustive des travaux réalisés sur la controverse bérengarienne ; cela dépasserait de beaucoup le cadre de cet article. Il s'agit plutôt de démontrer que, compte tenu des travaux réalisés depuis les années 1970, il est devenu impossible d'étudier cette querelle intellectuelle sans la réinsérer dans le mouvement plus global que constitue la réforme grégorienne. Alors que, traditionnellement, les chercheurs se plaçaient sur le terrain de l'histoire intellectuelle pour analyser cet épisode (I), il a de plus en plus été question d'en envisager les conséquences ecclésiologiques considérables (II). Les indices multiples du retentissement de l'affaire au-delà de la documentation strictement théologique ont aussi conduit à poser la question, encore très largement débattue, de la « publicité » du débat (III).

3 La question est compliquée par le fait que nombre de textes utilisent le terme de « Bérengariens » comme une étiquette commode pour disqualifier des groupes dissidents ultérieurs, dont il est avéré qu'ils n'ont aucun lien avec le théologien de Tours. Sur ce point, voir : Gary Macy, « Berengar's Legacy as Heresiarch », Auctoritas *und* ratio. *Studien zu Berengar von Tours*, dir. Peter Ganz, Robert B. C. Huygens, Friedrich Niewöhner, Wiesbaden, O. Harrassowitz, 1990, p. 47-67.

UNE CONTROVERSE THÉOLOGIQUE

LA MONOGRAPHIE ET SES LIMITES

Il peut paraître surprenant que la dernière monographie consacrée à la controverse bérangarienne remonte à l'année 1971[4]. Cette ancienneté ne témoigne pas d'une perte d'intérêt pour le sujet, mais plutôt d'une réorientation dans la manière de l'aborder : à l'histoire intellectuelle ont succédé des tendances qui cherchent davantage à cerner les enjeux ecclésiologiques du débat.

L'ouvrage de Jean de Montclos ambitionne de donner une vue d'ensemble et synthétique du débat théologique entre Lanfranc et Bérenger, en proposant une réflexion philologique approfondie sur la documentation produite dans ce cadre. Le compte-rendu qu'en a donné peu après Ovidio Capitani, lui-même très grand connaisseur du sujet, tout en louant l'acribie du chercheur français, émet des réserves très instructives pour comprendre les évolutions ultérieures de l'historiographie[5]. D'une part, J. de Montclos aurait sacrifié à une tradition qui paraît obsolète au chercheur italien : celle qui verrait dans la controverse une manifestation du conflit entre foi et raison. Alors que Lanfranc et ses partisans seraient du côté de la *fides*, Bérenger serait la figure de proue d'une nouvelle *ratio* : face à une lecture traditionnelle des textes patristiques, le théologien tourangeau aurait innové en mobilisant les arts libéraux, et notamment la dialectique. D'autre part, l'auteur aurait trop séparé la controverse de son contexte global, sacrifiant le sous-titre (« la controverse eucharistique du XIe siècle ») qui annonçait une étude plus ample. C'est la raison pour laquelle O. Capitani remet finalement en cause la capacité des monographies à traiter le sujet de manière satisfaisante et conclut en préconisant des synthèses plus amples, qui replacent la controverse dans le contexte de la réforme grégorienne.

---

4 Jean de Montclos, *Lanfranc et Bérenger. La controverse eucharistique du XIe siècle*, Louvain, Spicilegium sacrum Lovaniense, 1971.

5 Ovidio Capitani, « L'"affaire bérengarienne" ovvero dell'utilità delle monografie », *Studi medievali*, 16/1975, p. 353-378.

L'HISTOIRE INTELLECTUELLE : LE CONFLIT ENTRE *FIDES* ET *RATIO*

Ces remarques, publiées au milieu des années 1970, témoignent d'une remarquable perspicacité de la part d'O. Capitani. Ce dernier voyait déjà l'épuisement des études d'histoire intellectuelle, qui cherchaient à mettre au jour la naissance d'une *ratio* affranchie de l'interprétation traditionnelle des autorités, à une époque où de tels travaux avaient encore largement le vent en poupe. Cette vogue certaine n'a en effet véritablement pris fin que dans les années 1990.

En Allemagne, l'étude des débuts de la scolastique, stimulée par les publications monumentales d'Arthur Landgraf au cours des années 1950[6], a fait de Bérenger le cas emblématique du renouvellement des méthodes de réflexion théologique. En mobilisant une bibliographie impressionnante, Ernst Werner a notamment interprété les écrits de Bérenger comme annonçant « l'aube de la théologie dialectique[7] ». Le point d'orgue de cette approche fut la rencontre organisée à la bibliothèque Herzog August de Wolfenbüttel en 1988, à l'occasion du 900e anniversaire de la mort de l'hérésiarque[8]. Le fil directeur des actes de ce colloque était de considérer que « dans la confrontation suscitée par l'enseignement de Bérenger, l'enjeu est la tentative de concilier d'une nouvelle manière l'*auctoritas* et la *ratio* dans une théologie scientifique[9] ». Cette problématique, globalement délaissée après cette importante publication, est passée depuis dans certains manuels[10]. De fait, il paraît désormais acquis que l'enseignement de Bérenger est un bon témoin de l'évolution des techniques intellectuelles dans la théologie de la seconde moitié du XIe siècle.

6 Arthur Landgraf, *Dogmengeschichte der Frühscholastik*, Ratisbonne, F. Pustel, 1952-1956, 4 vol.

7 Ernst Werner, *Stadt und Geistesleben im Hochmittelalter, 11. bis 13. Jahrhundert*, Weimar, H. Böhlaus Nachfolger, 1980, p. 53-73 : « Morgenröte der dialektischen Théologie : Berengars Vernunftglaube. »

8 P. Ganz, R. B. C. Huygens, F. Niewöhner (dir.), *Auctoritas.... op. cit.* La bibliothèque Herzog August de Wolffenbüttel possède le seul manuscrit connu du traité que Bérenger rédigea en réponse à celui de Lanfranc.

9 *Ibid.*, p. 2 : « in der Auseinandersetzung um Berengars Lehre gehe es um den Versuch, *auctoritas* und *ratio* in einer wissenschaftlichen Theologie neu zu vermitteln. »

10 Par exemple, Florian Mazel, *Féodalités 888-1180*, Paris, Belin, 2014, p. 335 : « Le premier à avoir largement recours à la dialectique est Bérenger de Tours, vers 1050-1070, et cela constitue l'un des motifs de sa condamnation, alors même que son principal contradicteur, Lanfranc du Bec, l'utilise aussi, mais de manière plus prudente. »

DE L'HISTOIRE INTELLECTUELLE À L'ECCLÉSIOLOGIE

Parallèlement à ces analyses, d'autres interprétations ont été proposées, qui paraissent confirmer les évolutions qu'avait appelées de ses vœux O. Capitani. Au-delà du conflit entre *fides* et *ratio*, il aurait fallu, selon ce dernier, « chercher une explication plus profonde, qui pouvait être d'ordre ecclésiologique[11] ». Le grand chercheur italien avait lui-même déjà largement emprunté cette voie, en replaçant la controverse dans des mouvements bien plus amples et de plus longue durée[12]. Pour lui, il était indispensable, pour comprendre l'affaire bérengarienne, de montrer comment l'Église avait peu à peu adopté la théologie de Paschase Radbert et en avait fait sa doctrine « officielle », prenant ses distances avec la compréhension augustinienne du sacrement, de nature symbolique. Combattant l'idée jadis avancée par Allan MacDonald selon laquelle la condamnation de Bérenger fut en grande partie liée au contexte politique de l'époque[13], O. Capitani fut ainsi sans doute le premier qui montra, en proposant une lecture serrée des sources tout en les réinsérant dans des perspectives globales, à quel point le débat sur l'eucharistie était le témoin d'une mutation profonde au sein de l'Église. Dans ses travaux, la controverse apparaît comme la manifestation, éclatante et apparemment soudaine, de mouvements profonds qui travaillaient toute l'institution ecclésiale sur la longue durée.

C'est moins dans l'analyse des causes que dans celle des conséquences de l'épisode que les travaux ultérieurs ont apporté un renouveau significatif en suivant cette méthode.

---

11 Ovidio Capitani, « L'"affaire bérengarienne"… », art. cité, p. 375 : « cerchare una spiegazione più profonda quale poteva essere quella ecclesiologica. »

12 Ovidio Capitani, « Studi per Berengario di Tours », *Bullettino dell'Istituto storico italiano per il medioevo e Archivio Muratoriano*, 69/1957, p. 67-173.

13 Allan MacDonald, *Berengar and the Reform of Sacramental Doctrine*, Londres – New York, Longmans, Green, 1930. Bérenger bénéficiait du soutien du comte d'Anjou, Geoffroy Martel († 1060). Ce dernier s'était attiré les foudres de la papauté pour avoir emprisonné l'évêque Gervais du Mans, ce qui lui valut d'être excommunié en 1050. Récemment, Alain Rauwel a également pointé « la survalorisation de la dimension ecclésiastico-politique des débats au détriment de leur enracinement sacramentaire ». Voir : Alain Rauwel, « Les polémiques grégoriennes entre espace public et communautés émotionnelles », *Les régimes de polémicité au Moyen Âge*, dir. Bénédicte Sère, Rennes, PUR, 2019, p. 73-82, spécialement p. 73.

UNE RUPTURE ECCLÉSIOLOGIQUE

HÉRÉSIOLOGIE ET ECCLÉSIOLOGIE AU CONCILE DE 1059

En approfondissant les analyses d'O. Capitani, Johannes Laudage a montré la cohérence des aspects relatifs à l'ecclésiologie et à la théologie eucharistique dans les mesures prises au cours du synode romain de 1059[14]. La condamnation de Bérenger y prend place parmi d'autres décisions d'une importance capitale, l'ensemble étant ensuite communiqué par le pape à l'Église universelle par l'encyclique *Vigiliantia universalis*[15]. Trois plans paraissent être particulièrement liés dans cet ensemble de prises de position : l'affirmation de l'ultra-réalisme eucharistique (dans la profession de foi *Ego Berengarius*) ; la condamnation du nicolaïsme ; l'exhortation faite aux clercs de respecter les exigences de la *vita communis*. Pour J. Laudage, il s'agit dans l'ensemble de ces décisions de réunir les conditions nécessaires à l'économie du salut, ainsi que de définir la dignité de l'office sacerdotal, en la fondant sur la capacité des prêtres à effectuer le sacrifice eucharistique. Humbert de Moyenmoutier, qui fut le maître d'œuvre de cet édifice législatif et dogmatique, développe ici implicitement un raisonnement que l'on peut reconstituer en se fondant sur l'un de ses ouvrages importants : l'*Adversus Simoniacos*. Pour lui, l'eucharistie est efficace parce que le Christ y est réellement, *métaboliquement*, présent[16]. Cette présence rend l'indignité éventuelle du prêtre (nicolaïsme, simonie, etc.) incompatible avec la consécration eucharistique. Par conséquent le sacrement conféré par les prêtres indignes n'est pas valide[17]. Pour Humbert, il faut donc condamner Bérenger, parce

14 Ovidio Capitani, « La concezione eucaristica di Umberto di Silvacandida e la professione di fede del 1059 », *Sutdi per Berengario…*, *op. cit.*, p. 154-169 ; Johannes Laudage, *Priesterbild und Reformpapsttum im 11. Jahrhundert*, Cologne – Vienne, Böhlau, 1984, p. 244-247.

15 Nicolas II, *Vigilantia universalis regiminis*, dans *Constitutiones et acta publica imperatorum et regum inde ab a. DCCCCXI usque ad a. MCXCVII*, éd. Ludwig Weiland, Hanovre, Hahnsche Buchhandlung, 1893, p. 546-548, n° 384.

16 Pour reprendre la terminologie de Josef Rupert Geiselmann, *Die Eucharistielehre der Vorscholastik*, Paderborn, E. Schöningh, 1926.

17 On reconnaît ici le radicalisme des positions d'Humbert, qui ne fut pas partagé (loin de là) par l'ensemble des réformateurs. Voir quelques réflexions et la bibliographie sur le

qu'un prêtre qui rejetterait la présence du Christ dans l'eucharistie, non seulement profanerait le sacrement, mais ferait aussi obstacle au salut des fidèles. En somme, l'enseignement de Bérenger met *de facto* hors de l'Église et doit donc être considéré comme hérétique. Dès lors, la condamnation du nicolaïsme et la promotion de la *vita communis* doivent être comprises comme des décisions complémentaires à l'*Ego Berengarius* : toutes posent les critères qui permettent de distinguer ceux qui sont dans l'Église et ceux qui n'y sont pas, ainsi que de fixer les conditions nécessaires à l'efficacité sacramentelle.

LES MAINS SACERDOTALES

Les conséquences ecclésiologiques de la controverse eucharistique ont pu également être mises en évidence à un niveau plus anthropologique, comme le montre la belle réflexion qu'a proposée Jean-Hervé Foulon au sujet des mains sacerdotales. Ce dernier fait remarquer que, dans plusieurs décrets pontificaux, la condamnation de l'investiture laïque se fonde sur une opposition entre deux sortes de mains : celles des prêtres et celles des laïcs[18]. C'est le cas d'un décret pris par Grégoire VII en 1075, aujourd'hui perdu mais connu par une réitération de 1078 ; c'est également le cas d'un canon du concile de Clermont (1095[19]) et, enfin, du concile de Rome de 1099[20]. Dans tous ces cas, note J.-H. Foulon, c'est sur la capacité des prêtres à consacrer les espèces, à « faire Dieu », que l'on insiste pour souligner la sacralité des mains du prêtre. Cela conduit à penser l'*immixtio manuum* de l'hommage comme un sacrilège

problème dans : Patrick Henriet, « En quoi peut-on parler d'une spiritualité de la réforme grégorienne ? », *Revue d'Histoire de l'Église de France*, 96/2010, p. 71-91, spécialement p. 79-81.

18 Jean-Hervé Foulon, *Église et réforme au Moyen Âge. Papauté, milieux réformateurs et ecclésiologie dans les Pays de Loire au tournant des XIe-XIIe siècles*, Bruxelles, De Boeck, 2008, p. 237 et p. 249.

19 Robert Somerville, *The Councils of Urban II*, t. 1, *Decreta Claromontensia*, Amsterdam, Hakkert, 1972, p. 81, n° 39 : « *Ut nullus clericus laicali se patrocinio commendet, quia abhominabile est ut manus que corpus Domini tractant, et (quod maius est) consecrant, inter manus homicidas sanguine plenas sic polluantur.* »

20 Eadmer, le biographe d'Anselme de Cantorbéry, qui assistait au concile, rapporte ce canon où sont opposées les « *manus quae in tantam eminentiam excreuerunt, ut, quod nulli angelorum concessum est, Deum cuncta creantem suo ministerio creent* » aux « *manus, que die ac nocte obscenis contagiis inquinantur, rapinis ac injustae sanguinum effusioni addictae commaculantur* ». Eadmer, *Historia novorum in Anglia*, éd. Martin Rule, Londres, Her Majesty's stationery Office, 1884, p. 114.

et, ainsi, à condamner l'investiture laïque. Le geste est alors vu comme « la marque d'une sujétion dégradante », qui conduit à un « avilissement de l'ordre sacerdotal[21] ». L'ultime conséquence du raisonnement est que seule l'imposition des mains du pape est légitime. L'affirmation du réalisme eucharistique conduit donc non seulement à rejeter l'investiture laïque, mais aussi à renforcer la centralité pontificale. Il est également intéressant de noter qu'à Clermont comme à Rome, les mains sacerdotales ne sont pas reliées au pouvoir des clefs, mais bien à la consécration eucharistique, ce qui traduit de manière indéniable une modification profonde dans la manière de penser le sacerdoce[22]. D'autres documents attestent que l'affirmation du réalisme eucharistique a conduit, au cours de la seconde moitié du XIe siècle, à faire de la *potestas conficiendi* l'élément déterminant du sacerdoce.

UN « RESSERREMENT DE SACRALITÉ »

Dans la mesure où les réformateurs grégoriens ont peu agi sur la liturgie, il est malaisé d'évaluer les conséquences de la controverse eucharistique dans ce domaine. D'autres types de sources peuvent toutefois palier cette difficulté, et notamment la documentation paraliturgique[23]. Les travaux d'Alain Rauwel ont largement exploré cette voie. Ses nombreux articles ont été réunis en 2016 dans un recueil où ils sont supplémentés par une étude inédite très stimulante[24]. Dans celle-ci, l'auteur fait le parallèle entre l'affirmation du réalisme eucharistique et le passage d'une ecclésiologie épiscopocentrée à un système où la distinction fondamentale est avant tout celle entre les prêtres et les non-prêtres. Il note :

---

21 J.-H. Foulon, *Église…*, *op. cit.*, p. 243.

22 Sur l'importance du pouvoir des clefs dans l'ecclésiologie avant le XIe siècle, voir notamment : Yves Congar, *L'ecclésiologie du haut Moyen Âge de saint Grégoire le Grand à la désunion entre Byzance et Rome*, Paris, Cerf, 1968.

23 Les données de l'archéologie peuvent également être significatives, même si dans certains cas, les sources textuelles restent les plus éloquentes. Ainsi, la valorisation de l'autel est très nette dans les traités paraliturgiques aux XIe et XIIe siècles (par le biais notamment de l'identification croissante de l'autel au Christ lui-même), alors qu'elle reste hypothétique si l'on s'en tient à l'archéologie. Voir : Alain Rauwel, « Théologie de l'Eucharistie et valorisation de l'autel à l'âge roman », *Hortum Artium Medievalium*, 11/2008, p. 177-182.

24 Alain Rauwel, « Eucharistie, ordinations, et structuration du sacerdoce », *Rites et société dans l'Occident médiéval*, Paris, Picard, 2016, p. 87-95.

> « L'intolérance largement partagée envers la théologie antiréaliste de l'écolâtre ligérien, les déclarations explicites d'hyperréalisme eucharistique qu'elle a contribué à multiplier, ont eu pour effet de défaire le nœud entre Eucharistie, évêque et Église. Le sacrement de l'autel défini comme "présence réelle" s'en est trouvé absolutisé, doté d'une sacralité telle qu'il a en quelque sorte absorbé les autres formes de médiation. En ecclésiologie, cette rupture des anciens équilibres a conduit à ramener l'examen de tous les ministères à leur compétence eucharistique : qui peut "faire Dieu" ? La partition passe alors entre ceux qui le peuvent et ceux qui ne le peuvent pas, laissant dans l'ombre d'autres types d'attributions. C'est l'occasion de renverser la portée de l'*ordo sacerdotalis* unique : à l'époque patristique, il était fondamentalement épiscopal, augmenté de "collaborateurs" subordonnés ; après la crise bérengarienne, il vise de plus en plus à devenir ordre des prêtres, enrichi d'une excroissance prélatice, certes de statut plus élevé, mais n'ayant pas à l'autel de supériorité sacramentelle sensible[25]. »

À l'appui de son raisonnement, A. Rauwel fait valoir une modification dans le rite d'ordination : le développement, à partir du Xe siècle, de la porrection des instruments. Alors qu'il était pratiqué depuis une haute époque pour les ordres mineurs, le geste était totalement inconnu pour les ordres majeurs. Il apparaît dans le pontifical romano-germanique, avec la remise du calice et de la patène à l'impétrant. Plus globalement, l'auteur propose de voir dans la réforme grégorienne non pas une « sacramentalisation du système, mais un resserrement de sacralité » : à la « sacramentalité diffuse » du haut Moyen Âge, caractérisée par le peu de différence entre sacrements et sacramentaux[26], succèderait une « redéfinition de la sacralité par son recentrage sur un petit nombre d'actions dominées par la production du "corps vrai" et l'émergence d'une véritable pensée du sacerdoce presbytéral[27] ».

Les décisions prises pour faire face à la secousse doctrinale provoquée par Bérenger font système avec l'ensemble du discours réformateur. Condamnation du nicolaïsme et de la simonie, prohibition des investitures laïques, affirmation inédite de la dignité du prêtre fondée sur la *potestas conficiendi* : tous les fils de la réforme sont reliés au nœud que constitue la théologie eucharistique.

---

25 *Ibid.*, p. 90-91.

26 André Vauchez parlait déjà de « sacralité diffuse » et de « sacralité indifférenciée » au sujet du haut Moyen Âge. Voir : André Vauchez, *La spiritualité du Moyen Âge occidental VIIIe-XIIIe siècle*, Paris, Seuil, 1994 [1re éd. 1975], p. 27-28.

27 A. Rauwel, « Eucharistie, ordinations... », art. cité, p. 95.

UN DÉBAT « PUBLIC » ?

Si la controverse est à l'origine de ces changements ecclésiologiques majeurs, alors elle n'est sans doute pas un débat intellectuel auquel seule une élite de théologiens aurait participé. Se pose donc la question de savoir dans quelle mesure l'affaire aurait touché une éventuelle opinion publique.

AU-DELÀ DES TRAITÉS DE THÉOLOGIE

Bien qu'il n'existe aucune synthèse à ce sujet, les études de cas se sont multipliées depuis les années 1980, qui attestent une influence du débat théologique dans des domaines divers, qui excèdent largement les seuls traités polémiques. Explorons brièvement cette documentation, en nous éloignant progressivement de la littérature spécifiquement consacrée à l'eucharistie.

Les tentatives de l'historiographie récente pour penser l'eucharistie en lien avec d'autres supports matériels de la vénération, ainsi que le renouveau de l'attention portée aux reliques ont conduit à mettre en évidence des échos à la controverse bérengarienne dans les traités consacrés à d'autres « corps saints[28] ». Citons avant tout l'exemple des *Flores epytaphii sanctorum*, traité sur les reliques que rédige entre 1098 et 1104/1105 Thiofrid, abbé d'Echternach († 1110[29]). Outre que l'auteur mentionne directement Bérenger, de nombreux passages ne peuvent se comprendre qu'en fonction de la controverse eucharistique. C'est notamment le cas lorsque Thiofrid se demande ce qu'il advient des reliques lorsque celles-ci sont consommées par des animaux. Une telle

28 Le lien entre reliques et eucharistie a surtout été étudié dans : Godefridus J. C. Snoek, *Medieval Piety from Relics to the Eucharist. A Process of Mutual Interaction*, Leyde – New York, Brill, 1995. Dans une perspective plus large encore, puisque l'eucharistie y est étudiée avec les reliques, les images, ou encore les sacramentaux : Caroline W. Bynum, *Christian Materiality. An Essay on Religion in Late Medieval Europe*, New York, Zone Books, 2011. Sur le renouveau de l'attention portée aux reliques, voir : Catherine Vincent, « Introduction », *Cahiers de Fanjeaux*, 53/2018, *Corps saints et reliques dans le Midi*, p. 13-37.

29 Thiofrid d'Echternach, *Flores epytaphii sanctorum*, éd. Michele Camillo Ferrari, Turnhout, Brepols, 1996.

réflexion, inédite au sujet des dépouilles des saints, était à l'inverse au cœur de la controverse sur le sacrement de l'autel[30].

De manière peut-être plus attendue, une influence des débats théologiques sur les textes exégétiques semble également avoir été démontrée. Ainsi un commentaire de l'évangile de Matthieu rédigé en Italie du Sud à la fin du XIe siècle et conservé dans un manuscrit de Venosa insiste de manière inhabituelle sur la réalité de la présence du Christ dans le pain consacré, lorsqu'il aborde le récit de la Cène. « [Le Christ] ne dit pas "Ceci signifie mon corps", mais "Ceci est mon corps", car la nature du pain est changée en la véritable substance du corps du Seigneur[31] », note l'auteur anonyme. Pareille affirmation du réalisme eucharistique ne peut s'interpréter qu'en supposant les débats suscités par Bérenger connus de l'exégète.

Enfin, des indices ont permis de mettre au jour une influence de la controverse sur certains décors peints. Hélène Toubert fait de la lutte contre les idées de Bérenger la clef de compréhension de deux images importantes. La première est la représentation de la Cène dans la basilique Sant'Angelo in Formis à Capoue, un édifice que le prince local avait donné au Mont-Cassin et dont la décoration murale a été réalisée (au moins partiellement) sous l'abbatiat de Didier (1058-1087[32]). Il est vrai que dans ce cas, c'est davantage le contexte – le Mont-Cassin joua un rôle décisif dans la querelle bérengarienne – que la documentation elle-même qui laisse penser à une influence des débats théologiques. L'interprétation typologique que livre l'image (l'eucharistie accomplit et rend caducs les sacrifices de l'Ancien Testament) se trouve certes chez les contradicteurs de Bérenger, mais elle est aussi répandue qu'ancienne[33].

30 Nous reprenons ici l'argumentation de : Michele Camillo Ferrari, « *Lemmata sanctorum.* Thiofrid d'Echternach et le discours sur les reliques au XIIe siècle », *Cahiers de civilisation médiévale*, 151/1995, p. 215-225, spécialement p. 223.

31 Cité et analysé dans : Virginia Brown, « A New Commentary on Matthew in Beneventan Script at Venosa », *Mediaeval Studies*, 49/1987, p. 443-465, spécialement p. 452 : *« non dicit "Hoc significat corpus meum" sed "Hoc est corpus meum" quia natura panis in rationalem corporis domini uertitur substantiam. »*

32 Hélène Toubert, *Un art dirigé. Réforme grégorienne et iconographie*, Paris, Cerf, 1990, p. 155-166.

33 L'argumentation d'Hélène Toubert semble toutefois confortée par les découvertes philologiques effectuées depuis la rédaction de son ouvrage. En particulier, le traité dans lequel la lecture typologique tient une place importante, que Dom Morin attribuait à Bérenger de Venosa, est peut-être plus probablement celui d'Albéric du Mont-Cassin.

Sa mise en œuvre dans l'iconographie semble, en revanche, le fait remarquable. La seconde image qu'il faut citer à la suite d'H. Toubert est la représentation du Repas d'Emmaüs sur les fresques bien connues de la Trinité de Vendôme[34]. Exécutée sous l'abbatiat de Geoffroy (1093-1132), lui-même auteur d'un traité sur l'eucharistie dans lequel il combat les thèses de Bérenger, elle met en scène le Christ élevant les deux fractions du pain. Ce choix atypique est fort justement relié par l'auteur aux problèmes théologiques que pose la fraction, ainsi qu'au geste de l'élévation de l'hostie lors de la messe, déjà attesté dans les pays de Loire à cette époque précoce[35].

Ces exemples laissent penser que le choc provoqué par Bérenger fut profond et toucha, à l'échelle de l'Occident, une frange assez large de clercs, dont l'intérêt ne se portait pas nécessairement vers la théologie eucharistique.

LA PROBLÉMATIQUE DE L'« OPINION PUBLIQUE »

Ces études de cas pourraient alimenter et rejoindre le renouvellement des études qu'a induit l'attention portée à l'« opinion publique ». Alors que l'acclimatation de l'*Öffentlichkeit* habermassienne aux études médiévales a stimulé la réflexion depuis quelques décennies, son application dans le champ des controverses paraît tout particulièrement féconde[36]. Warren Pezé a bien noté que les querelles intellectuelles constituaient des moments propices pour étudier cette problématique. Il fait en particulier valoir que, lors de ces affrontements, non seulement « des failles semblent s'ouvrir dans le contrôle social », mais que « les adversaires se disputent

Voir : Germain Morin, « Bérenger contre Bérenger. Un document inédit des luttes théologiques du XIe siècle », *Recherches de théologie ancienne et médiévale*, 4/1932, p. 109-133. Pour l'attribution à Albéric : Charles Radding, Francis Newton, *Theology, Rhetoric, and Politics in the Eucharistic Controversy, 1078-1079. Alberic of Monte Cassino Against Berengar of Tours*, New York, 2003, p. 47-52.

34 H. Toubert, *Un art…*, *op. cit.*, p. 382-386 ; *Ead.*, « Les fresques de la Trinité de Vendôme, un témoignage sur l'art de la réforme grégorienne », *Cahiers de civilisation médiévale*, 104/1983, p. 297-326.

35 Seules deux images similaires sont connues. Voir : Meyer Schapiro, « Two Romanesque Drawings in Auxerre and some Iconographic Problems », *Studies in Art and Literature for Belle da Costa Greene*, Princeton, Princeton University Press, 1954, p. 331-349.

36 L'ouvrage le plus représentatif de ces réflexions en France est sans doute : Patrick Boucheron, Nicolas Offenstadt (dir.), *L'espace public au Moyen Âge : débats autour de Jürgen Habermass*, Paris, PUF, 2011.

une opinion publique », ce qui conduit à estomper la distinction entre ceux qui sont habituellement autorisés à produire un discours et ceux qui ne le sont pas[37].

Ces réflexions peuvent contribuer à renouveler la problématique, étudiée depuis fort longtemps en Allemagne, de la *Publizistik*[38]. Toutefois, alors que la Querelle des Investitures a été un champ de recherches fécond pour ces réflexions, force est de constater que la controverse bérengarienne l'a été dans une bien moindre mesure. En s'appuyant sur deux extraits de traités dirigés contre Bérenger, l'un de Lanfranc et l'autre attribué à Albéric du Mont-Cassin, selon lesquels mêmes les laïcs seraient préoccupés par le sujet, Leidulf Melve a toutefois proposé quelques remarques suggestives :

> « *If the stir caused by the reform papacy's efforts to impose clerical celibacy is compared to that of the Eucharist controversy, it is noticeable that public opinion was invoked in both cases, irrespective of whether the intention was to curtail the spread of the new teaching (the Eucharist) or to diffuse new rulings to an audience of clerics (clerical chastity). This is largely a reflection of the different political functions that were attributed to public opinion. The backlash against Berengar of Tours's deviant understanding of the Eucharist was not designed to exclude public opinion from consideration, but rather to raise a bulwark of resistance against Berengar and his disciples. In the debate on priestly chastity, public opinion had an even more important function, enabling the papacy to gather support in enforcing its new rulings, while simultaneously keeping the opponents of priestly chastity at bay*[39]. »

Si la perspective ouverte par L. Melve paraît fructueuse, reste à savoir comment aller au-delà de ce simple constat, fondé sur les témoignages de Lanfranc et Albéric. L'usage du concept d'*Öffentlichkeit* est, du reste, mal aisé pour la période médiévale ; de là certaines critiques à son endroit, ainsi que la nécessité de rechercher d'autres modèles heuristiques[40].

---

37 Warren Pezé, « Nouvelles approches sur le fait controversial au Moyen Âge », *Les régimes de polémicité…*, *op. cit.*, p. 31-44, spécialement p. 37.

38 Carl Mirbt, *Die Publizistik im Zeitalter Gregors VII.*, Leipzig, J. C. Hinrichs, 1894. Un ouvrage récent et important sur le sujet : Leidulf Melve, *Inventing the Public Sphere. The Public Debate during the Investiture Context (c. 1030-1122)*, Leyde, Brill, 2007.

39 Leidulf Melve, « "Even the very laymen are chattering about it" : the politization of public opinion, 800-1200 », *Viator*, 44/2013, p. 25-48, spécialement p. 35.

40 Voir, notamment, les suggestions d'Alain Rauwel qui, constatant les limites du modèle habermassien, invite à se tourner vers les théories de John Dewey. Chez ce dernier, le public n'existe pas en soi, mais est toujours produit par une sorte de choc, lequel entraîne

QUELQUES PERSPECTIVES

Un premier travail serait de collationner l'ensemble des indices qui permettrait d'appréhender le public visé par les traités, en prêtant une attention particulière à tout élément qui attesterait une volonté d'élargir les destinataires au-delà du cercle restreint des théologiens. Nous pouvons, par exemple, nourrir le propos d'Albéric cité par Leidulf Melve en relevant qu'un traité évoquant la controverse a été adressé à une laïque. Le *Tractatus in Cantica Canticorum* que rédige Jean de Mantoue (peut-être lui-même un laïc) entre 1081 et 1083 est en effet dédié à la comtesse Mathilde[41]. Or, dans un bref passage de son commentaire, le *grammaticus* de Mantoue avertit sa lectrice contre les idées de Bérenger[42]. Les éditeurs du texte remarquent à juste titre que l'auteur déploie dans ce passage de nombreuses ressources pédagogiques pour faire comprendre concrètement, sans s'embarrasser d'une méthode trop abstraite, quelle position Mathilde doit tenir sur ce sujet[43]. Nous avons en l'espèce un document cherchant à s'assurer l'opinion de personnes *a priori* non qualifiées pour trancher un débat théologique, mais dont on veut s'assurer le soutien. Remarquons, encore une fois, que le traité n'a pas pour sujet principal l'eucharistie : la recherche ne doit donc pas se limiter à ce type de sources, mais inclure l'ensemble de la documentation[44], ce que permet le recours aux bases de données. Dans cette perspective, il y aurait sans doute beaucoup à apprendre également de l'étude codicologique fine de la documentation, laquelle reste bien souvent à mener[45].

---

la production de groupes. Voir : A. Rauwel, « Les polémiques... », art. cité, p. 75 ; John Dewey, *Le public et ses problèmes*, Paris, Gallimard, 2010.

41 Jean de Mantoue, *In cantica canticorum et De Sancta Maria tractatus ad comitissam Mathildam*, éd. Bernhard Bischoff et Burkhard Taeger, Fribourg, Universitätsverlag, 1973, p. 1 : « Als „Grammaticus" könnte Johannes dem Laienstande angehört haben. »

42 *Ibid.*, p. 46-49.

43 *Ibid.*, p. 13-16.

44 Gardons aussi à l'esprit les suggestions d'Alain Rauwel de ne pas se contenter des données textuelles, mais de tenir compte également des situations concrètes d'affrontement que furent, par exemple, les synodes. L'analyse des émotions attribuées aux protagonistes est une piste intéressante, qui peut bénéficier des outils développés par le courant de l'histoire des émotions. Voir : A. Rauwel, « Les polémiques... », art. cité.

45 Rappelons que la plupart des traités anti-bérengariens n'ont pas fait l'objet d'éditions critiques : les études se fondent toujours sur les textes reproduits dans la Patrologie latine, lesquels sont souvent des éditions anciennes et fautives. Ainsi, le texte du traité de Lanfranc reproduit par l'abbé Migne est celui que fit paraître Franciscus Quadratus à Rouen en 1540. Elle contient une interpolation, dont nous avertit : Robert B. C. Huygens,

Une deuxième tâche qu'il faudrait mener à bien consisterait à mieux établir l'influence, parfois davantage supposée que démontrée, de la controverse bérengarienne sur la documentation qui n'y fait pas directement allusion. Gary Macy a ainsi relevé une série de quatre commentaires exégétiques rédigée à la fin du XIe siècle ou dans la première moitié du XIIe siècle qui développent une théologie paschasienne. Les nombreuses zones d'ombre qui entourent encore le contexte de rédaction de ces textes ne permettent pas d'établir une influence de la controverse, même si l'on est enclin à la postuler[46].

Enfin, il serait souhaitable de prêter attention à tous les procédés qui permettent de « vulgariser » la théologie paschasienne et qui, par conséquent, visent à élargir le public visé. Là encore, nous pouvons citer des cas bien connus de traités qui revendiquent une telle dimension de vulgarisation, à l'instar de celui rédigé par Durand de Troarn[47]. Pensons aussi aux procédés utilisés par Jean de Mantoue. Mais nous souhaiterions insister sur un type de sources qui n'a été que ponctuellement interprété en fonction du contexte bérengarien : l'hagiographie[48]. Au-delà des *Vitae* qui insèrent des documents explicitement dirigés contre l'hérésiarque[49], une étude systématique du rapport des saints à l'eucharistie permettrait peut-être de mettre au jour une évolution en réaction aux enseignements

« Bérenger de Tours, Lanfranc et Bernold de Constance », *Sacris Erudiri*, 16/1965, p. 355-403. Outre la correction des textes fautifs, l'étude des manuscrits pourrait sans doute fournir des indices précieux sur la réception des traités. Sur les bénéfices à attendre d'un tel examen : W. Pezé, « Nouvelles… », art. cité.

46 Gary Macy, « Some Examples of the Influence of Exegesis on the Theology of the Eucharist in the Eleventh and Twelfth Centuries », *Recherches de Théologie ancienne et médiévale*, 52/1985, p. 64-77.

47 Durand de Troarn, *Liber de corpore et sanguine Domini contra Berengarium et ejus sectatores* (PL 149, col. 1375-1424). Voir l'étude ancienne : Raoul Heurtevent, *Durand de Troarn et les origines de l'hérésie bérengarienne*, Paris, Beauchesne, 1912. Dans son traité, Durand ne s'adresse pas directement à Bérenger mais « à ceux qui ne sont point de taille à prendre les armes » contre ce dernier (R. Heurtevent, *Durand…*, *op. cit.*, p. 218).

48 La seule étude de cas qui relie une *Vita* au contexte bérengarien est, à notre connaissance, celle des images du ms. Paris, BnF, NAL 1390. Il s'agit d'enluminures illustrant la Vie de saint Aubin d'Angers réalisées à la fin du XIe siècle, qui mettent particulièrement en valeur l'eucharistie. Voir : Magdalena Carrasco, « Notes on the Iconography of the Romanesque Illustrated Manuscript of the Life of St. Albinus of Angers », *Zeitschrift für Kunstgeschichte*, 47/1984, p. 333-348 et spécialement p. 338-341.

49 Comme la lettre du saint abbé Wolfhelm de Brauweiler adressée à l'abbé de Gladbach, entièrement retranscrite dans la *Vita* du premier. Voir : *Vita Wolfhelmi abbatis Brunwilarensis*, [BHL 8987] éd. Georg Heinrich Pertz, Hanovre, Hahnsche Buchhandlung, 1856, p. 180-195, spécialement p. 185-186.

de Bérenger. Citons, là encore, un exemple parmi les nombreux cas que nous avons pu repérer. Un motif topique dans l'hagiographie depuis le haut Moyen Âge est la guérison des fidèles par contact ou absorption d'un liquide préalablement touché par le saint[50]. Significativement, entre le milieu du XIe siècle et le milieu du XIIe siècle, plusieurs Vies réinvestissent ce motif sur un fluide particulier : l'ablution eucharistique[51]. Outre le cas particulier des miracles[52], la controverse bérengarienne est-elle à l'origine d'un nouveau rapport des saints à l'eucharistie ? Si oui, ce dernier s'articule-t-il avec d'autres enjeux « grégoriens » ? C'est ce que l'état de la recherche ne permet pas encore de trancher.

François WALLERICH
Université Paris-Nanterre

50 C'est par exemple le cas dans la Vie de saint Bonnet (BHL 1418 ; éd. *AASS*, *Ian. I*, p. 1070-1076), évêque de Clermont († 709) rédigée au VIIIe siècle. Sur cette pratique : Pierre-André Sigal, *L'homme et le miracle dans la France médiévale (XIe-XIIe siècle)*, Paris, Cerf, 1985, p. 26.

51 On peut citer : Héribert de Cologne (Lambert de Saint-Laurent de Liège, *Vita Heriberti archiepiscopi Coloniensis*, [BHL 3927-3928] éd. Georg Heinrich Pertz, Hanovre, Hahnsche Buchhandlung, 1841, p. 740-753, spécialement p. 747) ; le miracle figure aussi dans la *Vita* rédigée par Rupert de Deutz, *Vita Heriberti archiepiscopi Coloniensis*, [BHL 3830] éd *AASS*, *Mar. II*, p. 475-490, spécialement p. 483) ; Anselme de Lucques (*Vita Anselmi archiepiscopi Lucensis*, [BHL 536-537] éd. Roger Wilmans, Hanovre, Hahnsche Buchhandlung, 1856, p. 1-35, spécialement p. 23) ; Anselme de Cantorbéry (Eadmer, *The Life of St Anselm, archbishop of Canterbury*, [BHL 525-526] éd. Richard W. Southern, Oxford, Clarendon Press, 1972, p. 58) ; Wolfhelm de Brauweiler (*Vita Wolfhelmi abbatis Brunwilarensis*, [BHL 8987] éd. citée, p. 191) ou encore Altmann de Passau (*Vita Altmanni episcopi Patauiensis*, [BHL 313] éd. Georg Heinrich Pertz, Hanovre, Hahnsche Buchhandlung, 1856, p. 226-243, spécialement p. 231). En plus de cette documentation éditée, Fernand Peloux me signale la *Vita* inédite d'Exupère de Toulouse, qu'il propose de dater de la fin du XIe s. Voir : Fernand Peloux, *Les premiers évêques du Languedoc. Construction et déconstruction d'une mémoire hagiographique au Moyen Âge*, thèse de doctorat, dir. Hélène Débax et Monique Goullet, univ. Toulouse 2, 2016, dactyl., t. 1, p. 470-485 et t. 2, p. 417-451 (édition).

52 Outre l'étude ancienne : Peter Browe, *Die eucharistischen Wunder des Mittelalters*, Breslau, Müller & Seiffert, 1938, nous nous permettons de renvoyer à notre thèse de doctorat : François Wallerich, Ad corroborandam fidem. *Miracles eucharistiques, discours clérical et ordre social (XIe-XIIIe siècle)*, thèse de doctorat, dir. Catherine Vincent, univ. Paris-Nanterre, 2018, dactyl.

LA RÉFORME GRÉGORIENNE

Une révolution symbolique

> À la façon des grandes révolutions religieuses, une révolution symbolique bouleverse des structures cognitives et parfois, dans une certaine mesure, des structures sociales.
> Pierre BOURDIEU[1]

INTRODUCTION

Parler de réforme ou de révolution grégorienne conduit à se confronter à un certain nombre de problèmes immédiats : l'antériorité des processus réformateurs dans lesquels Rome ne joue pas un rôle initiateur, le caractère continu des mouvements réformateurs au sein de l'Église et une certaine continuité des rapports de force objectifs. Dans ce cas, le « moment grégorien » est-il un pur fantôme historiographique ? Les travaux d'Hélène Toubert sur l'art de la réforme grégorienne ont montré que c'est dans sa dimension programmatique et dans le lien qu'elle établit entre divers acteurs réformateurs que la période grégorienne prend son sens[2]. Cette lecture ne doit pas cependant négliger le caractère institutionnel de l'action pontificale, déplaçant le terme de réforme des hommes spirituels à l'institution ecclésiastique, de l'individuel à l'ecclésiologique[3]. Toute approche réflexive de la réforme grégorienne

1 Pierre Bourdieu, *Manet, une révolution symbolique. Cours au Collège de France (1998-2000)*, Paris, Seuil, 2013.

2 Hélène Toubert, *Un art dirigé. Réforme grégorienne et Iconographie*, Paris, Éditions du Cerf, 1990.

3 Patrick Henriet, « En quoi peut-on parler d'une spiritualité de la réforme grégorienne ? », *Revue de l'Histoire de l'Église de France*, 96/2010, p. 71-92.

est donc prise dans une tension entre son caractère synthétique et sa dimension innovante[4]. Les actions des papes et des évêques grégoriens trouvent leurs racines dans des courants antérieurs et il faut parvenir à montrer en quoi le tout institutionnel dépasse la somme des parties réformatrices. Pour cela, il est possible d'employer la notion de révolution symbolique en considérant que la réforme grégorienne introduit des modèles de pensée, c'est-à-dire des modèles de classification, de définition du monde qui, une fois mis en place, posent l'*Ecclesia* comme modèle d'ordonnancement du monde à Dieu, une théonomie davantage qu'une théocratie[5]. C'est ainsi le cas de la distinction entre clerc et laïc, de l'unité établie entre Rome et l'Église, etc.

Aborder la réforme grégorienne par les différentes transformations symboliques qu'elle opère revient à étudier les différentes propositions qu'elle produit, c'est-à-dire autant d'énoncés qui se donnent comme des faits du monde et qui, une fois intégrés, empêchent de penser les situations antérieures dans leur contexte initial. La révolution symbolique associe l'ordre du discours et l'ordre du monde : comment le discours grégorien devient-il un discours efficace ? Pour cela, certains aspects pratiques sont à observer, comme les recours plus fréquents à Rome par l'épiscopat, mais auxquels il faut ajouter un rôle particulier de l'autorité pontificale qui peut être associé à la référence à l'Esprit. Ce sont les différentes étapes de la constitution de ce discours que nous proposons d'examiner. Les deux points de départ de ce travail sont la redéfinition de la simonie telle qu'elle s'opère au XIe siècle et la valorisation de l'homme spirituel. L'Esprit devient alors, dans les textes pontificaux, un outil de défense de l'immunité, accordée en raison de l'inspiration divine qui caractérise les communautés recevant ce privilège. Enfin, ces mêmes communautés s'approprient le discours pontifical et participent à la constitution d'une nouvelle conception de l'histoire, définie comme un progrès en Dieu inspiré par l'Esprit.

4 Florian Mazel, « Pour une redéfinition de la réforme "grégorienne". Éléments d'introduction », *La réforme « grégorienne » dans le Midi (milieu XIe-début XIIIe siècle), Cahiers de Fanjeaux 48*, Toulouse, Privat, 2013, p. 15.

5 Jean-Hervé Foulon, *Église et réforme au Moyen Âge. Papauté, milieux réformateurs et ecclésiologie dans les Pays de la Loire au tournant des XIe-XIIe siècles*, Bruxelles, De Boeck, 2008, p. 363.

LA PNEUMATOLOGIE RÉFORMATRICE
Vers l'ecclésiologie grégorienne

C'est la question de la simonie (crime contre l'Esprit) qui fait émerger au XIe siècle l'opposition structurante entre les choses « spirituelles » et « temporelles » *(spiritualia* et *temporalia).* Ce partage permet d'associer fortement les biens ecclésiastiques à la sphère du sacré proprement dit, en les coupant du circuit des échanges contractuels. L'insertion pratique de l'institution ecclésiale dans le monde social réclame pourtant de rendre compte d'une circulation effective entre ces sphères. Rétives par principe à la qualification de contrat (de vente ou d'échange), ces transactions ne peuvent être pensées que sous la forme d'échanges de « dons gratuits[6] ».

Dans son traité contre les simoniaques (1057), le moine et cardinal Humbert de Silva Candida présente, aux chapitres 27 et 28, sa conception de l'action de l'Esprit dans l'Église. Or, dans ce traité qui marque la radicalisation de la position des réformateurs face aux investitures laïques, le chapitre 28 s'attache à l'action de l'Esprit après la fondation de la communauté apostolique et attribue à l'Esprit la disposition des clercs et des ministres dans les différents grades et offices de l'Église[7]. C'est aussi ce qu'affirme Grégoire VII dans une lettre de 1079 adressée aux archevêques de Rouen, Tours et Sens, confirmant le primatiat de l'archevêque de Lyon et expliquant l'origine des grades dans l'Église en l'attribuant à l'inspiration divine et à l'instruction de l'Esprit Saint[8]. Pour Pierre Damien (1007-1072) dans le chapitre XV de son *Liber Gratissimus* adressé à l'archevêque Henri au sujet de la simonie, de même qu'une seule âme est présente dans tous les membres du corps, un seul Esprit vivifie l'ensemble de l'Église. Dans ses sermons, Pierre Damien développe à la fois l'idée que l'Esprit est la vie de l'âme, comme celle-ci est la vie du corps[9] et que l'Église est faite des hommes[10].

---

6 Charles de Miramon et Sylvain Piron, séminaire « Usure et Simonie », Alain Boureau et Charles de Miramon, « Atelier d'anthropologie scolastique », *Annuaire de l'EHESS*, 2002, p. 34.

7 Humbert de Silva Candida, *Adversus simoniacos, Libri III*, Livre 3, chapitre 28, éd. Friedrich Thaner, MGH Libelli de lite 1, p. 234, l. 18-19.

8 *Patrologia Latina* (PL) 148, col. 537 C.

9 Pierre Damien, Sermon 21, *De spiritu sancto et ejus gratia*, PL 144, 620 D.

10 Pierre Damien, Sermon 72, *In dedicatione ecclesiae*, PL 144, col. 909 C.

La question de la simonie permet ainsi l'association par l'Esprit entre l'individu et l'Église, entre l'Église comme communauté et l'institution hiérarchique et l'affirmation d'une distinction entre le spirituel et le temporel. Or, cet Esprit qui unit l'Église et la sépare du monde se confond pour Grégoire VII et ses successeurs avec l'autorité pontificale.

GRÉGOIRE VII
Le pape, prophète de l'Esprit

Dans deux lettres datant de 1073 et évoquant son avènement, l'une adressée à l'abbé du Mont Cassin[11] et la seconde à l'archevêque de Ravenne[12], le pape Grégoire VII s'identifie au prophète roi David implorant l'aide de Dieu. Dans une lettre de 1075 il présente l'autorité pontificale en citant Jérémie 1, 10 : « Regarde, je t'établis aujourd'hui sur les nations et sur les royaumes, pour que tu arraches et que tu abattes, pour que tu ruines et que tu détruises, pour que tu bâtisses et que tu plantes[13] ». L'association entre la position du pape et celle du prophète contribue ici à l'affirmation du pouvoir spirituel sur les souverains. Cette citation se retrouve un siècle plus tard chez Alexandre III, qui lui ajoute le verset précédent, confirmant ainsi qu'il s'agit bien ici de lier autorité pontificale et dimension prophétique : « Puis l'Éternel étendit sa main, et toucha ma bouche ; et l'Éternel me dit : Voici, je mets mes paroles dans ta bouche[14] ».

C'est dans la continuité de cette association qu'il faut comprendre les différentes occurrences de l'affirmation selon laquelle l'Esprit Saint parle à travers le pape et qui sont présentes dans la correspondance de Grégoire VII.

Dans un courrier de 1075 adressé à Anon, archevêque de Cologne, à propos des décrets contre la simonie et qui concerne donc la réprimande des clercs concernés, le pape précise que ces préceptes ne correspondent

11 PL 148, col. 285 B.
12 PL 148, col. 286 C.
13 PL 148, 419 A.
14 Marcel Pacaut, *Alexandre III : étude sur la conception du pouvoir pontifical dans sa pensée et dans son œuvre*, Paris, J. Vrin, 1956, p. 304.

pas à son opinion mais aux décisions des antiques Pères exposant les paroles de l'Esprit Saint et que le devoir du pape est de les rendre publiques[15]. Dans ce premier temps, Grégoire VII se présente comme l'intermédiaire entre l'autorité patristique, inspirée par l'Esprit Saint et l'Église de son temps. Cependant, un an plus tard, s'adressant à l'évêque Henri de Liège à propos d'une excommunication, après avoir mentionné les Pères de l'Église, le même Grégoire VII fait usage d'une formule plus ramassée et indique seulement que ce n'est pas lui qui s'exprime mais qu'il ne fait que suivre la parole de l'Esprit[16]. En 1078, s'adressant au duc Welf, Grégoire VII donne un sens différent à la référence à l'Esprit Saint. Il rappelle, comme précédemment qu'il n'agit pas de sa propre volonté mais qu'il suit la voie des Pères, ce qui le conduit alors à affirmer que l'Esprit Saint s'exprime à travers lui lors du synode[17]. La parole du pape devient identique à celle des Pères de l'Église, c'est-à-dire qu'elle est la parole de l'Esprit Saint, ce qui lui donne une position particulière au sein de l'Église et en dehors de celle-ci. Une dernière formule nous semble révélatrice, lorsqu'en 1080 le pape s'adresse aux suffragants de l'Église de Reims à propos de l'excommunication de leur archevêque, Grégoire VII identifie son jugement à celui de l'Esprit[18].

Dans un premier temps, les condamnations contre ceux qui s'opposent à la volonté pontificale permettent d'identifier l'autorité de l'Esprit, qui fonde l'excommunication et la déposition, avec celle du siège apostolique qui la prononce. Cela s'insère dans une conception de la simonie comme crime contre l'Esprit dans le sens où l'Esprit organise la hiérarchie de l'Église, ce qui explique les dépositions d'évêques faites en son nom. Dans un second temps, toujours en s'appuyant sur la référence à l'Esprit Saint, le pape peut associer ses décisions elles-mêmes et la volonté divine. Le pape met ainsi en pratique les distinctions théoriques opérées et sa pratique associe ces distinctions à l'action et à la personne du pape. Héritiers de cette conception théorique unissant la parole du pape et celle de l'Esprit, les successeurs de Grégoire VII vont en étendre le champ d'application pratique.

15 PL148, col. 417 C-D.
16 PL148, col. 460 B-C.
17 PL148, col. 523 B-C.
18 *Quod nostrum, potius vero sancti Spiritus,* (PL 148, col. 592 C).

LES SUCCESSEURS DE GRÉGOIRE VII
Continuateurs d'une révolution discursive

Si les papes qui succèdent à Grégoire VII ne reprennent pas le discours théorique de celui-ci affirmant que l'Esprit Saint parle par sa bouche, ils le perpétuent dans la pratique en associant le glaive de l'Esprit Saint, verbe de Dieu à l'expression de l'autorité pontificale. Urbain II (1088-1099), confirmant en 1095 aux chanoines d'Angoulême l'attribution d'une prévôté, énonce que si quelqu'un tente de s'opposer à l'autorité du pape, il sera puni par le glaive de l'Esprit Saint et l'empêchement apostolique[19]. On retrouve les mêmes usages chez Pascal II (1099-1118) lorsqu'il confirme en 1105 les privilèges du monastère clunisien Sainte-Marie près de Toulouse[20]. Le glaive de l'Esprit Saint, lié à l'excommunication, se confond ainsi avec l'autorité pontificale : en 1096, dans le cadre d'une controverse entre moines et chanoines lors du concile de Tours, Urbain II parle du glaive de l'indignation apostolique et du jugement de l'Esprit Saint[21], signe que l'association des deux au sein d'une même expression a plus d'importance qu'une citation précise.

Si la conception de Grégoire VII renvoie à une position personnelle du pape comme prophète, le glaive de l'Esprit Saint, associé à l'excommunication est un pouvoir qui peut être transféré. Gérard d'Angoulême, légat de Pascal II à partir de 1107, met en demeure le comte Conan de cesser ses déprédations contre un monastère, sous peine de tirer le glaive de l'Esprit Saint sur sa terre[22]. Sous le pontificat d'Honorius II, lors d'un synode lyonnais, le légat Pierre prononce en 1126 la formule d'excommunication en vertu de l'Esprit Saint et de l'autorité du pape[23]. L'Esprit n'est pas seulement la référence soutenant l'autorité pontificale mais permet de valider l'ensemble de l'appareil hiérarchique de la réforme avec ses papes, ses condamnations et dépositions, et ses légats chargés de mettre en œuvre localement les principes de la réforme.

19 PL151, col. 434 A, la formule se retrouve dans une lettre à l'abbé de Cluny (PL151, col. 441 C-D) et aux moines de Saint-Pierre de Binson (PL 151, col. 451 B).

20 PL 163, col. 174 B.

21 PL 151, col. 457 A.

22 PL 172, col. 1324 B.

23 PL 166, col. 1260 A.

En 1091, à propos de l'ordination de l'évêque de Metz (l'archevêque de Trêves ayant été simoniaque), Urbain II affirme qu'il considère cette ordination comme nulle « par le jugement de l'Esprit Saint » et conseille de choisir un autre évêque[24]. Ce premier cas demeure assez proche des sanctions prises par Grégoire VII ; mais c'est aussi par l'Esprit Saint et l'autorité apostolique qu'Urbain II restitue à l'Église d'Artois ses privilèges, dans une lettre de 1094 adressée à l'archevêque d'Arras[25]. Si la référence à l'Esprit Saint demeure attachée au combat que mène l'Église pour affirmer son indépendance à l'égard des pouvoirs féodaux, l'Esprit n'est plus seulement lié aux formules d'excommunication mais à l'expression même de la volonté pontificale. C'est ainsi le cas lorsque, par le jugement de l'Esprit Saint, le pape Pascal II, dans une lettre de 1102 adressée à Henri Ier d'Angleterre, interdit les investitures ecclésiastiques par les rois, les princes et tous les laïcs[26]. La même année, écrivant à Yves et aux chanoines de Chartres, c'est encore par l'autorité de l'Esprit Saint que le pape interdit les mauvaises coutumes[27].

Au XIIe siècle, les conciles organisés par les papes Calixte II (1119-1124) et Eugène III (1145-1153) se font dans la coopération avec l'Esprit Saint, formule nouvelle que l'on rencontre par exemple pour l'organisation du concile de Trêves durant lequel le pape Eugène III précise de plus sa confiance en l'Esprit Saint[28]. Le pape Alexandre III (1159-1181) emploie cette même formule d'un concile célébré dans la coopération avec l'Esprit Saint lorsqu'il invite l'archevêque de Pise en 1179 à y participer[29].

L'action pontificale demeure, chez les successeurs de Grégoire VII, étroitement associée à l'Esprit et c'est par ce biais que la troisième personne de la Trinité se voit accorder un rôle dans l'histoire. La centralisation des initiatives réformatrices passe par un discours qui, les associant à une action revivifiante de l'Esprit dans le temps terrestre, les intègrent à l'institution ecclésiastique dominée par le pape.

---

24 PL 151, col. 327 D.
25 PL 151, col. 380 D.
26 PL 163, col. 94 C.
27 PL 163, col. 100 C.
28 PL 180, col. 1284 B-C.
29 PL 200, col. 1185 A.

AU-DELÀ DE LA HIÉRARCHIE ECCLÉSIASTIQUE
Urbain II et l'Esprit dans l'histoire

Urbain II (1088-1099), dans une lettre datée de l'année de son avènement où il confirme les privilèges de l'ordre de Cluny, dit qu'il fut régénéré par la grâce de l'Esprit Saint durant son séjour dans le monastère[30]. Ainsi, la référence à l'Esprit participe d'un complexe unissant l'action pontificale en faveur de la réforme monastique et son statut personnel.

Le pape, ancien moine clunisien, soutient de son autorité, et de celle de l'Esprit Saint, la diffusion des chanoines réguliers. Le « retour » à une règle s'intègre dans le cadre plus large de la lutte contre l'influence des laïcs : ce que rappelle la bulle de 1089 qui exclut, par la vertu de l'Esprit Saint et l'autorité de Pierre et Paul toutes domination séculière sur les chanoines réguliers de Saint-Jean de Rippol (Catalogne)[31]. Mais le pape, s'associant à l'Esprit Saint ne fait pas que protéger les chanoines réguliers contre les laïcs, c'est aussi par cette autorité qu'il soutient le passage à la vie régulière. C'est ainsi le cas dans la lettre apostolique de 1095 adressée à l'évêque Pierre de Carcassonne à propos de la vie régulière des clercs de Saint-Nazaire où le pape conseille, et par la vertu de l'Esprit Saint interdit, aux successeurs de l'évêque ou à toute puissance séculière de changer la règle de vie des chanoines[32]. Le lien étroit entre volonté du pape et référence à l'Esprit dans le cas de la réforme canoniale réside dans la conviction explicite d'Urbain II que l'Esprit est l'inspirateur de cette réforme canoniale.

En 1092, Urbain II accorde un privilège aux chanoines de Rottenbuch et à cette occasion il développe une argumentation justifiant le choix de la vie canoniale par rapport à la vie monastique. Il commence par souligner que les chanoines, qui rénovent la vie des saints pères et la discipline apostolique – présentes dans les premiers jours de l'Église mais presque disparues aujourd'hui – agissent sous l'impulsion de l'Esprit Saint. Il distingue ainsi la vie canoniale, qui a presque entièrement disparu du

30 PL 151, col. 291 D.
31 PL 151, col. 300 B.
32 PL 151, col. 418 C.

fait de l'évanouissement de la ferveur des croyants, de la vie monastique qui a continué à fleurir à travers les siècles. Après avoir évoqué les auteurs de ce mode de vie (le pape Urbain I, Augustin, Jérome), il déclare alors qu'« il n'est pas d'un moindre mérite de ressusciter cette vie primitive de l'Église, sous l'inspiration et l'impulsion durable de l'Esprit du Seigneur, que de maintenir en fleur, par la persévérance dans le même Esprit Saint, l'observance des moines[33] ».

Il ne s'agit pas ici d'une formule ponctuelle, elle est reprise à l'identique lorsque le pape approuve le propos de vie régulière des chanoines de Saint-Paul de Narbonne en 1093[34] et celui des chanoines de Maguelone en 1095[35]. L'usage répété de cette formule conduit à penser qu'il s'agit de l'expression d'une réflexion pontificale sur la question canoniale, produite en réponse aux attentes des chanoines. Le pape évoque par deux fois, en introduction et en conclusion, le rôle de l'Esprit Saint comme force agissante au sein des mouvements monastiques et canoniaux. La réforme canoniale fait de l'Esprit une force historique : l'Esprit est présent à l'origine, chez les ancêtres des chanoines que sont les apôtres et les chrétiens des premiers siècles, dont le pape Urbain I qui produit la règle canoniale. Puis, vient un temps de déclin avant un renouveau, caractérisé par l'inspiration de l'Esprit mais aussi un nouveau fondateur pontifical nommé Urbain. Le retour aux temps apostoliques se fait donc à travers l'action pontificale, consécration officielle du retour de l'Esprit. Le pape n'est pas seulement celui par la voix duquel parle l'Esprit mais celui capable d'identifier sa venue et de concrétiser sur le plan juridique les manifestations sociales et spirituelles de ce retour. Ce qu'illustre l'un des plus importants documents attribués à Urbain II, le *Duae sunt leges*.

33 *Itaque non minoris aestimandum est meriti, hanc vitam Ecclesiae primitivam aspirante et prosequente Domini spiritu sustentare, quam florentem monachorum religionem ejusdem spiritus perseverantia custodire.* (PL151, col. 338 C-D).

34 PL 151, col. 360 B.

35 PL 151, col. 408 C.

DUAE SUNT LEGES
L'institution de la référence pontificale à l'Esprit

Le *Duae sunt leges* a été, du fait de son originalité et de son influence, l'objet de travaux nombreux et récents, que cette courte étude ne peut prétendre enrichir. Le texte lui-même aurait été promulgué dans le chapitre de Saint-Ruf d'Avignon dans sa version courte, la version longue, présente dans le décret de Gratien étant le fruit d'un premier commentaire[36]. Nous fournissons ici la version courte du texte, la plus longue se trouvant dans le Décret de Gratien (Livre 2, Cause 19, 2, 2).

> « Il y a deux lois, une publique et une privée. La loi publique est celle qui est écrite par les saints pères, la loi canonique. La loi privée est celle que l'inspiration de l'Esprit Saint écrit dans le cœur. Si celui qui est mené par l'inspiration du Saint Esprit est retenu de partir par l'évêque et veut trouver son salut dans un monastère, comme la loi privée l'exige, il n'est pas tenu par la loi publique. La loi privée est plus digne que la loi publique. Donc celui qui est mené par cette loi peut aller libre contre son évêque et de notre autorité. »

À première vue, et c'est ainsi que plusieurs auteurs l'ont lu, ce court texte semble être un manifeste en faveur de la liberté individuelle contre la hiérarchie ecclésiastique. Il faut souligner la grande proximité qui existe entre ce document et celui qui concerne les chanoines. Dans les deux cas, ce qui fonde l'action c'est « l'*instinctu sancti Spiritus* » qui suscite aussi bien le renouveau des chanoines réguliers que les vocations monastiques. Faut-il conclure de cette référence qu'elle donne une certaine liberté aux clercs ? Uniquement dans le sens médiéval d'une liberté conçue comme un privilège à l'égard d'une autorité supérieure, mais qui ne peut être conféré que par une autre autorité, ici, celle du pape. La dernière phrase, présente dans toutes les versions, rappelle que le clerc est libre de l'autorité de l'évêque, grâce à l'autorité pontificale. À nouveau, le lien entre la pratique pontificale et la référence à l'Esprit Saint,

36 Titus Lenherr, « Zur Überlieferung des Kapitels Duae sunt », *Archiv für katholisches Kirchenrecht*, t. 168, 1999, p. 369-374 et Kenneth Pennington, « Gratian, Causa 19, and the Birth of Canonical Jurisprudence », *La cultura giuridico-canonica medioevale : Premesse per un dialogo ecumenico*, Rome, Giuffrè, 2003, p. 215-236.

ici associée à l'inspiration individuelle, constitue l'autorité pontificale comme capacité à ignorer la hiérarchie intermédiaire et à suspendre le droit canonique. Le *Duae sunt leges* n'est peut-être pas la plus évidente expression d'une liberté donnée à la conscience des clercs, mais il est en revanche la manifestation explicite d'une certaine conception de l'autorité pontificale.

Le discours pontifical associant l'Esprit aux initiatives nouvelles et aux libertés des réguliers va progressivement se diffuser parmi ceux qui sont témoins ou acteurs de ce mouvement de réforme. Si l'Esprit n'est pas à l'origine des initiatives réformatrices, la référence à l'Esprit crée un espace commun de dialogue et d'interaction donnant une unité formelle à des initiatives potentiellement centrifuges.

LES CHRONIQUEURS DU RENOUVEAU APOSTOLIQUE

Une série de chroniqueurs va contribuer à diffuser le discours grégorien sur l'Esprit en décrivant la réforme de leur temps comme une œuvre de l'Esprit.

Dans le prologue au livre V de son *De duabus civitatibus*, Otton de Freising (1112-1158) dit qu'il est possible de concevoir de nouvelles choses, avec la même inspiration que les anciennes ; puis il cite Daniel 12, 4 comme preuve que dans le dernier âge du monde la sagesse sera multipliée. Il en conclut alors que, même si les anciens furent des gens d'une grande sagesse, les causes de nombre de choses leur restaient cachées, qui commencent à se révéler au cours du temps et des événements[37]. L'un des événements présentés par Otton de Freising comme une nouveauté dont le caractère est positif est la croisade. Il l'oppose, dans une perspective eschatologique où les plus égoïstes attitudes côtoient les plus désintéressées lors du dernier âge, à la guerre civile qui agite l'Empire. Or, dans sa geste de Frédéric Barberousse, Otton associe étroitement croisade et Esprit : dans le prologue du premier

37 Otton de Freising, *Chronica sive historia de duabus civitatibus*, MGH., *Scriptores in usum scholarium* Hanovre, 1912, Livre 5, prologue, p. 226.

livre, il dit que les peuples de l'ouest ont été inspirés par l'Esprit du Dieu pèlerin[38].

Le chanoine régulier Gerhoh de Reichersberg (1093-1169) présente dans le *De investigatione antechristi* la réforme de l'Église lors de la fin des Temps. La présence du Christ et l'action de l'Esprit se manifesteront avant l'ultime venue du Christ, par des hommes spirituels qui réformeront l'institution selon l'ancienne perfection apostolique[39]. Dans son commentaire des Psaumes, Gerhoh confirme le rôle qu'il accorde à l'Esprit Saint dans la refondation de l'Église qui adviendra à la fin des temps : il rend gloire au Père d'avoir créé la matière, au Fils qui a, avec le Père, créé l'Église à partir de la matière et à l'Esprit Saint qui a consacré les fondations de l'Église et qui à la fin consacrera toute la structure[40].

Anselme de Havelberg (1100-1158) dans l'*Anticimenon* (1149) présente les ordres nouveaux comme le résultat de l'inspiration de l'Esprit, en paraphrasant 1 Cor 12, 11 : « En toute ces choses, si divines, si saintes et si bonnes, en diverses époques et en divers ordres, œuvre un seul et même Esprit, les distribuant à chacun comme il lui plaît[41] ». Pour rappel, le destinataire de l'*Anticinemon* est Eugène III qui, vers 1150, parle à Henri, archevêque de Mayence, des clercs qui se réforment par la vertu de l'Esprit Saint[42]. L'altération de la citation paulinienne par Anselme de Havelberg résume d'une certaine manière la transformation du sens de la référence à l'Esprit qui a eu lieu au XIe siècle : un double passage de l'individuel à l'ecclésiologique et de la pneumatologie à l'Histoire. Là où Paul définissait la relation entre le chrétien et l'Esprit, source de tous les dons spirituels, Anselme fait de l'Esprit l'acteur historique – dans le sens où son action s'accomplit progressivement dans le temps – du perfectionnement de la communauté chrétienne.

---

38 Otton de Freising, *Gesta Frederici I Imp.*, MGH, *Scriptores in usum scholarium* Hanovre, 1912, Livre 1, prologue, p. 10.

39 Gerhoh de Reichersberg, *De investigatione Antechristi*, Livre 1, MGH Libelli de Litte 3, p. 352.

40 Gerhoh de Reichersberg, *Commentarium in Psalmos*, PL 193, col. 1285 A.

41 PL, 188, col. 1157 A.

42 PL 180, col. 1440 D.

LIBERTÉ DE L'ESPRIT, LIBERTÉ DU MONASTÈRE

Dès le XIe siècle, la réforme grégorienne s'accompagne dans le monde monastique d'une volonté d'indépendance à l'égard des tutelles locales à tel point que l'on peut considérer la liberté du monastère, octroyée par la papauté, comme un des éléments de l'idéal de réforme. Lorsqu'il rédige l'histoire de son monastère à la fin du XIIe siècle, Pérégrin, abbé cistercien de Fontaines-les-Blanches, dit que sa maison possède une triple liberté : une part vient de l'Esprit Saint et s'incarne dans les Évangiles, une seconde part est contenue dans les privilèges pontificaux pour Fontaines, Savigny et Cîteaux et la troisième part consiste dans les droits accordés par les nobles et les autres pouvoirs terrestres[43]. On peut ainsi remarquer qu'en dehors des libéralités accordées par les pouvoirs séculiers, la liberté du monastère repose sur l'autorité pontificale et la présence de l'Esprit Saint, celle-ci se manifestant dans le mode de vie apostolique. L'Esprit rend libre le monastère dont les moines sont inspirés, unissant ainsi étroitement les dimensions collective et individuelle de la notion de liberté monastique. L'exemption n'est pas un simple privilège, elle est la manifestation juridique, garantie par l'autorité pontificale, de la présence de l'Esprit.

L'importance du mode de vie, et en particulier de la sincérité de celui-ci, dans la pratique monastique a déjà été abordée par Anselme de Havelberg qui évoque les faux chrétiens agissant en tout point conformément aux règles mais avec une intention fausse. Ce souci de la sincérité intérieure se rencontre dans l'ensemble du monachisme du XIIe siècle[44]. Cette importance de la sincérité dans la pratique religieuse est étroitement liée à la référence à l'Esprit Saint car la présence de celui-ci est indispensable. C'est l'action de l'Esprit qui accomplit la conversion de l'homme, comme il est relaté dans l'hagiographie de Norbert de Xanten

43 Peregrinus, *Historia monasterii beatae Mariae de Fontanis Albis*, Livre II, éd. Salmon, *Recueil de chroniques de Touraine*, Tours, 1854, p. 273-274.

44 Giles Constable, « The Concern for Sincerity and Understanding in Liturgical Prayer, Especially in the Twelfth Century » *Classica et Mediaevalia : Studies in Honor of Joseph Szövérffy*, éd. Irene Vaslef et Helmut Buschhausen, Washington – Leiden, Classical Folia Ed., 1986.

où l'épée intérieure du verbe de Dieu brûle les sens et réforme ce qui a été déformé[45]. Or cette présence de l'Esprit est aussi le signe d'une liberté véritable comme l'atteste l'usage répété des formules équivalentes – liberté de l'Esprit ou Esprit de liberté – dans les textes monastiques qui opposent la liberté de ceux qui servent Dieu à la liberté illusoire du monde où les hommes servent les hommes[46].

La sincérité de la vie apostolique des moines du XIIe siècle est à la fois la condition et le signe de la présence de l'Esprit qui légitime la liberté dont ils peuvent bénéficier à titre individuel ou collectif. La référence à l'Esprit permet ainsi d'intégrer – et d'imposer l'intégration – d'initiatives originellement autonome et potentiellement centrifuges. Les hagiographies d'ermites (Robert d'Arbrissel) ou de prédicateurs errants (Norbert de Xanten) où apparaissent les mentions de l'Esprit Saint sont rédigées par les générations suivantes. Une fois l'ordre installé, la légitimité de l'initiative passe par la référence à l'Esprit qui fut évoquée lors du don d'un privilège pontifical.

CONCLUSION

Pour qu'une révolution symbolique puisse s'opérer, il ne suffit pas que ce manifeste un nouvel ordre du discours induisant un nouvel ordre du monde. Il faut que cet ordre du discours s'institue comme un élément structurant, ce qui implique à la fois qu'il soit doté d'une autorité et se diffuse au-delà d'un seul point de l'espace social. Par la référence à l'Esprit, l'*umwelt* grégorien peut s'imposer comme un ordonnancement du monde et de l'homme et être approprié par l'ensemble des acteurs. Aucune réforme n'est inspirée par l'Esprit mais la référence à l'Esprit fournit un langage commun à toutes les réformes, l'usage de ce langage intégrant les réformateurs dans un nouveau projet ecclésiologique qui accorde une centralité et une autorité inédites à la papauté. Plutôt que de réfléchir en termes d'alternative *top/bottom* ou *bottom/up* pour la diffusion de la réforme elle-même, il est préférable de parler de circulation de

45 PL 170, col. 1260 D-1261 A.
46 G. Constable, *The reformation…op. cit.*, p. 262.

propositions structurantes, formant une langue commune dans laquelle s'expriment aussi bien les aspirations locales que les ambitions centralisatrices. Mais cette langue commune est produite, cette circulation est orientée et le lieu social de production, d'impulsion originelle, est le milieu auquel on a traditionnellement adjoint le qualificatif de grégorien. S'il n'y a pas, à proprement parler, de réforme qui soit grégorienne, il y a une appropriation et une structuration grégorienne des initiatives réformatrices, dont le succès permet de faire passer la réforme du pluriel au singulier.

Alexis FONTBONNE
Césor

QUATRIÈME PARTIE

DIPLOMATIQUE ET PRATIQUES SCRIPTURAIRES

DER KONTEXT IM TEXT

Die Untersuchungen über die Textproduktion des Investiturstreits und die Definition eines ‚gregorianischen' Zeitalters

Dar an sich manger verschriet,
Der einen holtzweck geriet :
Der dunket in der beste.
Dar nach so vindet er ronen und este,
Die von den boumen sint gereret :
Welch tumber da niht wider keret,
Daz sprich ich wol in sinen hulden,
Der muz vil unrede dulden.
Konrad von Haslau, *Der Jüngling*, ed. Walter Tauber, Tübingen, Niemeyer, 1984, p. 43-44, v. 1033-1040.

Der vorliegende kurze Beitrag beschäftigt sich mit einem spezifischen Forschungsfeld und mit einem Geschichtsproblem, deren Kombination komplex ist. Einerseits skizziert der Beitrag eine Forschungsbilanz der deutschen Geschichtswissenschaft über die Streitschriftliteratur des Investiturstreits in den letzten Jahrzehnten. Andererseits muss er sich mit einer herausfordernden historiographischen Frage auseinandersetzen : War die sogenannte « gregorianische Reform » eine « totale Revolution » ? Bevor man zu einer Verzahnung, wenn nicht zu einer Synthese der zwei Komplexe kommt, müssen zumindest einige Vorüberlegungen angestellt werden.

« Gregorianische Reform » ist ein problematischer Begriff, der bereits seit Jahrzehnten stark kritisiert wird und aus einer analytischen Perspektive immer das Risiko eines kategorialen Fehlers birgt. Darin liegt jedoch auch der Grund seiner langwierigen Beliebtheit : « Gregorianische Reform » kann sowohl das Bild einer Wende hervorrufen, die durch den ursprünglich romantischen Verweis auf eine Person bezeichnet wird, als auch die Idee von langwierigen und vielseitigen Änderungsprozessen evozieren. Diese historiographische Spannung ist nicht selten und man begegnet ihr ebenfalls in den zwei Akzentsetzungen eines anderen, deutlich jüngeren deutschen Forschungsbegriffs : der « papstgeschichtlichen Wende »[1]. Darüber hinaus tritt der Begriff « gregorianische Reform » mit der begrifflichen Bedeutung von Revolution in Resonanz. Auch in diesem Fall erweckt Revolution gleichzeitig den Eindruck epochaler Änderungsprozesse – wie in einer Achsenzeit – und die Idee eines Einschnittes oder eines Umbruchs, die auf besondere Ereignisse (Canossa) und Akteure (Gregor VII.) zurückgeführt werden können.

Die deutsche Geschichtswissenschaft hat diese Kritik rezipiert und den Begriff in den letzten Jahrzehnten seltener benutzt. Viel eher werden die Begriffe « Kirchenreform » und vor allem « Investiturstreit » verwendet, die allerdings bereits in den 1980er Jahren ebenfalls infrage gestellt und relativiert wurden[2].

Um das aufgeworfene historiographische Problem und die Forschungsbilanz zu verknüpfen, kann man sich auf die jüngste und interessanteste Forschungstendenz der letzten Jahre beziehen : die Thematisierung und Problematisierung der Dimension der Kommunikation während des Investiturstreits[3]. Dazu passt auch der

1 Rudolf Schieffer, « *Motu proprio.* Über die papstgeschichtliche Wende im 11. Jahrhundert », *Historisches Jahrbuch*, 122/2002, S. 27-41. Johannes Laudage, « Die papstgeschichtliche Wende », *Päpstliche Herrschaft im Mittelalter. Funktionsweisen – Strategien – Darstellungsformen*, Hg. Stefan Weinfurter, Ostfildern, Thorbecke, 2012, S. 51-68.

2 Rudolf Schieffer, *Die Entstehung des päpstlichen Investiturverbots für den deutschen König*, Stuttgart, Hiersemann, 1981 ; Horst Fuhrmann, « Gregor VII, „Gregorianische Reform" und Investiturstreit », *Gestalten der Kirchengeschichte*, Bd. 11 : *Das Papsttum*. Bd. 1, Hg. Martin Greschat, Stuttgart, Kolhammer, 1985, S. 155-175 ; Gerd Tellenbach, *Die westliche Kirche vom 10. bis zum frühen 12. Jahrhundert*, Göttingen, Vandenhoeck & Ruprecht, 1988.

3 Rudolf Schieffer, « Deutungen des Investiturstreits », *Brief und Kommunikation im Wandel. Medien, Autoren und Kontexte in den Debatten des Investiturstreits*, Hg. Florian Hartmann, Köln / Weimar und Wien, Böhlau, 2016, S. 38-41. Dazu grundlegend einige Studien von Thomas Wetzstein und Hanna Vollrath, zum Beispiel : Thomas Wetzstein, « Von der Unmöglichkeit zu kommunizieren. Briefe, Boten und Kommunikation im Investiturstreit », *Brief und Kommunikation…*, *op. cit.*, S. 43-68 ; id., « Europäische Vernetzung : Straßen, Logistik und Mobilität in der späten Salierzeit », *Salisches Kaisertum und neues Europa. Die Zeit Heinrichs IV. und Heinrichs V.*, Hg. Bernd Schneidmüller und Stefan Weinfurter, Darmstadt, WBG, 2007, S. 341-370 ; Hanna Vollrath, « Lauter Gerüchte ? Canossa aus kommunikationsgeschichtlicher Sicht », *Päpstliche Herrschaft…*, *op. cit.*, S. 153-198 ; id., « Sutri 1046 – Canossa 1077 – Rome 1111. Problems of Communication and the

Begriff der Reform sehr gut, die sich nicht zuletzt als kommunikativer Prozess definieren lässt : Was wir nicht selten mit religiöser Reform bezeichnen, sind eigentlich nicht bloß Ideen der Restaurierung bzw. der Erneuerung und deren mehr oder weniger gelungenen Umsetzung, sondern deren (relativ) weite, schnelle und erfolgreiche Propagierung[4].

Aussagekräftige Zeugen dieser kommunikativen Dimension sind zahlreiche textuelle Relikte, die vorgeblich die Überreste eines einheitlichen Phänomens während des sogenannten Investiturstreits darstellen : die erhebliche Textproduktion, die wegen ihres publizistischen und sehr oft ausgeprägt polemischen Charakters großenteils als « Streitschriften » oder « *Libelli de lite* » bezeichnet wurde. Diese Texte, die am Ende des 19. Jahrhunderts in der deutschen Historiographie durch die Monographie von Carl Mirbt und durch die Edition der *Monumenta Germaniae Historica* als Hauptquellen zum Kampf zwischen Päpsten und Königen und zu den damaligen Streitfragen kanonisiert wurden[5], stellen ein großes Vorkommen von semiotischen Fossilien dieser Epoche dar. Sie bieten in der Tat einen Zugang zu diesem historischen Kontext oder besser : zu Kontexten, die oftmals nur wenige Spuren hinterlassen haben. Was und wieviel von diesen Kontexten haben die Texte in ihren kommunikativen Situationen, Strukturen und Inhalten verinnerlicht (*introjecté*) ? Inwieweit können sie bei der vorliegenden historiographischen Frage nach dem revolutionären Charakter einer « gregorianischen Reform » helfen ?

Um die notgedrungene *brevitas* einzuhalten und gleichzeitig eine Antwort auf die Grundfrage zu versuchen, wird hier auf eine ausführliche,

---

Perceptions of Neighbors », *European Transformations. The Long Twelfth Century*, Hg. Thomas X. Noble und John H. Van Engen, Notre Dame (Ind.), Notre Dame UP, 2012, S. 132-170.

4 Vgl. zum Beispiel einige von den spätmittelalterlichen Reformströmungen ausgehende, anregende Überlegungen in : Dieter Mertens, « Klosterreform als Kommunikationsereignis », *Formen und Funktionen öffentlicher Kommunikation im Mittelalter*, Hg. Gerd Althoff, Stuttgart, Thorbecke, 2001, S. 397-420. Vgl. auch als Beispiel eines konfliktgeladenen Kontextes : Eva-Maria Schnurr, *Religionskonflikt und Öffentlichkeit. Eine Mediengeschichte des Kölner Kriegs (1582 bis 1590)*, Köln / Weimar und Wien, Böhlau, 2009. Zum hier betrachteten Zeitalter des Reformpapsttum vgl. : Hubertus Seibert, « Kommunikation – Autorität – Recht – Lebensordnung. Das Papsttum und die monastisch-kanonikale Reformbewegung (1046–1124) », *Vom Umbruch zur Erneuerung ? Das 11. und beginnende 12. Jahrhundert – Positionen der Forschung*, Hg. Jörg Jarnut und Matthias Wemhoff, München, Wilhelm Fink, 2006, S. 11-29.

5 *MGH Libelli de Lite imperatorum et pontificum saeculis XI. et XII. conscripti*, Bde. 1-3, Hannover, Hahnsche Buchhandlung, 1891, 1892, 1897. Carl Mirbt, *Die Publizistik im Zeitalter Gregors VII.*, Leipzig, Hinrichs'sche Buchhandlung, 1894.

geradlinig chronologische Forschungsbilanz verzichtet. Die relevantesten Forschungsschwerpunkte der deutschen Mediävistik in den letzten Jahrzehnten werden in eine Erzählung über dieses Zeitalter eingebunden, die in vier Etappen gegliedert ist. Zahlreich hätten die alternativen Ausgangspunkte, Strecken, Stationen und auch Aussichten sein können. Hier fiel die Entscheidung auf « gregorianische » Etappen, d. h. auf einen « ironischen » Plot. Zunächst wird die sogenannte « vorgregorianische » Zeit betrachten, dann die Texte Gregors VII. selbst, anschließend die Reaktion auf seine Texte und Taten, und zuletzt Kanonisierungen von/um und Erinnerungen an unseren Protagonisten.

DER BRIEF 65
VON PETRUS DAMIANI AN HILDEBRAND

Höchstwahrscheinlich gegen Ende des Jahres 1059 schrieb Petrus Damiani einen Brief an Hildebrand, Archidiakon der römischen Kirche. Es handelt sich um einen Bericht über die Legation von Petrus Damiani in Mailand und gleichzeitig um eine Stellungnahme zum grundlegenden *privilegium Romanae ecclesiae*[6]. Insbesondere – und das war ein explizit im Brief erwähnter Wunschauftrag Hildebrands an Petrus Damiani – hätte das *privilegium* in einem prägnanten Text ausgebaut werden müssen. In diesem Text hätte all das, was der römischen Kirche auf der Basis von *decreta* und *gesta*, d. h. auf der Grundlage von in anderen Texten vermittelten Normen und historisch maßgeblichen Tatsachen zusteht, auf eine neue Art und Weise verfasst werden sollen. Ein neues systematisiertes Kompendium von Kanones oder besser von kanonisierten und zu kanonisierenden Texten, die unmittelbare und unanfechtbare Autorität hätten beweisen können.

Der Brief-Bericht wurde, auch wegen der kaum anerkannten Autorität von Petrus Damiani in Mailand, als eine Art Rechtfertigung für die dort getroffenen Entscheidungen erstellt. Für dieses Ziel wird der Brief zum Medium, zum Vermittler anderer Texte. Nämlich erstens einer Rede

6 Petrus Damiani, *Briefe*, ed. Kurt Reindel, *MGH Briefe d. dt. Kaiserzeit*, 4, T. 2, München, MGH, 1988, 65, S. 228-247, insbesondere 229-230.

von Petrus Damiani, die den absoluten Primat der römischen Kirche zum Ausdruck brachte[7]. Der Legat erreichte mit der Rede den Konsens der Zuhörerschaft über seine legitimierte Handlungsmacht, aber das Problem der simonistischen Praxis, infolge dessen die Mailänder Kirche in die Krise geraten war, schien ihm nicht anders lösbar als durch eine aus der Tradition – d. h. ebenfalls aus den Texten – neu herausgearbeitete Kompromisslösung : eine der *discretio* entsprechende Amnestie des Mailänder Klerus. Diese Lösung prägt die weitere Struktur des Briefes. Zur Rechtfertigung seiner Entscheidung fügt Petrus Damiani bestimmte Texte ein : die schriftliche Verpflichtung, die mündliche Verpflichtung sowie den Eid des Erzbischofes Guido als Oberer der Mailänder Kirche[8]. Petrus Damiani beschreibt anschließend die weiteren Phasen der Aussöhnung und der Wiedereingliederung der simonistischen Kleriker : Er fügt auch den Text zur Verpflichtung und des Glaubensbekenntnisses des Klerus ein, am Beispiel des Eides, den Ariald geleistet hatte, der Führer der *Pataria*, also der Protestbewegung, die die Krise ausgelöst hatte[9].

Diese textuelle Architektur schloss den Kontext und die intermediale Teilöffentlichkeit ein. Der Brief-Bericht stellte so die politische und kanonische Lösung eines lokalen Konfliktes innerhalb der kirchlichen Institutionen dar. Gleichzeitig war er auch die textuelle Konstruktion einer kanonischen Lösung für die problematische Beziehung zwischen der lokalen Kirche und der übergeordneten Instanz Roms, deren Kohäsion trotz des *privilegium* der römischen Kirche alles anderes als selbstverständlich war. Diese komplexe argumentative Struktur muss vor allem als Stellungnahme im päpstlichen Umfeld gesehen werden : einem Umfeld, das seit zehn Jahren eine Art Werkstatt für kanonische Lösungen kirchlicher Probleme war, geprägt von einer intensivierten Streitkultur. Petrus Damianis Brief war eine apologetische Rechtfertigung gegenüber anderen Meinungen und seine Adressierung an Hildebrand stellt eine *captatio benevolentiae* dar. Man weiß nicht, ob Petrus Damiani in diesem Kontext Erfolg hatte. Allerdings hat die folgende Kanonistik und insbesondere das *Decretum Gratiani* seinen Text unter dem Namen Papstes Nikolaus II. kanonisiert[10].

7 Petrus Damiani, *Briefe*, ed. cit., T. 2, 65, S. 232-236.

8 Petrus Damiani, *Briefe*, ed. cit., T. 2, 65, S. 240-243.

9 Petrus Damiani, *Briefe*, ed. cit., T. 2, 65, S. 244-245.

10 Stephan Freund, *Studien zur literarischen Wirksamkeit des Petrus Damiani*, Hannover, Hahnsche Buchhandlung, 1995, S. 87-125.

Das erste Beispiel zeigt in seiner Struktur, in seiner darin enthaltenen kommunikativen Situation sowie in seinen Themen die schon zu diesem frühen Zeitpunkt komplexe Konfiguration von zusammenhängenden Kontexten und sich vernetzenden Teilöffentlichkeiten. Historiographisch scheint alles für eine neue intensive Beschäftigung mit den Texten der « vorgregorianischen » Phase zu plädieren, die in den letzten Jahrzehnten im deutschensprachigen Bereich weniger intensiv untersucht wurden (sieht man von einigen wichtigen Editionen ab[11]). Die gerade veröffentlichte Dissertation von Ariane Lorke stellt jedoch einen ersten wichtigen Schritt dar, um diese Lücke zu schließen[12]. Die damalige Textproduktion scheint schon von einer sich in Rom verdichtenden Streitkultur geprägt – exemplarisch ist das Streitgespräch am Anfang des ersten Buches der *Libri adversus simoniacos* von Humbert von Silva Candida[13] –, die bereits die spätere publizistische Verwendung der Kanones ankündigt. Auch zeigt sich darin die Suche nach kanonisierten bzw. kanonisierbaren Beweismitteln für die Beilegung von Konflikten innerhalb von institutionellen Kontexten, die sich mit Rom unter anderem publizistisch vernetzen : Das bekannteste textuelle Beispiel ist die Kombination des Briefs 89 von Petrus Damiani an Kadalus mit dem Streitgespräch *Disceptatio synodalis*[14].

---

11 Außer der grundlegenden Edition der Briefe von Petrus Damiani müssen auch zwei weitere wichtige Editionen von Texten dieser Phase erwähnt werden : Erwin Frauenknecht, *Der Traktat* De ordinando pontifice, Hannover, Hahnsche Buchhandlung, 1992 ; Arnulf von Mailand, *Liber gestorum recentium*, ed. Claudia Zey, *MGH SS rer. Germ.*, 67, Hannover, Hahnsche Buchhandlung, 1994.

12 Ariane Lorke, *Kommunikation über Kirchenreform im 11. Jahrhundert (1030-1064). Themen, Personen, Strukturen*, Ostfildern, Thorbecke, 2019. Zur kommunikativen Dimension bezüglich der Briefe von Petrus Damiani : Stephan Freund, « Offene Briefe, fehlende Boten, mühsame Reisen – Nachrichtenübermittlung und Kommunikation am Beispiel des Petrus Damiani », *Text – Bild – Schrift. Vermittlung von Information im Mittelalter*, Hg. Andres Laubinger, Brunhilde Gedderth und Claudia Dobrinski, München, Wilhelm Fink, 2007, S. 45-64.

13 Humbertus, *Libri III adversus simoniacos*, ed. Friedrich Thaner, *MGH Libelli de Lite*, Bd. 1, S. 103-113. Vgl. auch : Margit Dischner, *Humbert von Silva Candida. Werk und Wirkung des lothringischen Reformmönches*, Neuried, ars una, 1996.

14 Petrus Damiani, *Briefe*, ed. cit., T. 2, 89, S. 531-572.

CHARISMATISCHE IMPULSE IN TEXTEN GREGORS VII

Diese Suche nach kanonisierten bzw. kanonisierbaren Beweismitteln führt zu den Schriften Hildebrands als Gregor VII. Hildebrand wurde 1073 infolge einer tumultuarischen und weder den alten, noch den neuen Kanones entsprechenden Situation zum Papst gewählt. Die Anzeigen dieser Wahl wurden zu einer besonderen politischen Aufgabe : unter anderem im Hinblick auf die Beziehung zu Heinrich IV., an den er bei dieser Gelegenheit nicht schrieb. Textuell inszenierte Gregor seine Wahl als charismatisch und prophetisch. Das zeigt Christian Schneider in seiner gründlichen Analyse. Diese Untersuchung kann noch immer als Vorbild für eine dichte Beschreibung gelten, die methodisch zu erweitern wäre[15]. Gregor VII. entschied sich demnach programmatisch für ein charismatisches Profil seiner Amtseinsetzung. Und wahrscheinlich auch seiner Amtsführung : Diese bis heute textuell verkapselte prophetische Komponente findet sich auch in anderen seiner Briefe – als eine Art Isotopie –; historiographisch wurde sie im Allgemeinen immer wieder als Sendungsbewusstsein gedeutet, das mit seiner Amtsauffassung verbunden war.

Für die vorliegenden kurzen Betrachtungen sind zwei sehr bekannte textuelle Konstrukte Gregors VII. erwähnenswert. Einerseits der *dictatus papae*, ein offizielles, wenn auch nicht publizistisch veröffentlichtes Programm[16], das über seinen charismatischen Umgang mit der Tradition hinaus in seiner textuellen Struktur aus apodiktischen Leitsätzen und in seiner kommunikativen Situation eine unmittelbare Kanonisierung beansprucht. Andererseits die Exkommunikationen Heinrichs IV., die

15 Christian Schneider, *Prophetisches* Sacerdotium *und Heilsgeschichtliches* Regnum *im Dialog, 1073-1077. Zur Geschichte Gregors VII. und Heinrichs IV.*, München, Wilhelm Fink, 1972.

16 Zum *Dictatus papae* : Horst Fuhrmann, « *„Quod catholicus non habeatur, qui non concordat Romanae ecclesiae“*. Randnotizen zum *Dictatus Papae* », *Festschrift für Helmut Beumann zum 65. Geburtstag*, Hg. Kurt-Ulrich Jäschke und Reinhard Wenskus, Sigmaringen, Thorbecke, 1977, S. 263-287 ; id., « Papst Gregor VII. und das Kirchenrecht. Zum Problem des *Dictatus papae* », *La Riforma Gregoriana e l'Europa (= Studi gregoriani, XIII)*, Bd. 1, Rom, LAS, 1989, S. 123-149. Rudolf Schieffer, « Rechtstexte des Reformpapsttums und ihre zeitgenössische Resonanz », *Überlieferung und Geltung normativer Texte des frühen und hohen Mittelalters*, Hg. Hubert Mordek, Sigmaringen, Thorbecke, 1986, S. 56-62.

1076 und 1080 im Kontext von Kirchenversammlungen in Form eines Gebets verfasst wurden[17]. Mit ihren ungewöhnlichen Diskursformen und kommunikativen Situationen stellen diese Texte göttlich inspirierte und traditionsüberwindende Stellungnahmen dar : Sie sind charismatische Impulse, die als textuelle « gregorianische Momente » zur heutigen Vorstellung einer « Revolution » Gregors VII. beitragen.

Natürlich kann man die Vielfalt der Texte Gregors VII. keinesfalls auf diese charismatische Komponente reduzieren : Gregor wusste auch die Rolle des « Publizisten » zu spielen[18]. In den genauso bekannten Briefen an Hermann von Metz, beispielweise, beobachtet man teilweise ganz andere textuelle Strukturen, die eher den argumentativen Texten mit ihrer sich intensivierenden Streitkultur und der sich verdichtenden Suche nach kanonisierten und kanonisierbaren Texten entsprechen. Darin spielt das historische Argument eine nicht irrelevante Rolle, trotz der abschätzigen Betrachtung dieser Komponente in der Geschichtswissenschaft[19].

Die von Anfang an ausgeprägte publizistische Dimension verschiedener Texte Gregors VII. – sie positionieren sich in sich vernetzenden Öffentlichkeiten, um einen Konsens in angespannten bzw.

17 C. Schneider, *Prophetisches…*, *op. cit.*, S. 154-157. Wir lassen hier die gesamte historiographische Debatte um Johannes Frieds These über Canossa absichtlich beiseite.

18 Stefan Beulertz, « Gregor VII. als Publizist. Zur Wirkung des Schreibens Reg. VIII, 21 », *Archivum Historiae Pontificiae*, 32/1994, S. 7-29. Zur weiteren Dimension der Oratorik/Rhetorik Gregors VII. vgl. auch : Georg Strack, « Oratorik im Zeitalter der Kirchenreform. Reden und Predigten Papst Gregors VII. », *Rhetorik im Mittelalter und Renaissance. Konzepte – Praxis – Diversität*, Hg. Georg Strack und Julia Knödler, München, Utz, 2011, S. 121-144 ; Jochen Johrendt, « *Rusticano stilo ?* Papst und Rhetorik im 11. und 12. Jahrhundert », Cum verbis ut Italici solent ornatissimis. *Funktionen der Beredsamkeit im kommunalen Italien / Funzioni dell'eloquenza nell'Italia comunale*, Hg. Florian Hartmann, Bonn, Bonn UP, 2011, S. 153-176.

19 Das stellt man in den zwei Briefen an Hermann von Metz (und nicht nur in diesen Texten) strukturell fest, obwohl viele Kommentatoren das historische Denken Gregors VII. abwerten, weil die andere eher charismatische Komponente – als absoluter Anspruch auf Wahrheit – zur Verzerrung der Geschichte und der Tradition führte, um Neuerungen zu rechtfertigen. Sehr ausgewogen ist die Beurteilung von Hans-Werner Goetz : Hans-Werner Goetz, « Tradition und Geschichte im Denken Gregors VII. », Historiographia Mediaevalis. *Studien zur Geschichtsschreibung und Quellenkunde des Mittelalters. Festschrift für Franz-Josef Schmale*, Hg. Dieter Berg und Hans-Werner Goetz, Darmstadt, WBG, 1988, S. 138-148. Zum historischen Argument in den Streitschriften : id., « Geschichte als Argument. Historische Beweisführung und Geschichtsbewußtsein in den Streitschriften des Investiturstreits », *Historische Zeitschrift*, 245/1987, S. 31-69 ; Jürgen Ziese, *Historische Beweisfürhung in Streitschriften des Investiturstreits*, München, Arbeo Gesellschaft, 1972.

konfliktgeladenen Situationen zu erreichen[20] –, veranlasste Carl Erdmann dazu, sie ausgehend von den Texten der Päpste und der deutschen Könige als Propaganda zu definieren[21]. Das ist ein zentrales Thema in der deutschen Debatte über diese Textproduktion und wird zur historiographischen Prämisse der dritten Etappe.

DIE REAKTION AUF DEN PONTIFIKAT GREGORS VII

Heute gilt die Studie von Leidulf Melve als Referenzwerk über das Thema Öffentlichkeit während des Investiturstreits[22]. Melve hat den komplexen Entstehungsprozess einer *public sphere* skizziert. Schon vor und parallel zur Untersuchung Melves gab es in Deutschland interessante Deutungen der publizistischen Komponente der hier betrachteten Textproduktion, vor allem die Arbeiten von Monika Suchan und Oliver Münsch.

Suchan hat eine wichtige, wenn auch nicht unumstrittene Untersuchung über Konflikte während der Regierungszeit Heinrichs IV. durchgeführt[23].

20 Zu den päpstlichen Briefen und Registern in dieser Phase vgl. auch : Ura-Renate Blumenthal, « Päpstliche Urkunden, Briefe und die europäische Öffentlichkeit », *Erinnerung – Niederschrift – Nutzung. Das Papsttum und die Schriftlichkeit im mittelalterlichen Westeuropa*, Hg. Klaus Herbers und Ingo Fleisch, Berlin und New York, De Gruyter, 2011, S. 11-29.

21 Carl Erdmann, « Die Anfänge der Staatlichen Propaganda im Investiturstreit », *Historische Zeitschrift*, 154/1936, S. 512.

22 Leidulf Melve, *Inventing the Public Sphere. The Public Sphere during the Investiture Contest (c. 1030-1122)*, Leiden und Boston, Brill, 2007.

23 Monika Suchan, *Königsherrschaft im Streit. Konfliktaustragung in der Regierungszeit Heinrichs IV. zwischen Gewalt, Gespräch und Schriftlichkeit*, Stuttgart, Hiersemann, 1997, insbesondere S. 176-291. Zur Streitkultur im Investiturstreit vgl. Florian Hartmann, « Zur Kunst des Streitens im Investiturstreit », *Streitkulturen. Polemische und antagonistische Konstellationen in Geschichte und Gegenwart*, Hg. Gunther Gebhard, Oliver Geisler und Steffen Schröter, Bielefeld, Transcript, 2008, S. 35-55. Zu den rhetorischen und argumentativen Aspekten vgl. auch : Wilfried Hartmann, « Rhetorik und Dialektik in der Streitschriftenliteratur des 11./12. Jahrhunderts », *Dialektik und Rhetorik im früheren und hohen Mittelalter : Rezeption, Überlieferung und gesellschaftliche Wirkung antiker Gelehrsamkeit, vornehmlich im 9. und 12 Jahrhundert*, Hg. Johannes Fried, Oldenbourg, München, 1997, S. 73-95 ; id., « Wahrheit und Gewohnheit. Autoritätenwechsel und Überzeugungsstrategien in der späten Salierzeit », *Salisches Kaisertum…*, *op. cit.*, S. 65–84.

Sie hat sich dabei auch mit den polemischen Texten des Investiturstreits beschäftigt und das konsolidierte Bild infrage gestellt[24]. Man könne nicht von « Propaganda » sprechen, weil – wie die Überlieferung dieser Texte zeige – es deutliche Einschränkungen in der Kommunikation gegeben habe. Man solle auf die pragmatische Anwendung dieser Texte achten, die auch in sehr verschiedenen Situationen entstanden seien. Was diese Situationen präge, seien unterschiedliche Konflikte, die den König involvieren und nicht mehr mit den traditionellen, überwiegend mündlichen Strategien gelöst werden könnten. Man brauche Argumente, d. h. Kanones und historische Tatsachen – noch einmal *decreta* und *gesta* –, die die komplexen und vor allem für den König delegitimierenden konfliktgeladenen Situationen beilegen könnten. Suchan sieht in diesem komplexen Zusammenhang der Konflikte den Grund für die Verschiebung von den traditionellen und mündlich strukturierten hin zu schriftlich bearbeiteten Argumenten. Mit derselben Motivation seien auch komplexe Texte entstanden, die Reaktionen auf die Politik Gregors VII. und auf seinen Tod darstellen : zum Beispiel der Brief Gebhards von Salzburg an Hermann von Metz und das *De schismate Hildebrandi* Guidos von Ferrara. Diese Texte seien nicht Anzeichen für einen Beginn der Propaganda, sondern Versuche, eine den damaligen radikalen Konflikten angemessene Streitkultur zu entwickeln.

Auf die Deutung von Suchan reagiert Oliver Münsch, der neben spezifischen Untersuchungen[25] auch Überlegungen zur Textproduktion des Investiturstreits und deren Innovationen angestellt hat[26]. Münsch

24 Monika Suchan, « Publizistik im Zeitalter Heinrichs IV. – Anfänge päpstlicher und kaiserlicher Propaganda im ‚Investiturstreit' », *Propaganda, Kommunikation und Öffentlichkeit (11.-16. Jahrhundert)*, Hg. Karel Hruza, Wien, Österreich. Akad. der Wissenschaften, 2002, S. 29-45.

25 Vgl. zum Beispiel : Oliver Münsch, « Die *Orthodoxa defensio imperialis.* Ein Beitrag zur Publizistik des Investiturstreits », *Quellen, Kritik, Interpretation. Festgabe zum 60. Geburtstag von Hubert Mordek*, Hg. Thomas Martin Buck, Frankfurt am Main / Berlin / Bern / New York / Paris und Wien, Lang, 1999, S. 135-154 ; id., « Tiersymbolik und Tiervergleiche als Mittel der Polemik in Streitschriften des späten 11. Jahrhunderts », *Historisches Jahrbuch*, 124/2004, S. 3-43 ; id., « Heuchlerischer Tyrann oder Opfer päpstlicher Willkür ? Die Darstellung Heinrichs IV. in publizistischen Texten des Investiturstreits », *Die Salier, das Reich und der Niederrhein*, Hg. Tilman Struve, Köln / Weimar und Wien, Böhlau, 2008, S. 173-206.

26 Oliver Münsch, « Fortschritt durch Propaganda ? Die Publizistik des Investiturstreits zwischen Tradition und Innovation », *Vom Umbruch…*, *op. cit.*, S. 151-167 ; vgl. zuletzt auch :

geht von der flexiblen Definition von Publizistik nach Carl Mirbt aus (Parteinahme und beabsichtigte öffentliche Dimension) und stellt dazu fest, dass die Einheit dieser Texte eher eine Illusion sei, die auf die Edition der MGH zurückzuführen sei. Im Unterschied zu Suchan hebt Münsch hervor, dass diese deutlich breitere und schwammige Gruppe von Texten nicht hauptsächlich einem begrenzten Kreis von Anhängern zur Selbstdokumentation und Verhandlungsvorbereitung diente, sondern ein breiteres Publikum anvisierte, das nicht zuletzt Laien enthielt. Münsch beobachtet die Intensivierung von traditionellen Methoden der Argumentation und betont das Neue nicht nur in den betrachteten Streitfragen, sondern auch in der kommunikativen Dimension. Diese Publizistik wandte sich an ein unbestimmtes Publikum und zielte auf die Mobilisierung breiterer sozialer Schichten durch propagandistische Techniken ab (zum Beispiel durch moralische Argumente, die auf Gerüchten basierten). Sie richtete sich darin auch an die Unentschlossenen.

Die Position dieser Unentschlossenen musste relevant gewesen sein, was auf die zunehmenden Spaltungen seit Beginn der politischen Krise zurückzuführen war : zwei deutsche Könige, zwei Päpste, zwei Bischöfe in vielen Diözesen und zwei Äbte in vielen Klöstern. Die erste große Welle der betrachteten Textproduktion ist zwar eine Reaktion auf die zweite Bannung Heinrichs IV. und auf die Wahl eines kaiserlichen Kandidaten für das päpstliche Amt, häufig ist sie jedoch auch in den intensivierenden lokalen Spannungen und Spaltungen angesiedelt, die mit dem allgemeinen Konflikt in Resonanz traten. Das ist zum Beispiel offensichtlich in den Texten, die infolge des Todes Gregors VII. (1085) verfasst wurden[27]. In dieser Phase finden sich die ersten « Gregorianer », wie Bonizo von Sutri oder Deusdedit, und die ersten « Anti-Gregorianer », wie Benzo von Alba oder Guido von Osnabrück : Die parteiische Darstellung der Figur und der Handlungen Gregors VII. wurde in gewissem Maße zu einer identitätsstiftenden Komponente. Eine systematisch vergleichende Analyse der jeweiligen Struktur dieser Texte

---

id., « Gerüchte und ihre Verbreitung. Beobachtungen zur Propaganda im Investiturstreit », *Brief und Kommunikation…*, *op. cit.*, S. 69-90.

27 Dazu vgl. auch : Walter Berschin, « Die publizistische Reaktion auf den Tod Gregors VII. (nach fünf oberitalienischen Streitschriften) », *La Riforma Gregoriana e l'Europa (= Studi gregoriani, XIV)*, Bd. 2, Rom, LAS, 1991, S. 121-135.

(kommunikative Situationen, Aufnahme der damaligen Intermedialität, argumentative Architekturen) steht aber noch aus[28].

Diese Welle der Textproduktion kommt wahrscheinlich mit dem dritten Beispiel zum Abschluss : eine hagiographische Lebensbeschreibung aus den Jahren 1096–1099, die metrische Überarbeitung der anonymen *Vita* des Bischofs von Lucca, Anselm II., die sein Nachfolger Ranger verfasste. Dies ist keine von Mirbt oder Sackur kanonisierte Streitschrift, sondern ein Beispiel für die Erweiterungen dieser Kategorie[29]. Dieses lange Gedicht versucht nicht nur, neben Anselm von Lucca auch Gregor VII. heilig zu sprechen, sondern bietet eine beeindruckende literarische Darstellung der ersten Phase des Investiturstreits. Sämtliche literarischen Ressourcen werden mobilisiert, um die Pluralität der Texte, der Kommunikationsformen, der Meinungen (zum Beispiel über den zentralen Wert der *libertas*), der konfliktgeladenen Kontexte und der entsprechenden vernetzten Teilöffentlichkeiten abzubilden. Es sind jedoch vor allem die sehr komplexen textuellen Strukturen, die die medialen Effekte der Vernetzung der Teilöffentlichkeiten aufgrund der polemischen Debatten in die literarischen Kodierungen aufnehmen. Das Gedicht selbst orientiert sich höchstwahrscheinlich an drei miteinander verbundenen Teilöffentlichkeiten : der Kurie Urbans II., der Entourage Mathildes von Canossa und höchstwahrscheinlich der oberen Schicht der Stadt Lucca, zu der nicht nur Kleriker, sondern auch im Gedicht erwähnte Laien gehörten – eine Grauzone –, deren Konsens der Bischof Ranger zurückgewinnen wollte[30].

28 Zuletzt noch zur Möglichkeit der Konturierung dieser Texte als Streitschriften : Christian Heinrich, « Was versteht man unter einer Streitschrift ? Vorschlag einer Neudefinition », *Brief und Kommunikation…*, *op. cit.*, S. 91-103. Heinrich entwickelt unter anderem die Kritik Steffen Patzolds an Suchans Darstellung : Steffen Patzold, « Die Lust des Herrschers. Zur Bedeutung und Verbreitung eines politischen Vorwurfs zur Zeit Heinrichs IV. », *Heinrich IV.*, Hg. Gerd Althoff, Ostfildern, Thorbecke, 2009, S. 219-253 (aber vgl. auch die weiteren Beiträge des Bandes).

29 Vgl. zu der *Vita* als Textsorte, die dieser Textproduktion des Investiturstreits gehört : M. Suchan, *Königsherrschaft…*, *op. cit.*, S. 281-291.

30 Zu diesem Fallbeispiel vgl. : Eugenio Riversi, « *Res tam nodosas.* Die literarische Darstellung des Investiturstreits in der *Vita metrica Anselmi* des Bischofs Ranger von Lucca », *Brief und Kommunikation…*, *op. cit.*, S. 193-242.

KANONISIERUNGEN UND (TRAUMATISCHE) ERINNERUNGEN

Die *Vita metrica* Rangers von Lucca ist ein Text an der Grenze zwischen Reaktion auf den Pontifikat Gregors VII. und kanonisierende Erinnerung an ihn, im Sinne einer Heiligsprechung[31]. Wurden auch Texte Gregors VII. kanonisiert ? Bekanntlich wurden Gregors Texte nicht so häufig in die Kanonistik aufgenommen. In den vielen Kanonessammlungen « im Dienst der Reform », die seit und vor allem nach dem Ende des Pontifikats Gregors VII. verfasst wurden, lassen sich aber überwiegend Änderungen feststellen, die eine solidere Antwort zur bereits angedeuteten Suche nach kanonisierten und zu kanonisierenden Texten darstellen, um die sich auch Hildebrand/Gregor bemühte. Das ist einer der Berührungspunkte Gregors VII. mit einigen langanhaltenden Wandlungsprozessen in den Wissensordnungen[32].

Über das Kirchenrecht hinaus gibt es aber auch einen weiteren, mit der kommunikativen Dimension enger verbundenen Bereich, in dem diese Textproduktion zu einem Wandel der Wissensordnungen beitrug : die Entstehung der *Ars dictaminis*, d. h. der Kunst der Brieferstellung bzw. des Prosa-Schreibens. Die von den Bedürfnissen des Investiturstreits ausgehende Entstehung dieser Wissensform hat zuletzt Florian Hartmann untersucht[33]. Er hebt noch einmal die Rolle von Alberich von Montecassino hervor, eines Zeitgenossen von Hildebrand/Gregor VII., dessen Lehre von seinem Schüler Johannes von Gaeta, dreißig Jahre lang Leiter der päpstlichen Kanzlei und schließlich als Gelasius II. selbst Papst, umgesetzt wurde. Deren Texte und Leistungen zeigen den Prozess der Übertragung

31 Hier werden die Problematiken der *Vita* Gregors VII. von Paul von Bernried beiseite gelassen.

32 Vgl. Lotte Kéry, « Recht im Dienst der Reform. Kanonistische Sammlungen der Reformzeit und ihre „Adressaten“ », *Brief und Kommunikation…*, *op. cit.*, S. 335-381 ; Stefan Dusil, *Wissensordnungen des Rechts im Wandel. Päpstlicher Jurisdiktionsprimat und Zölibat zwischen 1000 und 1215*, Löwen, Leuven UP, 2018, der den Strukturwandel des Rechtswissens innerhalb eines langen 12. Jahrhunderts darstellt.

33 Florian Hartmann, Ars dictaminis. *Briefsteller und verbale Kommunikation in den italienischen Stadtkommunen des 11. bis 13. Jahrhunderts*, Ostfildern, Thorbecke, 2013, S. 53-70 ; vgl. auch : id., « Das *Enchiridion de Prosis et Rithmis* Alberichs von Montecassino und die *Flores Rhetorici* », *Quellen und Forschungen aus italienischen Archiven und Bibliotheken*, 89/2009, S. 1-30.

von menschlichen Ressourcen und Kompetenzen – in diesem Fall aus Montecassino während der Amtszeit des Abtes Desiderius – in den Dienst der römischen Kurie. Aber im Allgemeinen entspricht die Entstehung dieser neuen Wissensform, die bereits 1115 in Bologna mit den *Praecepta dictaminum* von Adalbertus Samaritanus kanonisiert wurde, dem Erfolg des Briefes als Medium der Kirchenreform – und vor allem des Reformpapsttums – sowie als Träger der intellektuellen Stellungnahmen und polemischen Botschaften des Investiturstreits[34].

In diese Intensivierung der Verwendung des Briefs und in die Verdichtung des entsprechenden Wissens lässt sich zum Beispiel eine wichtige Textsammlung einordnen, die gerade in der MGH-Reihe *Die Briefe der deutschen Kaiserzeit* von Klaus Nass neu ediert wurde : der sogenannte *Codex Udalrici*[35]. Die Sammlung, die nach Carl Erdmann die wichtigste Quelle zum Investiturstreit für das Deutsche Reich darstellt, besteht aus unterschiedlichen Textgruppen, vor allem Briefen, die wahrscheinlich in Schulen und bischöflichen *entourages* verwendet wurden. Aber die Funktionen der Sammlung scheinen komplexer zu sein. Es handelt sich um eine Art literarisches *Repertorium* für eine potentielle *historia diplomatica.* In ihr wurden nämlich viele wichtige Texte des Investiturstreits – vom Papstwahldekret zum Wormser Konkordat – niedergeschrieben : Mehr als ein Drittel betreffen die hier betrachtete Zeitspanne und insbesondere 45 der insgesamt 395 explizit Gregor VII. Darin kann man eine Art objektivierte Erinnerung an ihn im 12. Jahrhundert sehen, die fast ausschließlich aus einigen während seines Pontifikats verfassten Briefen besteht. Ausnahmen sind die *Altercatio inter Urbanum et Clementem* und der Brief Sigeberts von Gembloux gegen Papst Paschalis II. In diesem letzten Text finden wir bereits eine beurteilende Erinnerung an Gregor VII. : Laut Sigebert war Hildebrand der « *auctor [...] huius novelli scismatis et primus levavit sacerdotalem lanceam contra diadema regni*[36] ». Damit stellt Sigebert bereits eine Geschichtsdeutung eines Umbruchs dar, der mit Gregor VII. zusammenhing.

---

34 Vgl. den gesamten Band : *Brief und Kommunikation...*, *op. cit.*, insbesondere : Jochen Johrendt, « Papstgeschichtliche Wende und produktive Zerstörung. Päpstliche Briefe im Zeitalter des Investiturstreits », *Brief und Kommunikation...*, *op. cit.*, S. 103-128.

35 *Codex Udalrici*, ed. Klaus Nass, *MGH Briefe d. dt. Kaiserzeit*, 10, Wiesbaden, Harassowitz, 2017.

36 *Codex Udalrici*, ed. cit., 258, S. 443. Zu Sigibert vgl. : Wilfried Hartmann, « Sigebert von Gembloux – ein radikaler Antigregorianer ? », *Brief und Kommunikation...*, *op. cit.*, S. 175-191.

Eine der wichtigsten *epistolae vagantes* Gregors VII., die der *Codex Udalrici* und viele andere wichtige Texte des 12. Jahrhunderts überliefern, wird in einer gekürzten Form auch in der Darstellung des Konflikts zwischen Gregor VII. und Heinrich IV. im *De investigatione Antichristi* Gerhochs von Reichersberg zitiert (1160–1162), des letzten kanonisierten Autors in den Bänden der *libelli de lite*[37]. Trotz der apologetischen Einstellung gegenüber Gregor VII. werden die zu seiner Zeit begonnenen Schismen als Zeichen der Befreiung Satans bezeichnet. Zwar trage Heinrich IV. die Verantwortung dafür, aber auch die Verhaltensweise Gregors habe dazu beigetragen, indem er die Römer als Söldner bezahlt habe. Aus dieser Notsituation sei die römische *sacra fames auri et argenti* entstanden, unter der die Christenheit seitdem leide[38]. In diesem Sinn kommt den *tempora* Gregors VII. eine periodisierende Bedeutung zu : In einem späteren Text Gerhochs trennen diese Zeiten die *tertia* von der *quarta vigilia noctis*, die von der Geldgier beherrscht sind[39]. Mit diesen Erinnerungen an Gregor VII. und an den Investiturstreit sei nach einer von Bernd Schneidmüller vorgeschlagenen Diskussionslinie die historiographische Wahrnehmung

37 *Codex Udalrici*, ed. cit., 170, S. 274-279 ; *The* Epistolae vagantes *of Pope Gregory VII*, ed. Herbert E. J. Cowdrey, Oxford, Clarendon Press, 1972, 14, S. 32-41. Im *De investigatione* Gerhochs von Reichersberg : Gerhohus praepositus Reichersbergensis, *De investigatione Antichristi*, ed. Ernst Sackur, *MGH Libelli de lite*, Bd. III, Hannover, Hahnsche Buchhandlung, 1897, S. 326-328.

38 « *Auxit vero et hoc noctis illius tenebras, quod in illa tempestate Gregorius papa VII. Romanis pecuniae multae sponsor factus est, quatenus ei defensionis auxilium ferrent contra regis Heinrici quarti tirannidem. Qua semel promissione illecti et promissa accepta pecunia etiam cessante necessitate, pro qua eadem pecunia promissa est, numquam ab accipiendo cessare voluerunt, quin semper ab eo, qui papa esset institutus, eandem quantitatem pecuniae exposcerent exactores importuni. Cuius necessitatis occasione auri et argenti sacra fames adeo eidem curiae aucta est, ut a toto orbe tantum nequeat inferri, quantum illi exhaurire parati sunt* » : Gerhohus, *De investigatione*, ed. cit., S. 329.

39 « *Ab ipso primo Gregorio usque ad sanctae memoriae Gregorium VII. transacta et consummata creditur vigilia tercia, quia ipse percussit caput de domo impii condamnans intrusorem Gwiberti scismatici regem Heinricum cum sibi consentaneis maxime clericis impudicis et symoniacis. Ex tunc, ut apparet, magis periculosa tempora ceperunt, quia ex tunc cepit avaricia nova in urbe Roma* » : Gerhohus praepositus Reichersbergensis, *De quarta vigilia noctis*, ed. Ernst Sackur, *MGH Libelli de lite*, Bd. III, Hannover, Hahnsche Buchhandlung, 1897, S. 509. In der *Chronica* Ottos von Freising bestimmt der Tod Gregors VII. das Ende des sechsten *tempus* : Otto episcopus Frigensis, *Chronica sive historis de duabus civitatibus*, ed. Walter Lammers, Darmstadt, WBG, 1990, S. 492. Aber vgl. auch den Anfang der *Gesta Frederici* : Otto episcopus Frigensis und Rahewinus, *Gesta Frederici*, ed. Franz-Josef Schmale, Darmstadt, WBG, 2000, S. 122.

eines traumatischen Bruchs verbunden, der das staufische Reich des 12. Jahrhunderts noch prägte[40].

SCHLUSS

Abschließend lässt sich nur bestätigen, was alle jüngeren Untersuchungen behaupten : Die Textproduktion des Investiturstreits ist kein einheitliches Phänomen, das chronologisch und typologisch eindeutig definierbar wäre, sondern ein schwammiges historiographisches Konstrukt. Diese umfangreiche und verstreute Textproduktion lässt sich jedoch in der hier anvisierten Zeitspanne ergiebig in ihren Strukturen und kommunikativen Situationen untersuchen, um die damaligen Kontexte und Prozesse zu beleuchten. Diese Texte schließen in ihrer jeweiligen textuellen Architektur eine vielseitige publizistische Orientierung ein, die einen Vernetzungsprozess der Teilöffentlichkeiten abbildete : eine intermediale, eine interdiskursive und eine (hier beiseite gelassene) intertextuelle Vernetzung. Das ist neu : Diese Texte haben gleichzeitig mehrere Empfängerkreise im Blick (Kurie, städtische Gruppen, Höfe und aktionale Situationen wie Kirchenversammlungen). Diese sich vernetzenden Teilöffentlichkeiten entsprechen fast immer angespannten bzw. konfliktgeladenen Kontexten. Die Texte nehmen oft die intermediale Komplexität ihrer Kontexte auf (von mündlichen und zunehmend schriftlichen Kommunikationsformen), in der sich eine Streitkultur verdichtet hat. Diese Schriften tragen die Prägung des argumentativen Texttyps (mit quantitativer und qualitativer Steigerung von historischen, kanonischen, theologischen und moralisch gossipbasierten Argumenten) sowie des dialogischen Texttyps (vor allem durch rhetorische Fragen) : Das führt zu den Phänomenen der Hybridisierung der Gattungen und sogar der Diskurse (Streithagiographie, *polemical allegory* usw.).

40 Bernd Schneidmüller, « Staufisches Kaisertum im 12. Jahrhundert. Zur Einführung », *Staufisches Kaisertum im 12. Jahrhundert. Konzepte – Netzwerke – politische Praxis*, Hg. Stefan Burkhardt, Thomas Metz, Bernd Schneidmüller und Stefan Weinfurter, Regensburg, Schnell & Steiner, 2010, S. 15-16.

Diese letzten Aspekte entsprechen aber nicht nur der polemischen Ausrichtung der Publizistik, sondern auch einer ekklesiologischen Suche nach einem neuen Verhältnis zwischen Tradition und Interpretation, durch das man eine Lösung für die tiefe institutionelle Krise finden konnte. Klaus Herbers fragte sich vor einigen Jahren im Vorwort des Sammelbandes über die Wende vom 11. zum 12. Jahrhundert, ob wir nicht von Assmanns theoretischem Modell des kulturellen Gedächtnisses profitieren könnten[41]. In unseren Texten finden komplexe Kanonisierungsprozesse statt, die vor allem (aber nicht ausschließlich) das kanonische Recht betreffen. Hier stoßen wir vielleicht auf Spuren einer axialen « Revolution » in Sinne eines epochalen Wandels in der Wissensordnung des Rechtes. Auch die Entstehung der *ars dictandi* als eine Art Kommunikationswissenschaft ist eine innovative Antwort in den Wissensformen auf die Bedürfnisse einer intensivierten Medialität.

Wo liegt darin das « Gregorianische » ? Hildebrand/Gregor war ein wichtiger Träger dieser Spannung zwischen Tradition und Interpretation, die in seiner textuellen Kommunikation immer wieder thematisch und typologisch vorkommt : Hier könnte man eventuell den Ausdruck « gregorianisch » synekdotisch verwenden. In den (typologischen und isotopischen) Strukturen einiger seiner Texte lässt sich sogar eine prophetisch-charismatische Komponente beobachten, die man punktuell und im übertragenen, weberschen Sinne revolutionär nennen könnte : Als « gregorianisch » könnte man textuelle Sprünge nach vorne bezeichnen, d. h. Neuerungen auch durch die textuelle Struktur, die auf die Überwindung traditioneller Praktiken abzielten. Als « gregorianisch » ließe sich auch die erste und größte Welle der Textproduktion seit 1080 charakterisieren : Mit « gregorianisch » könnte man darin viel diskutierte Streitfragen etikettieren (für Mirbt bis 1112) und die Parteinahme für und gegen Gregor wirkt dabei nicht selten identitätsstiftend. Allerdings werden seine Texte in den folgenden Jahrzehnten nicht verstärkt kanonisiert, obwohl die Erinnerung an ihn und an den Investiturstreit im Geschichtsbewusstsein der staufischen Zeit noch als traumatischer Umbruch epochalen Ausmaßes gilt.

---

41 Klaus Herbers, « Zur Einführung. Europa an der Wende vom 11. zum 12. Jahrhundert », *Europa an der Wende vom 11. zum 12. Jahrhundert. Beiträge zu Ehren von Werner Goez*, Hg. Klaus Herbers, Stuttgart, Franz Steiner, 2001, S. 12.

Diese verschiedenen Aspekte, die man im Hinblick auf das historiographische Konstrukt « Textproduktion des Investiturstreits » aufgrund von verschiedenen Tropen unserer Disziplin als « gregorianisch » bezeichnen könnte, reichen aber meines Erachtens nicht aus, um das *phénomène total* « Reform » (oder ein ganzes Zeitalter) als « gregorianisch » zu bezeichnen. Diese in einer politisch-institutionellen Krise eingebettete Textproduktion des Investiturstreits bleibt ein großes Symptom, ein Epiphänomen eines Wandels der Wissensformen bzw. -ordnungen in konfliktgeladenen Kontexten, die sich allmählich vernetzten (auch als intermediale Teilöffentlichkeiten), und in denen man nach neuen Legitimationsformen der Institutionen durch neue stärker kanonisierbare Deutungen der Tradition und der Geschichte suchte. Meine « gregorianischen » Etappen sind ein wenig wie « Holzwege », die in einzelnen ergiebigen Lichtungen enden, aber von dort nicht zu einer Meistererzählung der « gregorianischen Reform » weiterführen.

Eugenio RIVERSI
Universität Bonn

RUPTURE RADICALE OU MISE EN ŒUVRE D'UNE CONCEPTION ANCIENNE ?

Le concept de « réforme grégorienne » à travers les recherches récentes sur la diplomatique pontificale en Allemagne

Même s'il est difficile de mesurer les changements et conséquences plus ou moins immédiats qu'elle engendra et d'en définir la portée dans tous les aspects concernés (juridiques, politiques, sociaux, culturels, économiques, etc.), la « réforme grégorienne », ainsi qu'on persiste à l'appeler aujourd'hui, est généralement considérée comme l'impulsion qui assura, sinon l'essor de la papauté comme une puissance de plus en plus importante dans l'Europe latine, du moins un élargissement de son champ d'action. Il est clair que ce processus est cependant très complexe et ne correspond pas uniquement à l'initiative des papes, mais aussi à celle de tous ceux qui leur demandèrent de passer à l'action ou qui, quelle qu'en soit la raison, cherchèrent à instrumentaliser l'autorité de la papauté pour leurs propres intérêts. À l'instar de Max Weber, on peut dire que l'essor de la papauté reposait également sur tous ceux qui étaient disposés et/ou intéressés à interagir avec elle[1]. Les crises répétées auxquelles la papauté fut confrontée pendant la période que l'on a pris l'habitude d'appeler la « querelle des Investitures[2] » ainsi que le besoin croissant de la voir intervenir à cette même période (ce dont témoignent entre autres la hausse constante de la production d'actes pontificaux à

1 Jochen Johrendt et Harald Müller, « Zentrum und Peripherie. Prozesse des Austausches, der Durchdringung und der Zentralisierung der lateinischen Kirche im Hochmittelalter », *Römisches Zentrum und kirchliche Peripherie. Das universale Papsttum als Bezugspunkt der Kirchen von den Reformpäpsten bis zu Innozenz III.*, dir. Jochen Johrendt et Harald Müller, Berlin – New York, de Gruyter, 2008, p. 1-16.

2 Voir sur ce point l'article de Thomas Kohl dans le présent volume.

partir de la deuxième moitié du XIe siècle)[3] la mit au défi, jusque-là inédit, de créer de nouveaux instruments pour exercer son pouvoir.

Parmi ces instruments figurent bien évidemment les écrits émanant de la chancellerie pontificale : les actes pontificaux. Pour comprendre les changements radicaux dans leur conception, notamment dans celle du privilège solennel, pendant la période à laquelle on limite traditionnellement la « réforme grégorienne », c'est-à-dire de l'avènement de Léon IX (en 1049) à la fin des années 1120, il convient de les contextualiser en se demandant dans quelle mesure ils correspondent à l'intérêt de la papauté de propager l'idée d'une primauté sur l'ensemble de l'Église et à quel point ils ont été causés par des facteurs externes au gouvernement pontifical en place. Pour ce faire, nous allons d'abord récapituler à travers l'exemple du privilège solennel l'ampleur des changements initiés par Léon IX dans la conception des actes pontificaux (I), puis discuter à travers l'exemple des bulles de plomb l'impact des crises internes à la papauté (schismes) sur la conception des actes pontificaux (II). Pour finir, nous proposerons quelques pistes de réflexion sur le changement de leur contenu juridique en nous appuyant sur l'exemple de la partie méridionale de la Lotharingie (III). « Espace de l'entre-deux », zone de contact fluide entre l'Empire et la France[4], l'analyse de ce cas devrait contribuer à combler les écarts que l'on a vu s'ouvrir plusieurs fois lors de ce colloque entre les chercheurs allemands et français pendant les discussions sur l'ampleur de la « réforme grégorienne », notamment sur la question de savoir si elle constitua ou non une véritable révolution sociale. Précisons enfin que le choix de traiter ces trois points en nous fondant principalement sur des recherches effectuées dans l'espace germanophone ne doit pas être considéré comme une prise de position délibérée, mais est simplement

3 Klaus Herbers et Markus Schütz, « Bis in den hintersten Winkel. Das römische Zentrum und die europäischen Peripherien – das Göttinger Papsturkundenwerk », *Erlanger Editionen. Grundlagenforschung durch Quelleneditionen, Berichte und Studien*, dir. Helmut Neuhaus, Erlangen – Jena, Palm & Enke, 2009, p. 241-251 ; Rudolf Hiestand, « Die Leistungsfähigkeit der päpstlichen Kanzlei im 12. Jahrhundert mit einem Blick auf den lateinischen Osten », *Papsturkunde und europäisches Urkundenwesen. Studien zu ihrer formalen und rechtlichen Kohärenz vom 11. bis 15. Jahrhundert*, dir. Peter Herde et Hermann Jakobs, Cologne – Weimar – Vienne, Böhlau, 1999, p. 1-26.

4 Voir Tristan Martine et Jessika Nowak (dir.), *D'un* regnum *à l'autre : La Lotharingie, un espace de l'entre-deux ? Vom* Regnum *zum* Imperium *: Lotharingien als Zwischenreich ?*, Nancy, Presses universitaires de Nancy – Éditions universitaires de Lorraine, 2021.

dû au fait que c'est surtout outre-Rhin qu'une analyse systématique des actes pontificaux a été réalisée.

L'AMPLEUR DES CHANGEMENTS INITIÉS PAR LÉON IX DANS LA CONCEPTION DES ACTES PONTIFICAUX

Plusieurs mesures sont révélatrices d'un changement dans la conception du privilège solennel initié par Léon IX. Citons en particulier le remplacement progressif du papyrus par le parchemin comme support d'écriture ainsi que celui de l'écriture lombarde, guère lisible pour des non-Romains, par la minuscule[5]. Ces deux mesures visaient l'une et l'autre à garantir d'une part la durabilité et d'autre part la compréhensibilité du privilège solennel et par conséquent à renforcer son efficacité. D'autres innovations tendirent par ailleurs à renforcer la qualité visuelle de l'acte ; il s'agit plus précisément de signes qui apparurent pour la première fois dans les privilèges de ce pape et qui, malgré les modifications qu'ils subirent ensuite sous ses successeurs, restèrent pour la plupart déterminants pour la conception du privilège solennel pendant tout le Moyen Âge, et même au-delà. Ce sont les suivants : la mise en exergue de la première lettre du nom du pape dans la première ligne, la transformation du *Bene valete* (une figure de politesse figurant traditionnellement à la fin du contexte de l'acte) en monogramme et enfin l'introduction de la *rota* qui se trouve en bas de page à droite sous le contexte[6].

5 Thomas Frenz, *Papsturkunden des Mittelalters und der Neuzeit*, Stuttgart, Franz Steiner, 1986, p. 15-19 ; Leo Santifaller, « Über die Neugestaltung der äußeren Form der Papsturkunden unter Leo IX », *Festschrift für Hermann Wiesflecker zum sechzigsten Geburtstag*, dir. Alexander Novotny et Othmar Pickl, Graz, Selbstverlag des Historischen Instituts der Universität Graz, 1973, p. 29-38 ; Paulius Rabikauskas, *Die römische Kuriale der päpstlichen Kanzlei*, Rome, Pontificia Università Gregoriana, 1958, p. 87-90 et p. 199-204.

6 Voir outre les ouvrages cités dans la note précédente aussi Karl Augustin Frech, « Die Urkunden Leos IX. Einige Beobachtungen », *Léon IX et son temps. Actes du colloque international organisé par l'Institut d'Histoire médiévale de l'Université Marc Bloch, Strasbourg-Eguisheim, 20-22 juin 2002*, dir. Georges Bischoff et Benoît-Michel Tock, Turnhout, Brepols, 2006, p. 161-186, ici p. 164-165 et Joachim Dahlhaus, « Aufkommen und Bedeutung der Rota in den Urkunden des Papstes Leos IX », *Archivum Historiae Pontificiae*, 27/1989, p. 7-84, ici p. 8-10.

Prenons l'exemple de la *rota*, symbole composé de deux cercles concentriques qui, d'après l'analyse très pointue produite par Joachim Dahlhaus, symbolisent la terre. Le premier cercle entoure une croix qui représente l'Église ou la chrétienté. À l'intérieur de ce premier cercle se trouvent quatre majuscules : *L*, *E*, *O* et *P*, une abréviation pour *Leo papa*, le pape Léon. Si l'on veut interpréter le symbole dans son ensemble, on peut dire avec Dahlhaus que l'Église est la garante de la stabilité de la Terre parce qu'elle en fait le tour avec ses bras ; au centre de l'Église, il y a le pape Léon, et c'est lui qui règne sur l'Église et sur la Terre et qui veille à ce que l'harmonie entre les deux soit garantie[7]. Dans l'espace entre les deux cercles – selon la plupart des travaux portant sur ce sujet –, le pape écrivait de sa propre main la devise qu'il avait choisie pour son pontificat. Léon IX avait opté pour le psaume *Misericordia Domini plena est terra* (la Terre est pleine de la miséricorde de Dieu). Du fait de la participation personnelle du pape à l'établissement du privilège, la *rota* peut également être considérée comme un moyen de confirmation de l'acte aussi bien que le *Bene valete* et que la souscription du pape qui figure entre ces deux symboles à partir du pontificat de Pascal II (1099-1118)[8].

Les changements réalisés par Léon IX furent tellement nets et radicaux qu'il est évident que son pontificat représenta un véritable bouleversement pour la diplomatique papale. En ce sens, on peut parler d'une rupture radicale. Si les nouveaux éléments introduits par ce pape firent l'objet de quelques modifications sous ses successeurs et si d'autres éléments comme la souscription du pape ou celles des cardinaux s'ajoutèrent par la suite[9], le privilège conçu par Léon IX demeura le même. Étant donné l'aboutissement définitif de sa conception sous le pontificat d'Innocent II (1130-1143), le problème d'une redéfinition chronologique de la « réforme

7 Joachim Dahlhaus, « Aufkommen und Bedeutung der Rota in der Papsturkunde », *Graphische Symbole in Urkunden. Beiträge zur diplomatischen Semiotik*, dir. Peter Rück, Sigmaringen, Thorbecke, 1996, p. 407-424, ici p. 412-413.

8 Irmgard Fees, « Zur Bedeutung des Siegels an den Papsturkunden des frühen Mittelalters », *Urkunden und ihre Erforschung : zum Gedenken an Heinrich Appelt*, dir. Werner Maleczek, Vienne, Böhlau, 2014, p. 53-69, ici p. 63-64.

9 Werner Maleczek, « Die eigenhändigen Unterschriften der Kardinäle, ein Spiegelbild ihrer Persönlichkeit ? Mit einem Überblick über eigenhändige Unterschriften auf Urkunden vom Frühmittelalter bis ins 13. Jahrhundert », *Päpstliche Herrschaft im Mittelalter : Funktionsweisen – Strategien – Darstellungsformen*, dir. Stefan Weinfurter, Ostfildern, Thorbecke, 2012, p. 239-300.

grégorienne[10] » ne se pose donc par pour la diplomatique pontificale, du moins pour ce qui concerne les caractères externes.

Les historiens allemands spécialistes de ce domaine de recherche se sont généralement plutôt intéressés à identifier le personnel de la chancellerie pontificale grâce à des analyses paléographiques[11], à déchiffrer le sens des symboles mentionnés plus haut[12] ou à suivre l'évolution des caractères externes en général, comme l'écriture ou la mise en page par exemple[13]. En ce qui concerne l'identification des scribes, les recherches effectuées jusque-là par le recours à des méthodes classiques de notre discipline ont récemment été complétées par des analyses issues du champ des humanités numériques afin de minimiser le caractère subjectif des études paléographiques en mettant à disposition des programmes orientés sur la reconnaissance de la forme des lettres[14].

Notons que, vers la fin du XIe et le début du XIIe siècle, de nouvelles formes d'actes pontificaux apparurent : les *Litterae cum serico* (lettre à laquelle la bulle est attachée avec un fil de soie) et les *Litterae cum canapis* (lettre à laquelle la bulle est attachée avec un fil de chanvre). Après une phase marquée par leur utilisation simultanée et indifférenciée qui se termina dans les années 1120, ces deux formes finirent par se distinguer de manière de plus en plus nette, non seulement par leurs caractères externes (format, écriture, symboles, moyens de confirmation, datation,

---

10 Florian Mazel, « Pour une redéfinition de la réforme "grégorienne". Éléments d'introduction », *La réforme « grégorienne » dans le Midi (milieu XIe-début XIIIe siècle), Cahiers de Fanjeaux 48*, Toulouse, Privat, 2013, p. 9-40, ici p. 17-19.

11 Paul Fridolin Kehr, « Scrinium und Palatium. Zur Geschichte des päpstlichen Kanzleiwesens im 11. Jahrhundert », *Mitteilungen des Instituts für österreichische Geschichtsforschung*, Ergänzungsband 6 (1901), p. 70-112.

12 J. Dahlhaus, « Bedeutung… », art. cité ; id., « Aufkommen… », art. cité ; Otfried Krafft, *Bene Valete. Entwicklung und Typologie des Monogramms in Urkunden der Päpste und anderer Aussteller seit 1049*, Leipzig, Eudora, 2010.

13 Frank M. Bischoff, *Urkundenformate im Mittelalter. Größe, Format und Proportionen von Papsturkunden in Zeiten expandierender Schriftlichkeit (11.-13. Jahrhundert)*, Marburg, Selbstverlag des Instituts für Historische Hilfswissenschaften Marburg, 1996 ; Matthias Kordes, *Der Einfluß der Buchseite auf die Gestaltung der hochmittelalterlichen Papsturkunde. Studien zur graphischen Konzeption hoheitlicher Schriftträger im Mittelalter, Hamburg*, Selbstverlag, Dr. Kovač, 1993.

14 Klaus Herbers et Viktoria Trenkle (dir.), *Papstgeschichte im digitalen Zeitalter. Neue Zugangsweisen zu einer Kulturgeschichte Europas*, Cologne – Vienne – Weimar, Böhlau, 2018. Voir notamment l'article de Thorsten Schlauwitz dans ce volume, « Das päpstliche Kanzleiwesen im 12. Jahrhundert. Automatische Schreiberidentifizierung in der praktischen Anwendung », p. 69-94.

etc.), mais aussi par leur fonction : le concept de la *Litterae cum serico* ne fut plus utilisé que pour l'établissement des privilèges simples tandis que le concept de la *Litterae cum canapis* fut retenue par la chancellerie pontificale pour les lettres au sens propre du terme, y compris les mandements[15].

Tout comme les changements illustrés plus haut à travers les privilèges solennels, la différenciation des actes pontificaux montre que les papes « réformateurs » avaient mis en place de nouvelles stratégies pour communiquer d'une part leur prétention à dominer l'Église et pour répondre d'autre part à la volonté croissante des institutions ecclésiastiques et des individus de s'adresser au siège apostolique, ce dont témoignent, outre la hausse constante de la production d'actes pontificaux à partir de la deuxième moitié du XIe siècle[16], les interactions de plus en plus nombreuses avec des légats pontificaux[17] et des juges délégués[18].

L'IMPACT DES CRISES INTERNES À LA PAPAUTÉ SUR LA CONCEPTION DES ACTES PONTIFICAUX

L'exemple du sceau

Les modifications que connurent les privilèges solennels après le pontificat de Léon IX concernent plusieurs éléments : l'écriture, la *rota*, le *Bene valete*, la première ligne et plus particulièrement le sceau, pour nommer les plus importantes[19]. La plupart de ces changements

15 Benedikt Hotz, *Litterae apostolicae. Untersuchungen zu den päpstlichen Briefen und einfachen Privilegien im 11. und 12. Jahrhundert*, Munich, Utzverlag, 2018.

16 Voir *supra* n. 3.

17 Voir les regestes dans Stefan Weiß, *Die Urkunden der päpstlichen Legaten von Leo IX. bis Coelestin III. (1049-1198)*, Cologne – Weimar – Vienne, Böhlau, 1995 qui a souligné le rôle prépondérant des bénéficiaires dans l'établissement des actes des légats pontificaux (*ibid.*, p. 329-330).

18 H. Müller, « Im Dienst der Zentralisierung ? Zu Struktur und Praxis päpstlich delegierter Gerichtsbarkeit », *Die Ordnung der Kommunikation und die Kommunikation der Ordnung, vol. 2 : Zentralität : Papsttum und Orden im Europa des 12. und 13. Jahrhunderts*, dir. Cristina Andenna, Klaus Herbers, Gordon Blennemann et Gert Melville, Stuttgart, Franz Steiner, 2013, p. 133-144.

19 Andreas Meyer, « Die päpstliche Kanzlei im Mittelalter – ein Versuch », *Archiv für Diplomatik*, 61/2015, p. 291-342, ici p. 297-300 ; voir aussi T. Frenz, *Papsturkunden…*, *op. cit.*, p. 15-19.

apparurent dans des situations où un pape voyait son autorité contestée par un adversaire qui réclamait pour lui le siège de saint Pierre[20]. À ce sujet, Jochen Johrendt parle d'une phase d'expérimentation pendant laquelle les papes auraient cherché à se démarquer de leurs adversaires, soit en créant de nouvelles formes d'expression, soit en modifiant des formes déjà existantes[21].

Si Léon IX remania dans une large mesure la conception du privilège solennel, il ne toucha pas pour autant au sceau, la petite bulle de plomb attachée à tout acte pontifical, y compris ceux qui ne se présentent pas sous la forme du privilège solennel. Ce n'est que sous son successeur, Victor II (1055-1057) que la forme traditionnelle fut abandonnée. Sur l'avers, Victor II mit une illustration de la remise des clés à saint Pierre ; sur le revers, une illustration de la cité de Rome, reconnaissable à l'inscription *AUREA ROMA*, la Rome dorée. Jochen Johrendt parle ici à juste titre d'une « produktive Zerstörung », d'une destruction productrice consistant en l'abandon délibéré de la tradition et en la création de nouvelles formes d'expression. Les successeurs de Victor II, Étienne IX (1057-1058) et Nicolas II (1058-1061), reprirent la forme du sceau qu'il avait créée[22]. Or ces deux papes se heurtèrent à un même adversaire, l'antipape Benoît X (1058-1060), dont une bulle aujourd'hui perdue, est connue grâce à la description qu'en a fait Julius Pflugk-Harttung. Sur l'avers de celle-ci figure un motif complètement inédit par rapport à celui choisi par Victor II, Étienne IX et Nicolas II : les deux apôtres, saints Pierre et Paul[23]. Inspiré des peintures se trouvant alors dans de nombreuses absides d'églises romaines, le motif choisi par Benoît X peut être qualifié de plus « romain » par rapport à celui de ses rivaux. En effet, par la double apostolicité, ce motif se prêtait mieux à

20 Benjamin Schönfeld, *Die Urkunden der Gegenpäpste. Zur Normierung der römischen Kanzleigewohnheiten im 11. und 12. Jahrhundert*, Cologne – Vienne – Weimar, Böhlau, 2018, p. 102-126 et p. 144-191.

21 J. Johrendt, « Papstgeschichtliche Wende und produktive Zerstörung. Päpstliche Briefe im Zeitalter des Investiturstreits », *Brief und Kommunikation im Wandel. Medien, Autoren und Kontexte in den Debatten des Investiturstreits*, dir. Florian Hartmann, Cologne – Weimar – Vienne, Böhlau, 2015, p. 103-128, ici p. 111.

22 *Ibid.*, p. 112-113.

23 Julius von Pflugk-Harttung, *Acta Pontificum Romanorum inedita*, *3 vol.*, Tübingen, Franz Fues, 1881-1886, ici vol. 1, p. 27 ; voir sur ce point aussi Hermann Jakobs, *Germania Pontificia vol. V/2 : Provincia Maguntinensis, pars VI : Dioeceses Hildesheimensis et Halberstadensis*, Göttingen, Vandenhoek & Ruprecht, 2005, p. 34 n° 49.

communiquer la primauté de l'Église romaine par rapport aux autres églises qui ne pouvaient pas se vanter d'être dotées des tombeaux de deux apôtres[24]. Ce motif avait été introduit par un antipape. Il était néanmoins un symbole extrêmement fort sur le plan symbolique si bien que Grégoire VII le récupéra pour ses bulles et que ses successeurs l'intégrèrent également dans la *rota*[25].

Comme l'autorité des successeurs immédiats de Grégoire VII était contestée par Guibert de Ravenne, alias Clément III, antipape pendant seize ans (1083-1090), chacun d'entre eux procéda à une reconfiguration du sceau pour montrer qu'ils étaient les représentants d'une autre papauté que celle de Clément III[26]. C'est à l'avènement de Pascal II en 1099 que les choses se stabilisèrent. Les motifs qu'il choisit s'imposèrent durablement, figurant sur chaque bulle de plomb jusqu'à la fin du Moyen Âge et même au-delà : il s'agit des deux apôtres sur l'avers, et du nom du pape et de son nombre ordinal sur le revers[27].

Comme nous l'avons évoqué, les changements que l'on peut observer à travers l'exemple des sceaux se produisirent bien évidemment aussi pour d'autres aspects diplomatiques, de façon moins radicale certes[28], mais dans ce cas précis, celui des sceaux, les papes cherchèrent de surcroît à se démarquer de leurs adversaires et à se présenter comme les successeurs légitimes de leurs prédécesseurs. Ceci n'est pas étonnant dans la mesure où un sceau constitue, dans le champ diplomatique, non seulement le moyen de confirmation le plus important, mais aussi la possibilité la plus adéquate de transporter un message par le biais des symboles.

En guise de premier bilan, on peut dire que, dans le contexte précis du développement des caractères externes des actes pontificaux, la période de la « réforme grégorienne » constitue un véritable tournant. Il s'agit d'une « phase d'expérimentation » pendant laquelle les papes rompent avec la tradition en créant de nouveaux moyens de communication et

24 J. Johrendt, « Papstgeschichtliche … », art. cité p. 113-114.

25 Des illustrations des *rotae* et bulles utilisées par les papes mentionnés se trouvent dans I. Fees, « Rota und Siegel der Päpste in der zweiten Hälfte des 11. Jahrhunderts », *Zwischen Rom und Santiago. Festschrift für Klaus Herbers zum 65. Geburtstag, dargereicht von seinen Schülerinnen und Schülern*, dir. Claudia Alraum *et al.*, Bochum, Verlag Dr. Dieter Winkler, 2016, p. 285-198, ici p. 293-298.

26 J. Johrendt, « Papstgeschichtliche… », art. cité, p. 113-116.

27 I. Fees, « Bedeutung… », art. cité, p. 65.

28 B. Schönfeld, *Die Urkunden…*, *op. cit.*, p. 102-119, p. 120-123 et p. 178-191.

de nouvelles formes d'expression dont quelques-unes, furtives, disparurent aussi vite qu'elles étaient apparues, tandis que d'autres finirent par s'imposer durablement.

LA « RÉFORME GRÉGORIENNE », UN FACTEUR CLÉ POUR L'INTERACTION DES COMMUNAUTÉS RELIGIEUSES AVEC LA PAPAUTÉ

L'exemple de la Lorraine[29]

Pour ce qui est des caractères internes du contenu des actes pontificaux, la situation est beaucoup plus complexe. Puisque le contenu juridique d'un privilège pontifical était établi à la demande du bénéficiaire, le degré des changements peut ici varier selon les régions et leurs dynamiques et également, à l'échelon local, selon les institutions ecclésiastiques en place. Vu cette complexité des choses qui empêche de traiter ce sujet de manière globale, en tout cas dans le cadre de cet article, il convient d'illustrer ces changements d'abord à travers un exemple régional en se concentrant sur un aspect central : la relation des communautés religieuses avec l'évêque diocésain. Toute abbaye étant en principe soumise à l'autorité de ce dernier[30], on peut se demander dans quelle mesure et dans quelles circonstances les demandes d'interventions pontificales reflétaient une volonté consciente d'écarter l'évêque des affaires internes des communautés religieuses.

Si Léon IX voyagea deux fois en Lorraine pendant son pontificat[31], ce qui entraîna une multiplication et une différenciation des interactions

29 Les réflexions qui suivent se basent sur les recherches effectuées dans le cadre de la thèse que l'auteur est en train de préparer sous la direction de Michel Margue (Université du Luxembourg) et qui porte sur les relations entre la papauté et les communautés religieuses en Lorraine du Xe au XIIe siècle (titre provisoire : Interaktion, Emanzipation, Integration – das Papsttum und die religiösen Gemeinschaften in den Diözesen Metz, Toul und Verdun, 10. bis 12. Jahrhundert).

30 Voir sur ce point plus récemment Kriston R. Rennie, *Freedom and Protection. Monastic exemption in France, c. 590-c. 1100*, Manchester, Manchester University Press, 2018, p. 38-48.

31 Rudolf Schieffer, « Der Papst unterwegs in Lotharingien », *Lotharingien und das Papsttum. Wechselwirkungen im Grenzraum zwischen Germania und Gallia*, dir. Klaus Herbers et

avec le pape jusque-là inconnues, ceci ne conduisit cependant pas à un changement profond dans les relations entre les communautés religieuses et l'évêque. Dans la plupart des actes établis par Léon IX pour des bénéficiaires lorrains, l'évêque figure soit comme impétrant, soit comme destinataire[32]. On peut en conclure que la prise de contact des abbayes lorraines avec le pape passait le plus souvent par l'intermédiaire de l'évêque. Par conséquent, il est extrêmement rare de trouver des dispositions juridiques visant à limiter l'influence de celui-ci. Il faut donc sur ce point donner raison aux historiens français qui soulignent que, par rapport au monachisme français qui serait marqué par le souci de s'émanciper de la tutelle épiscopale et laïque, « le monachisme lotharingien à la fois plus soumis au pouvoir épiscopal et plus attaché aux structures traditionnelles de l'Église dans l'Empire, demeure en retrait[33] ». Sans vouloir entrer ici dans les débats autour de cette notion, la Lorraine, voire même l'ensemble de la Lotharingie, resta dans une certaine mesure ancrée dans l'Église impériale, la *Reichskirche*, du moins pour la période qui va jusqu'au deuxième tiers du XIe siècle.

Cela ne changea que sous Urbain II (1088-1099) – peut-être même déjà sous Grégoire VII, ce qui ne peut être démontré comme aucun privilège de ce pape destiné à une abbaye lorraine ne nous est parvenu. Dans les actes établis par Urbain II et par ses successeurs, l'évêque, à deux exceptions près, ne figure plus comme destinataire ni comme impétrant. Et c'est parallèlement au tournant des XIe et XIIe siècles qu'apparurent dans les actes pontificaux davantage de dispositions visant à limiter la sphère d'influence de l'évêque. À titre d'exemple, au sujet de son pouvoir d'ordre, on trouve surtout dans les actes expédiés aux collégiales de chanoines réguliers (dont l'implantation en Lorraine remonte à la fin du XIe siècle) une disposition leur concédant le droit de choisir librement l'évêque qui consacrait les abbés, les clercs, les autels

Harald Müller, Berlin – Boston, de Gruyter, 2017, p. 55-67, ici p. 59-62.

32 Les seules exceptions sont un privilège pour l'abbaye de Gorze, voir *Regesta Imperii III : Salisches Haus (1024-1125), fünfte Abteilung : Papstregesten (1024-1058), zweite Lieferung : 1046-1058*, éd. Johann Friedrich Böhmer et Karl Augustin Frech, Cologne – Weimar – Vienne, Böhlau, 2011, p. 398-399 n° 858, ainsi que les privilèges expédiés à des « abbayes familiales » („*Hausklöster*“) comme Bleurville ou Hesse, voir *ibid.*, p. 384-386 n° 839 et p. 386-387 n° 840.

33 F. Mazel, *Féodalités (888-1180)*, Paris, Belin, 2014, p. 249.

et les églises, au cas où leur propre évêque n'aurait pas été approuvé par le siège apostolique[34].

Comme ont pu le démontrer Hans-Henning Kortüm et Jochen Johrendt, le bénéficiaire exerçait souvent une influence sur le choix des formules des actes pontificaux[35]. Or la disposition que l'on vient d'évoquer se trouve, le plus souvent dans ces mêmes termes, dans nombre d'actes pontificaux, notamment dans ceux établis par Grégoire VII et Urbain II et destinés à des abbayes exemptes[36]. De ce fait, il faut supposer que cette disposition servait les intérêts tant des bénéficiaires que du pape, en permettant à ce dernier de décider de la légitimité d'un évêque et aux communautés religieuses, le cas échéant, de s'émanciper de l'ordinaire, car la consécration d'un abbé était normalement liée à un serment d'obéissance[37]. Si la concession de tel ou tel droit ou d'une liberté particulière correspondait bien à l'initiative du bénéficiaire, c'est évidemment la chancellerie pontificale qui décidait en dernier ressort de la formule dans laquelle la disposition respective était rédigée.

En Lorraine – et il reste à vérifier s'il en est de même pour d'autres régions de l'Empire –, la relation entre la papauté et les communautés religieuses ne s'intensifia par conséquent que vers la dernière décennie du XIe siècle, à un moment où l'autorité des évêques lorrains était fortement contestée, soit parce qu'ils étaient entrés en relation avec l'empereur excommunié, soit parce qu'ils se virent confrontés à un adversaire installé par ce dernier[38]. À partir de ce moment les actes pontificaux expédiés

34 Voir prochainement Hannes Engl, « Aspects diplomatiques des relations entre la papauté et les premiers chanoines réguliers en Lorraine (fin XIe – début XIIe siècle) », *D'un* regnum *à l'autre*, *op. cit.*, p. 309-324.

35 Hans-Henning Kortüm, *Zur päpstlichen Urkundensprache im frühen Mittelalter. Die päpstlichen Privilegien (896-1046)*, Sigmaringen, Jan Thorbecke, 1995 ; J. Johrendt, « Der Empfängereinfluß auf die Gestaltung der Arenga und Sanction in den päpstlichen Privilegien (896-1046) », *Archiv für Diplomatik*, 50/2004, p. 1-12.

36 Lotte Kéry, « Klosterfreiheit und päpstliche Organisationsgewalt. Exemtion als Herrschaftsinstrument des Papsttums ? », *Rom und die Regionen. Prozesse des Austausches und der Homogenisierung der lateinischen Kirche im Hochmittelalter*, dir. Jochen Johrendt et Harald Müller, Berlin – Boston, de Gruyter, 2012, p. 83-144, ici p. 107-111.

37 Voir sur ce point plus récemment Steven Vanderputten, « Abbatial Obedience, Liturgical Reform, and the Threat of Monastic Autonomy at the Turn of the Twelfth Century », *The Catholic Historical Review*, 98/2012, p. 241-270, réimprimé dans id. (dir.), *Reform, Conflict, and the Shaping of Corporate Identities. Collected Studies on Benedictine Monasticism in medieval Flanders, c. 1050-c. 1150*, Berlin – Zurich, Lit Verlag, 2013, p. 83-110.

38 C'est notamment le cas à Metz et à Verdun, voir Arnaud Hari, *Écrire l'histoire des évêques de Metz au Moyen Âge : Les* Gesta episcoporum *messins de la fin du VIIIe siècle à la fin du XIVe siècle*,

vers cette région devinrent de plus en plus nombreux et continrent davantage de dispositions visant à limiter la sphère d'influence de l'évêque : outre le droit évoqué dans les deux paragraphes précédents, cela concernait notamment l'élection de l'abbé et la dispense des services que les communautés devaient auparavant rendre à l'évêque[39]. Comme cette relation s'intensifia encore par la suite et qu'un grand nombre de droits figurant pour la première fois dans les actes établis par les « papes réformateurs » furent confirmés par leurs successeurs, on peut dire que la crise de l'autorité épiscopale suscitée par « la lutte entre l'Empire et le Sacerdoce » joua un rôle de catalyseur pour l'interaction entre les communautés religieuses et la papauté.

CONCLUSION

La « réforme grégorienne » marqua à bien des égards un véritable tournant dans la diplomatique pontificale, voire une « révolution totale ». Le remaniement de la conception des actes pontificaux sous Léon IX fut incontestablement radical, à tel point que leur apparence ne ressemblait plus du tout à celle des actes des périodes précédentes et que les actes établis par lui servirent de modèle pour les actes des périodes suivantes. Les modifications apportées par ses successeurs montrent que Léon IX avait déclenché un processus de transformation qui ne prit fin qu'environ 80 ans plus tard, sous le pontificat d'Innocent II. Cette « phase d'expérimentation » fut en majeure partie marquée par des crises internes à la papauté et des stratégies subséquentes que les papes

---

2 vol., Metz, Université de Metz, 2010, ici vol. 1, p. 187-215 et Frank G. Hirschmann, *Verdun im hohen Mittelalter. Eine lothringische Kathedralstadt und ihr Umland im Spiegel der geistlichen Institutionen*, 3 vol., Trèves, Verlag Trierer Historische Forschungen, 1996, ici vol. 2, p. 395-412 ; pour la situation un peu moins tendue à Toul voir Jacques Choux, *Le diocèse de Toul au temps de la réforme grégorienne. L'épiscopat de Pibon (1069-1107)*, Nancy, Publication de la Société d'archéologie lorraine et du Musée historique lorrain, 1952 et Franz Reiner Erkens, *Die Trierer Kirchenprovinz im Investiturstreit*, Cologne – Vienne, Böhlau, 1987, p. 217-227.

39 Voir par exemple l'acte de Pascal II pour l'abbaye de Gorze : Michel Parisse, « Bullaire de la Lorraine (Jusqu'en 1198) », *Annuaire de la Société d'histoire et d'archéologie de la Lorraine*, 79/1969, p. 1-98, ici p. 29 n° 88.

réformateurs développèrent pour se démarquer de leurs adversaires, les changements dans la conception des bulles n'en étant qu'un exemple parmi d'autres. En revanche, la hausse constante des actes pontificaux et le changement affectant leur contenu juridique renvoient clairement au rôle que jouaient les bénéficiaires dans la transformation de la diplomatique pontificale chez lesquels on peut observer un changement dans la perception de l'autorité pontificale, c'est-à-dire dans l'importance, mais aussi dans l'efficacité qu'ils accordèrent à la papauté par rapport à d'autres instances. C'est surtout grâce à leurs demandes que la papauté fut capable d'exercer son autorité à l'échelon local.

Pour répondre à la question posée dans le titre – « rupture radicale ou mise en œuvre d'une conception ancienne » –, il importe de souligner que l'idée d'une primauté pontificale sur l'Église était une conception très ancienne déjà formulée par les papes du tournant de l'Antiquité tardive et du début du Moyen Âge[40]. Mais ce sont les « papes réformateurs » qui développèrent plusieurs stratégies pour propager cette idée et pouvoir gouverner sur l'ensemble de l'Église : voyager dans les pays au nord des Alpes, tenir de grands conciles en dehors de l'Italie, envoyer des légats et juges délégués dans tous les coins de l'Europe et en particulier pourvoir tous les écrits issus de leur chancellerie de signes et d'images à caractère symbolique qui reflétaient et propageaient cette idée. La diplomatique pontificale n'était donc qu'un aspect du gouvernement papal parmi d'autres, à ceci près qu'ici les changements se manifestèrent de manière plus nette et plus visible, à condition que l'historien dispose encore de l'original ou d'assez de documents pour faire une analyse comparative. Mais comme pour les autres composantes, elle nécessitait de la part des « gouvernés » une certaine disposition à collaborer ou plus précisément à interagir pour pouvoir porter ses fruits, ainsi que des représentations partagées – car il est vain de produire et diffuser une idée par des symboles si personne n'est disposé à les voir.

Hannes ENGL
Université du Luxembourg

40 Voir sur ce point K. Herbers, *Geschichte des Papsttums im Mittelalter*, Darmstadt, Primus Verlag, 2012, p. 34-38 et 43-48.

SCHLUSSBETRACHTUNG

Frankreich und Deutschland, « Reform » und « Revolution » im 11. Jahrhundert – Beobachtungen zum Versuch eines Dialogs

Die Forschung[1] ist sich einig : Das 11. Jahrhundert markiert eine der entscheidenden Wandlungsperioden der europäischen Geschichte. Bereits einige wenige Eckpunkte können die Grundsätzlichkeit der Veränderungen auf vielen Ebenen verdeutlichen. Das unmittelbar oder zumindest mittelbar poströmische *regnum Francorum* war endgültig in Teilreiche zerfallen, die sich unter der Herrschaft eigener Dynastien zu den Protonationen entwickelten, welche zusammen mit den umgebenden Reichsbildungen noch heute den größten Teil politischen Landkarte Europas ausmachen. Neue Herrschafts- und Wirtschaftsformen entwickelten sich in dieser Zeit, wobei der alte Leihegedanke neu gefasst und in Richtung auf eine rechtliche Fixierung und soziale Hierarchisierung allmählich zum « Lehnswesen » im vollen Wortsinn umgeformt wurde, mit allen Konsequenzen, den dies für die « Feudalgesellschaft » hatte. Die Rolle des Königtums wurde neu verhandelt. Territorialität begann eine bis dahin ungekannte Rolle zu spielen, im weltlichen wie im geistlichen Bereich, wobei das besiedelte Land im Gefälle zwischen alten, jedoch expandierenden Landwirtschaftssiedlungen und aufstrebenden Städten einen neuen Zuschnitt erhielt ; adlige Magnaten dominierten die großen Flächen des Landes, während in den ökonomisch wie kulturell immer bedeutender werdenden urbanen Zentren sich fester fügende Bürgergemeinden vernehmlich auch politische Relevanz reklamierten. Konflikte waren auf zwischenstaatlicher Ebene seltener geworden,

1 Der folgende Überblick konzentriert sich auf Forschungsmeinungen, wobei ein Gewicht auf Darstellungen gelegt wurde, die eher selten oder noch nicht im Forschungsdiskurs auftauchen. Die *communis opinio* zu historischen Ereignissen oder Strukturen, wie sie aus einer Vielzahl von Gesamtdarstellungen problemlos zu entnehmen ist, wird hingegen im Weiteren nicht eigens belegt.

da nach dem Ende der normannischen und ungarischen Einfälle die äußeren Bedrohungen abgenommen hatten, doch arbeitete eine Art Friedensbewegung daran, auch innerhalb der Reiche für größere innere Stabilität zu sorgen – ohne jedoch die Fehde, die permanente Unruhe (und damit : ein permanentes Movens) des Mittelalters, grundsätzlich beseitigen zu können. All dies trieb den Aus- und Umbau der Gesellschaft voran, und neben einer feineren sozialen Ausdifferenzierung sind in vielen Feldern Neuansätze zu beobachten, von technischen, oftmals wirtschaftlich wirksamen Innovationen bis hin zu mentalen Veränderungen, wobei die neu gestärkte Rolle einer nun auch weiter verbreiteten Schriftlichkeit in den Blick gerät, von der aus bald die gelehrte Bildung einen neuen Aufschwung nehmen sollte.

Diese Entwicklungen resultierten zweifellos nicht aus einer Wurzel allein, doch kann als der wohl bedeutendste Motor der Erneuerung die katholische Kirche gelten, die einerseits auf diese verschiedenen Impulse reagierte, andererseits aber auch mit bislang ungekannter Energie und Nachhaltigkeit eigene Impulse setzte. Als Voraussetzungen für diese neue Rolle lassen sich zwei Faktoren benennen, einerseits ein struktureller Wandel innerhalb des kirchlichen Apparates, andererseits eine neue religiöse Ausrichtung, die keineswegs allein in den Grenzen der Amtskirche bemerkbar war. All dies erfasste einen immer größeren Wirkungskreis, denn bis zur Jahrtausendwende war Europa auch im Osten und im Norden von Rom aus missioniert worden, während im Südwesten, auf der iberischen Halbinsel, die Reconquista intensiviert wurde. Damit veränderte die katholische Kirche ihren Charakter, wurde von einer missionierenden – also : werbenden – zu einer anordnenden Institution, deren Geltungsbereich sich *cum grano salis* auf den gesamten Kontinent erstreckte. Dieser Wandel korrelierte mit einer Tendenz der innerkirchlichen Konzentration und Hierarchisierung, der sich in besonderem Maße auf die Stellung des Papsttums auswirkte, das zunehmend die Position einer Zentrale einnahm. Doch war es nicht allein dieser strukturelle Rahmen, der wesentliche Impulse setzte. Vielmehr durchlief die Kirche zeitgleich einen grundlegenden Prozess religiöser Erneuerung, der nicht nur sie allein erfasste. Im Rahmen einer Erneuerungsbewegung, die bereits vor dem Jahr 1000 auf der Ebene der Klöster spürbar wurde, bald aber auch den weltgeistlichen Bereich betraf, formulierte man rigorose Anforderungen an Kirche und

Glauben, die man schließlich auch im kanonischen Recht festlegte. Nach der Klosterreform hatten sich die Forderungen zunächst an den niederen Klerus gerichtet, fassbar in einem neuen Priesterbild und einer geänderten Vorstellung von geistlicher Reinheit, deren Erlangung erst zum Dienst am Heiligen und zur Heilsvermittlung berechtigte ; ein Priester musste höheren Standards genügen als eine Laie. Bald erfasste die Bewegung auch die weltkirchliche Hierarchie, bis sich an der Mitte des 11. Jahrhunderts Anhänger dieser neuen Ausrichtung auf der *cathedra Petri* finden. Schließlich nahmen Gregor VII., der bedeutendste dieser in Deutschland so genannten « Reformpäpste », auch deutlich Einfluss auf das Geschehen im weltlichen Bereich, nicht immer so konfliktreich und spektakulär wie bei den Vorgängen um « Canossa » (1077), aber doch immer wieder vernehmlich. Noch während sich die darauf aufsattelnde kulturelle Impulse, bemerkbar in der Tätigkeit der kirchlichen Theologen, Geschichtsschreiber und Kirchenrechtsgelehrten, immer weiter verstärkten und den Ort des Glaubens in der Welt neu zu bestimmen versuchten, griff man im Versuch, die Heiligen Stätten zu befreien, im neuen Geiste bereits über deren bisherige Grenzen hinaus. Die Neuerungen auf weltlicher und kirchlicher Seite ergänzten sich, und in der neuen Landschaft des 11. Jahrhunderts entwickelten sich auf diesen Grundlagen neue Denkarten, eine neue Kommunikationskultur entstand, neue religiöse Gemeinschaften formierten, neue Normen und Gebräuche etablierten sich, mithin : eine Vielzahl von Institutionen nahm den Schwung dieser Erneuerung auf, die dadurch zur dominanten Stimme ihrer Zeit wurde, eine Stimme, die wir Nachzeitigen noch immer vernehmen und die unsere Wahrnehmung der Zeit ganz wesentlich geprägt hat.

So weit, so allgemein, so unstrittig. Und doch bestanden und bestehen Differenzen in der Forschung, insbesondere bei der Frage nach der Wurzel der summarisch beschriebenen Phänomene, und dies gilt insbesondere dann, wenn sich der Blick auf die Rolle der Veränderungen auf religiöser und kirchlicher Ebene richtet. Es steht zwar außer Zweifel, dass hierin ein Schlüssel zum adäquaten Verständnis der Epoche liegt, handelt es sich doch um eine fundamental vom Glauben geprägte Zeit, bei der Veränderungen auf religiöser Ebene nicht nur die Kirche, sondern auch das Handeln der Menschen verändern konnten. Die angesprochenen Veränderungen, und auch hierüber besteht Einigkeit, waren keineswegs eine konzertierte und einheitlich programmatisch gefasste Aktion, sondern nährten sich aus verschiedenen Wurzeln, die sich jedoch schließlich an der Mitte des 11. Jahrhunderts bündelten und vom aufstrebenden Papsttum aufgenommen, debattiert und kommuniziert wurden. Als eine Art Leitmotiv der gesamten Bewegung ist die Vorstellung, in älteren, etwa urkirchlichen Konstellationen ein Vorbild zu sehen, zumal die Kontamination der reinen Form mit weltlichen Elementen, wie sie der Verlauf der Geschichte mit sich brachte, in der Anfangszeit nicht gegeben war. In diesem Sinne war die Bewegung rückwärtsgewandt, und aus diesem Grund spricht man in der deutschen Forschung, deren Entwicklung Stephan Bruhn in diesem Band differenziert dargelegt hat[2], zusammenfassend von einer « Kirchen*reform* des 11. Jahrhunderts » ; mitunter, wenngleich auffällig selten, verwendet man in Anerkenntnis der zentralen Rolle, die gerade das Pontifikat Gregors VII. in diesem Prozess einnahm, auch das Etikett einer « gregorianischen Reform », ohne dabei aber Vorgänger und Ausläufer oder papstunabhängige Bewegungen auszuschließen ; differenzierend spricht man mitunter jedoch auch von der « Frühreform ». Nach Auffassung der Forschung entsprach nicht nur die Zielrichtung der kirchlichen Impulse, sondern auch ihr Resultat innerhalb der Struktur Kirche dem, was man begrifflich mit dem Etikett der « Reform » belegen kann : Das « reformierte » System änderte sich als solches nicht grundlegend, sondern blieb in weiten Teilen strukturell gleich, richtete sich jedoch entsprechend der veränderten Leitlinien neu aus.

Auch in Frankreich scheint traditionell die Bewertung als « Reform » zu überwiegen, wobei man begrifflich durch die Spezifizierung als « réforme pontificale » oder als « réforme grégorienne » das Papsttum als Akteur benennt und als maßgeblich für den Prozess in den Blick stellt[3]. Es ist eben die Orientierung auf das Papsttum als Exponenten der kirchlichen Hierarchie und damit der institutionalisierten christlichen Glaubensgemeinschaft, die auch weitergehende Bewertungen hervorgebracht hat. So haben deutsche und angelsächsische Forscher seit knapp einem Jahrhundert auch immer wieder mit unterschiedlichen

2 Stephan Bruhn, « Nur Kaiser, Päpste, Reichsbischöfe ? Die „gregorianischen Reformen" in der deutschsprachigen Mediävistik – Forschungsstand und -perspektiven », im vorliegenden Band.

3 Augustin Fliche, *La réforme grégorienne*, 3 vol., Louvain-Paris, Champion, 1924, 1925 und 1937.

Argumenten vertreten, dass man im 11. Jahrhundert geradezu mit einer « päpstlichen Revolution » oder gar einer « Papstrevolution » zu tun habe, eine Sicht, die selten grundlegend debattiert wurde und in Deutschland vergleichsweise wenig Akzeptanz und Verbreitung gefunden hat[4]. Rezenter und offenbar durchsetzungsfähiger ist die Prägung Rudolf Schieffers von der « papstgeschichtlichen Wende[5] ». Schieffers Erklärungsanspruch ist enger gefasst als der recht universale, die gesamte Kirche und damit alle Gläubigen betreffende Terminus der « Reform ». Weder geht es um eine Epochenbezeichnung noch um einen Blick auf das « soziale Ganze[6] », sondern um die Identifikation des Zeitpunkts, von dem an das Papsttum den eigenen, bereits vorher

---

4 Den Großteil der Literatur nennt Hermann Jakobs, *Kirchenreform und Hochmittelalter 1046-1215*, München, Oldenbourg Wissenschaftsverlag, 4. Auflage 1999, S. 125-126. – Am breitesten diskutiert wurde dabei das Werk von Harold J. Berman, *Law and Revolution : The Formation of the Western Legal Tradition*, Cambridge, Mass., Harvard University Press, 1983 ; aus den vielfältigen Reaktionen sei verwiesen auf die geschichtswissenschaftliche Perspektive von Rudolf Schieffer, « "The Papal Revolution in Law ?" Rückfragen an Harold Berman », *Bulletin of Medieval Canon Law*, N.S. 22/1998, S. 19–30 sowie den Themenschwerpunkt der Zeitschrift *Rechtsgeschichte – Legal History. Zeitschrift des Max-Planck Instituts für europäische Rechtsgeschichte* 21/2013, wobei der Beitrag von Gerhard Dilcher, « Bermans „Law and Revolution" – eine rechtshistorische Revolution », *ibid.*, S. 164-171 insbes. S. 165-166 die Abhängigkeit von der Konzeption von dessen Lehrer Eugen Rosenstock-Huessy, der das Schlagwort der „Papstrevolution" geprägt hat, nochmals verdeutlicht wird. Es fällt auf, dass die Beträge der englischen Forschung fehlen, etwa Walter Ullmann, *The Growth of Papal Government in the Middle Ages. A Study in the Ideological Revolution of Clerical to Lay Power*, London, Routledge, 1955 ; Karl Joseph Leyser, « The Polemics of the Papal revolution », *Trends in Medieval Political Thought*, Hg. Beryl Smalley, Oxford, B. Blackwell, 1965, S. 42-64 ; id., *Am Vorabend der ersten europäischen Revolution : Das 11. Jahrhundert als Umbruchszeit*, München, Stiftung Historisches Kolleg, 1994 ; id., *Communications and Power in Medieval Europe. The Gregorian Revolution and Beyond*, Hg. Timothy Reuter, London, Hambledon Continuum, 1994. Zur Bewertung der Gesamtepoche vgl. noch Michael Borgolte, « Einheit, Reform, Revolution. Das Hochmittelalter im Urteil der Modernen », *Göttingische Gelehrte Anzeigen*, 248/1996, S. 224-258.

5 Rudolf Schieffer, « *Motu proprio*. Über die papstgeschichtliche Wende im 11. Jahrhundert », *Historisches Jahrbuch*, 122/2002, S. 27-41 ; im Forschungsüberblick zunächst Johannes Laudage, « Die papstgeschichtliche Wende », *Päpstliche Herrschaft im Mittelalter. Funktionsweisen – Strategien – Darstellungsformen*, Hg. Stefan Weinfurter, Ostfildern, Jan Thorbecke Verlag, 2012, S. 51-68 ; vgl. insbes. noch den Beitrag von Stephan Bruhn in diesem Band, insbes. Anm. 41.

6 Zum Begriff des „sozialen Ganzen" Michael Borgolte, *Das soziale Ganze als Thema deutscher Mittelalterforschung vor und nach der Wende*, Francia 22/1, 1995, S. 175-191 sowie (im weiteren Kontext) id., *Sozialgeschichte des Mittelalters : Eine Forschungsbilanz nach der deutschen Einheit*, Berlin, De Gruyter, 1996, S. 167-169.

ansatzweise formulierten Führungsanspruch auch einzulösen versuchte, dazu die divergenten Reformbestrebungen zu bündeln versuchte und in diesem Zuge zugleich auch seine Außenverhältnisse neu definierte ; wenn man so will, wird dadurch in gewisser Weise ein Bestandteil des Gesamtkomplexes der « Kirchenreform » präzisiert.

Ganz deutlich aber ist der Entwurf auch eine Positionierung gegenüber dem schwierigen Begriff des « Investiturstreits », der in Deutschland seit der Forschung des 19. Jahrhunderts in klarer nationaler Selbstbezüglichkeit geradezu zu einem Sammelbegriff für die Teilepoche zwischen 1076 und 1122 geworden ist : Die Auseinandersetzungen zwischen deutschem König- oder Kaisertum und dem Papsttum sind sicherlich nicht geeignet (und auch nicht darauf angelegt), diesen Abschnitt des Mittelalters in seiner Gesamtheit zu erklären, resultierten sie doch aus jeweils ganz spezifischen Situationen und ganz besonderen Reibungspunkten, die sich aus der dem Reich eigenen Situation ergaben und auch nur hier wirksam werden konnten ; Auswirkungen jenseits des Reiches sind nicht festzustellen oder lassen sich nur indirekt durch eine veränderte Rolle des Papsttums postulieren. Dementsprechend findet der « Investiturstreit » als Teilepoche keine Entsprechung auf französischer Seite. Der spezifische Zeitrahmen wird als epochal lediglich von Dominique Barthélemy als « mutation de l'an 1100 » in den Blick genommen[7], was seinen Hintergrund jedoch nicht in den Fragen der Reform hat, sondern in der Debatte um die Entwicklung etwa des Lehnswesens und der Herrschaftspraxis ; dies wiederum steht in Beziehung mit der Diskussion um die « mutation de l'an mille », für die das 11. Jahrhundert ja geradezu den « Frühling der Welt » darstellt, wie Georges Duby suggestiv formuliert hat, Erwachen und Erneuerung zugleich[8].

In dieses durchaus schon komplizierte Forschungsfeld hinein, das hinsichtlich der jeweils unterschiedlichen Perspektiven eine präzise (auch) begriffliche Differenzierung notwendig macht, hat nun vor wenigen Jahren Florian Mazel einen neuen Vorschlag eingebracht. Nachdem er zunächst eine Neubewertung des Gesamtkomplexes unternommen hatte[9],

7 Dominique Barthélemy, « La mutation de l'an 1100 », *Journal des Savants*, 1/2005, S. 3-28.

8 Georges Duby, *L'an mil*, c. 7.1, Paris, Gallimard, 1980, S. 229 ff. (als Zusammenfassung einer Passage aus dem Werk Radulf Glabers).

9 Florian Mazel, « Pour une redéfinition de la réforme "grégorienne". Éléments d'introduction », *La réforme "grégorienne" dans le Midi (milieu XIe-début XIIIe siècle), Cahiers de Fanjeaux*, 48,

verdichtete er seine Überlegungen dann in einer weiteren, nicht allein an das Fachpublikum gerichteten Veröffentlichung auf das Schlagwort einer « révolution totale », die er als Resultat der gregorianischen Reform postuliert[10]. Für ihn wandelte sich, ausgehend von den bis in den Alltag reichenden Konsequenzen der Erneuerungsbewegung im 11. Jahrhundert nicht allein die Kirche oder das Papsttum, sondern es veränderten sich, bedingt durch die Wirkmächtigkeit des Religiösen, grundlegende Strukturen und Konstellationen des « sozialen Ganzen » in einem Ausmaß, das man wohl elementar nennen darf. In der Perspektive der *longue durée* nötige die Grundsätzlichkeit dieser Veränderung letztlich dazu, das Mittelalter an dieser Stelle in zwei Teile zu trennen. Mit diesem Versuch einer Gesamtbetrachtung geht Mazel deutlich über die bisherigen Vorschläge hinaus, die ja im Grunde immer wieder religiös-kirchlichen und weltlichen Bereich getrennt betrachtet und nur an wenigen Stellen Verbindungen gesehen haben. Dieser Vorstoß kommt hinsichtlich der thematischen Konjunkturen der Mediävistik zu einem überaus interessanten Zeitpunkt : In den letzten Jahren wurde die in Frage stehende Zeit zwischen der Jahrtausendwende und der italienischen Renaissance, das klassische deutsche « Hochmittelalter », so wenig behandelt, dass auf dem International Medieval Congress in Leeds 2018 gar die Frage gestellt werden konnte : « Was there an 11th century ? » – die mehreren hundert Vorträge der vorangegangenen Tagungen hatten diese Zeit schlicht nicht thematisiert. Ein im Erscheinen begriffener Band deutscher Nachwuchswissenschaftler tituliert das « Hochmittelalter » denn auch konsequent als « vernachlässigte Epoche », die zwischen den interepochal anschlussfähigen Arbeiten zu den « Epochensäumen » ins Hintertreffen zu geraten scheint[11]. Der Vorschlag, zwei durch die « totale Revolution » unterschiedlich gewordene mittelalterliche (?) Epochen zu postulieren, scheint geeignet, der aktuellen Schwerpunktsetzung der Forschung auch eine innere Begründung zu geben.

Die folgenden Überlegungen sollen in Anbetracht dieser Situation die grundsätzliche Diskussion sowie die auf der Tagung geäußerten Anstöße

---

Toulouse, Privat, 2013, S. 9-40.

10 Florian Mazel, « La réforme grégorienne. Une révolution totale », *L'Histoire*, 381/2012, S. 66-72.

11 *Das Hochmittelalter – eine vernachlässigte Epoche ? Neue Forschungen zum 11.-13. Jahrhundert*, Hg. Lisa Klocke und Matthias Weber, Berlin, Peter Lang, 2019.

aufnehmen und schließlich einige wenige eigene Gedanken einbringen. Es handelt sich also weniger um eine klassische Zusammenfassung als um ein persönliches Statement, das nochmals auf die Frage der Tagung abhebt – lässt sich die « gregorianische Reform » am besten als eine « totale Revolution » verstehen ? Zwei Dinge vorab : Zunächst möchte ich hinsichtlich der inhaltlichen Aspekte betonen, dass es mir keineswegs darum geht, die Bedeutung des 11. und 12. Jahrhunderts in Abrede zu stellen oder kleinzuschreiben. Die Frage, ob durch diese Epoche und ihre Veränderungen nicht das, was wir als Mittelalter bezeichnen, tatsächlich in zwei Teile zertrennt wurde, ist durchaus legitim und bedürfte einer noch breiteren Diskussion der mediävistischen Selbstvergewisserung : Es ist evident, dass das « Mittelalter » eines Forschers zum 6. Jahrhundert nicht genau dasselbe ist (und sein kann) wie dasjenige seines Kollegen, der sich mit dem 15. Jahrhundert befasst ; wer nicht von einer « Revolution » oder einem grundsätzlichen Bruch spricht, sollte begründen, welche spezifisch « mittelalterlichen » Elemente man als Kontinuitäten benennen kann. Die Rolle des « Hochmittelalters » als Kreuzungspunkt ist dabei zentral. Zum Zweiten halte ich eine Begriffsdiskussion für unerlässlich, wenn sie nicht als agnostisch-nominalistische Wortklauberei (gemäß Timothy Reuter[12]) betrieben wird, sondern aus Verantwortung gegenüber dem Untersuchungsgegenstand und der Rolle, die man ihm zuschreiben möchte. Geschichtswissenschaft als sprachgebundene Disziplin lebt davon, Befunde und Wertungen auf Begriffe zu verdichten, und wir begeben uns in die Gefahr unwissenschaftlicher Beliebigkeit, wenn wir unsere Etiketten wahllos verteilen.

12 Timothy Reuter, « The Non-Crusade of 1149-50 », *The Second Crusade. Scope and Consequences*, Hg. J. Phillips und Martin Hoch, Manchester, University Press Manchester – New York, 2001, S. 150-163, hier S. 158 : "It is possible to make pretty well any set of medieval political events appear to lack clear sequence and coherent explanation simply by setting them out, stressing the evidential problems and chronological uncertainties, and then refusing to make connections ; the agnostic-nominalist approach. But there is an opposite danger, that of taking what is known and blending it in a smooth and coherent narrative, brushing any lumps of uncertainty under the nearest available carpet."

FRANZÖSISCHE REVOLUTIONEN, DEUTSCHER WANDEL – IM REICH DER BEGRIFFE

Nochmals : Geschichtswissenschaft lebt von Begriffen. Mit ihrer Hilfe fassen wir historische Phänomene, schaffen Kategorien, bewerten und argumentieren. Von ihrer Herkunft her lassen sich historische Fachbegriffe in zumindest zwei Arten unterscheiden. Auf der einen Seite stehen Prägungen, die dem Sprachgebrauch der beobachteten Zeit entnommen sind und daher etwas über die Selbstwahrnehmung sowie die Qualität und den Stellenwert aussagen, den diese Epoche einem Phänomen einräumte. Auf der anderen Seite gibt es Forschungsbegriffe, die von uns als Nachzeitigen geprägt und benutzt werden, dem akademischen Vokabular der Neuzeit entstammen und unsere wissenschaftlich gestützte Wahrnehmung ausdrücken. Eine recht bezeichnende Debatte in dieser Hinsicht ist die Etikettierung der kulturellen Neuerungen der Karolingerzeit[13]. In der Forschung hat man hierfür Begriffe geprägt, die jeweils zugeschriebene Charakteristika des Prozesses kenntlich machen. Ist etwa die Rede von der « karolingischen Renaissance », so wird dadurch der Rückgriff auf antikes Bildungsgut betont, zugleich aber durch die Parallele zur begriffsprägenden italienischen Renaissance das Streben nach « Individualisierung » impliziert, was zu vehementer Kritik an der Begriffsverwendung geführt hat. Verbreitet ist daher in Deutschland auch der Begriff der « Bildungsreform », wobei Rückbesinnung und Umgestaltung durch den Wortbestandteil « Reform » ausgedrückt werden, ohne aber mehr zu implizieren. Das zeitgenössische Label *correctio* schließlich hebt ab auf die Selbstwahrnehmung der Zeit und ihr Ziel, vorliegende Defizite zu beseitigen, was die Beweggründe der Betreibenden zu erkennen gibt.

Es sind nur wenige Belege, die den Begriff der « Kirchenreform » als eine zeitgenössische Verwendung ausweisen – die Gesamtheit der Phänomene brachte die Epoche äußerst selten auf einen Begriff. Dies kann nicht erstaunen, zumal es jede Gegenwart fast ausnahmslos

13 Einen Überblick über die Debatte bietet Johannes Laudage, « Die karolingische Reform und Bildungserneuerung », *Die Zeit der Karolinger*, Hg. Johannes Laudage, Lars Hageneier und Yvonne Leiverkus, Darmstadt, Primus, 2006, S. 29-72.

überfordert, das den Nachzeitigen bedeutend Erscheinende ihrer Zeit zu erkennen und zu benennen. Dies betrifft ganz sicherlich langgestreckte Prozesse, gerade dann, wenn darin verschiedene zeitlich und räumlich getrennte Quellen einfließen. Doch selbst bei nachgerade epochalen, spektakulären punktuellen Ereignissen scheinen Augenzeugen mitunter geradezu blind zu sein : Am Tag der Erstürmung der Bastille vermerkte Ludwig XVI. in seinem Tagebuch bekanntlich nur : « Rien » – und auch wenn dies sich offenbar auf seine ausbleibenden Jagderfolge bezog, so zeigt es doch, dass der Herrscher wie jeder Zeitgenosse auch nicht davor gefeit war, entweder schlecht informiert zu sein oder die Bedeutung der aktuellen Ereignisse zu verkennen. Dies gelingt oft nur im Rückblick, und es verdient der Hervorhebung, dass die Prägung « Investiturstreit » (*querela de investituris*) durchaus eine mittelalterliche ist, die nur wenige Jahre nach dem Wormser Konkordat aufkam, wie Thomas Kohl in seinem Beitrag deutlich macht[14]. Allerdings ging es den Autoren nicht darum, eine Epoche damit zu charakterisieren, sondern ganz konkret den päpstlich-kaiserlichen Konflikt hinsichtlich des Aktes der Einsetzung, weniger eine grundsätzliche Streitfrage als ein Symbol, um das zwischen etwa 1100 und 1122 gerungen wurde. Diese zeitgenössische Wendung wurde von der deutschen Forschung des 19. Jahrhunderts neu aufgeladen und mit Hinblick auf die Fragen der eigenen Zeit überformt ; der Konflikt zwischen Kirche und Reich wurde so zu einem Wiedergänger, unter dem Label « Investiturstreit » jedoch zu einem deutschen Epochenbegriff – was ihn in seiner nationalen Begrenztheit unpräzise und sicherlich missverständlich werden lässt.

Wird dadurch aber der Begriff « Investiturstreit » zu einem kaum noch zu rechtfertigenden Etikett für eine mittelalterliche (Teil-) Epoche ? Nicht unbedingt, denn immerhin lässt sich behaupten, dass die Auseinandersetzung zwischen den Leitungsgewalten von *imperium* und *sacerdotium* besonders bedeutend war, von Rang und Funktion der Beteiligten her (Leiter und Schützer der *ecclesia*) ; dies war sowohl eine exponierte Situation als auch ein Präzedenzfall, der in dieser Konstellation nirgendwo anders ausgefochten werden musste. Und in begrifflicher Hinsicht könnte man sich überdies auf die Position zurückziehen, dass die *pars* « Investitur », die im « Investiturstreit » *pro toto* für die Epoche steht, lediglich eine ähnliche (damit aber auch :

14 Thomas Kohl, « Frankreich, das Reich und die Investitur. Ein Problem im Rückblick ».

ähnlich problematische) Erweiterung darstellt wie die Inanspruchnahme Gregors als Säulenheiligen der « Reform » : Sowohl die Investitur als auch Gregor VII. waren im Gesamtzusammenhang unzweifelhaft bedeutend, beide aber weder Verursacher noch einzige Träger der Veränderungen, sondern schlichtweg zunächst einmal : prominent.

Der Begriff « Investiturstreit » wird in der deutschen Forschung, so möchte man behaupten, mittlerweile fast ohne Bezug zum Gehalt der Begriffsbestandteile als Epochenbezeichnung für die Zeit zwischen etwa 1075 und 1122 verwendet. Deutlich wird dies etwa an dem Sachverhalt, dass unter diesem Titel noch immer Einführungs- oder Handbuchdarstellungen erscheinen, die von Forschern verfasst sind, deren Arbeiten schon längst diese nationale Begrenzung verlassen haben, ja, die ironischerweise gerade für die Überschreitung der nationalen Selbstbezüglichkeit durch eine jüngere Generation stehen[15] – auch, wenn dabei, wie Jérémy Winandy in seinem Beitrag zu diesem Band zeigt, eine einheitliche Bewertung der Bedeutung (noch) nicht gewonnen ist und die Fixierung auf den Kaiser-Papst-Konflikt andere religiöse Phänomene wie die Klosterreform oder den in der Hagiographie fassbaren Wandel noch immer zu überschatten droht[16]. Diese Neuausrichtung, die deutlich europäisierte Züge trägt, zugleich aber auch den regionalen Ausprägungen und Differenzen verstärkt Rechnung trägt[17], ging

15 Claudia Zey, *Der Investiturstreit*, München, C. H. Beck Verlag, 2016 ; Jochen Johrendt, *Investiturstreit*, Darmstadt, Wissenschaftliche Buchgesellschaft, 2018 ; Jochen Johrendt und Harald Müller, « Zentrum und Peripherie. Prozesse des Austausches, der Durchdringung und der Zentralisierung der lateinischen Kirche im Hochmittelalter », *Römisches Zentrum und kirchliche Peripherie. Das universale Papsttum als Bezugspunkt der Kirchen von den Reformpäpsten bis zu Innozenz III.*, Hg. Jochen Johrendt und Harald Müller, Berlin / New York, de Gruyter, 2008, S. 1-16 ; Claudia Zey, « Zum Verhältnis zwischen Päpsten und Kardinallegaten im 11. und 12. Jahrhundert », *Die Kardinäle des Mittelalters und der Renaissance. Integration, Kommunikation, Habitus / I cardinali del medioevo e del primo Rinascimento. Integrazione, comunicazione, habitus*, Hg. Jürgen Dendorfer und Ralf Lützelschwab, Florenz, SISMEL – Edizioni del Galluzzo, 2013, S. 127-165 ; Claudia Zey, « Legaten im 12. und 13. Jahrhundert. Möglichkeiten und Beschränkungen (am Beispiel der Iberischen Halbinsel, des Heiligen Landes und Skandinaviens) », *Das begrenzte Papsttum. Spielräume päpstlichen Handelns : Legaten – delegierte Richter – Grenzen*, Hg. Klaus Herbers, Fernando López Alsina und Frank Engel, Berlin / New York, De Gruyter, 2013, S. 199-212.

16 Vgl. in diesem Band Jérémy Winandy, « Monastische Reform als Vorläufer der „gregorianischen Reform“ ? Der Beitrag der Klostergeschichte zum Verständnis der „gregorianischen Reform“ ».

17 Eine Tendenz zu Regionalstudien, die allerdings noch unter der Ägide der „Landesgeschichte“ vorgenommen wurden, war in den späten 1960er und 1970er Jahren zu verzeichnen, wie

jedoch nicht Hand in Hand mit einer neuen begrifflichen Fassung des Gesamtkomplexes. « Investiturstreit » und « Hochmittelalter » galten und gelten noch immer als zeitliche Rahmen, während gerade die immer wieder benutzte « Wende » gerade im Zusammenhang mit Rudolf Schieffers « papstgeschichtlicher Wende » auch von der Konjunktur der Papstgeschichte profitiert, die neue Perspektiven zu eröffnen verspricht. Diese Zusammenhänge können an dieser Stelle in dieser kurzen Form belassen werden, zumal sich Stephan Bruhn in diesem Band beretis ausführlich damit auseinandergesetzt hat[18].

Immerhin : « Reform » und « Investiturstreit » haben den Vorteil, als zeitgenössische Verwendungen etwas über die Perspektive der Epoche zu verraten, müssen jedoch Wissenschaftlern nicht unbedingt genügen. Deutlich wird dies etwa bei der bereits genannten « papstgeschichtlichen Wende », die sich auf einen Aspekt aus der Gesamtheit der Phänomene konzentriert und entsprechend bezeichnet. Eine ebenfalls wissenschaftliche Begriffsprägung mit deutlich weiterem Erklärungsanspruch stellt nun Mazels « révolution totale » dar. Von was für einer Revolution ist hier die Rede ? Zunächst einmal geht es keineswegs um eine Wiederbelebung der alten Meinungen von einer « päpstlichen Revolution », die wir bereits erwähnt hatten. Das Papsttum ist für Mazel sicherlich ein wichtiger Bestandteil der Veränderungen, oft genug auch deren Motor – aber nicht Planer, Träger und Profiteur der Revolution, und die um korrekt gottgefälliges Leben bemühten Kleriker und Päpste sind ihm keine « Revolutionäre ». Vielmehr ist es die von Veränderungen im Religiösen ausgehende (und daher : nicht ohne die Kirche denkbare) Neuperspektivierung des Lebens, die zu einem Wandel grundlegender Institutionen führt. Mazels Revolution ist also keine direkte, von interessierten Kräften betriebene, sondern eine indirekte, unabsichtlich geschehene. Letztlich im Sinne einer historischen Anthropologie wendet er den Blick auf das « soziale Ganze », die Veränderungen der Austauschmechanismen, Binnendifferenzierungen und Wahrnehmungsmuster, die für einen

am Beispiel der Erforschung des „Reformadels“ deutlich zu machen ist : Hermann Jakobs, *Adel in der Klosterreform von St. Blasien*, Köln/Graz, Böhlau, 1968 ; Karl Schmid, « Adel und Reform in Schwaben », *Investiturstreit und Reichsverfassung*, Hg. Joseph Fleckenstein, Sigmaringen, Thorbecke, 1973, S. 295-320 ; Lutz Fenske, *Adelsopposition und kirchliche Reformbewegung im östlichen Sachsen. Entstehung und Wirkung des sächsischen Widerstandes gegen das salische Königtum während des Investiturstreits*, Göttingen, Vandenhoeck & Ruprecht, 1977.

18 Stephan Bruhn, *op. cit.*

umfassenden, ja geradezu « totalen » Neubeginn, « Ende einer alten und Ankunft einer neuen Welt[19] ».

Es fällt auf, dass bei Mazel in seinen beiden hier relevanten Arbeiten der Begriff der « Revolution » eigentlich nur ein einziges Mal fällt, nämlich im Titel der deutlich plakativeren, eher populärwissenschaftlichen Abhandlung – und offenbar gar nicht von ihm stammt[20], sich aber dennoch so festgesetzt hat, dass er als stellvertretend für die von Mazel angestoßene Neubewertung steht. Dennoch : Eine Definition fehlt, und es liegt nahe, dass hiermit auch keine Revolution im politikgeschichtlichen Sinne gemeint ist. Ohne in die Feinheiten der Definitionsgeschichte einsteigen zu wollen[21], lassen sich etwa in Abgrenzung zur « Reform » schnell einige wenige Kernmerkmale benennen, die wiederum zurückleiten zu den unterschiedlichen Auffassungen zum 11. Jahrhundert : Eine « Revolution » stellt den abrupt, meistens auch gewaltvoll herbeigeführten Wechsel eines politischen Systems dar, was zu einem Wechsel der Eliten und einem neuen gesellschaftlichen Miteinander führt ; « Reform » hingegen belässt das System zumindest in seinen Grundzügen, versucht es von innen heraus zu ändern, was in der Regel weniger gewaltvoll als bei einer Revolution geschieht und nicht notwendig zu einem Austausch der Eliten führen muss. Gewendet auf das Individuum bedeutet dies auch, dass der « Revolutionär » ein neues System anstrebt, während es dem « Reformer » letztlich um eine Verbesserung des bestehenden geht. Fasst man den Begriff also in diesem strengen politikwissenschaftlichen Sinn, dann lässt sich im 11. Jahrhundert wohl keine Revolution erblicken – zumindest fehlen die absichtsvoll handelnden « Revolutionäre », und von einem grundsätzlichen Wandel der Eliten als Konsequenz ist nicht viel zu entdecken : Die Welt der Stände blieb intakt, auch wenn sie sich um das Bürgertum bereicherte ; Königtum und Adel waren im weltlichen Bereich weiterhin ungebrochen dominant, in denselben Funktionen und Dynastien, die lediglich aufgrund genealogischer Zufälle mitunter wechseln konnten.

19 Florian Mazel, « La réforme grégorienne, une révolution totale », art. cité, S. 72 : « la fin d'un monde et l'avènement d'un autre. »

20 Florian Mazel, « Une révolution totale ? Penser la "réforme grégorienne" par-delà les frontières historiographiques », Beitrag in diesem Band, Anm. 13.

21 Einen Einstieg aus der Perspektive der Neuzeit und begriffsgeschichtlicher Schärfung bietet hierzu : *Große Revolutionen der Geschichte. Von der Frühzeit bis zur Gegenwart*, Hg. Peter Wende, München, Verlag C.H. Beck, 2000.

Sicherlich : Die Grenzen zum Klerus waren nunmehr deutlicher gezogen und theologisch schärfer gefasst, doch änderte dies nichts am System der grundlegenden funktionalen und personalen Konstellation. Zu beachten ist dabei, dass auch den Konflikten der Zeit kein Streben nach Systemveränderung zu unterstellen ist – gerade die angeblich so « reformerische » deutsche Opposition gegen Heinrich IV. hatte keine Alternative zum Königtum. Sucht man nach einem Wandel in der Konstitution der Eliten, dann findet sich dieser innerhalb der beteiligten Parteien nur bei einer Institution, paradoxerweise ausgerechnet beim Papsttum. Seit der Mitte des 11. Jahrhunderts rekrutierten sich die Päpste nicht mehr aus dem stadtrömischen Adel, sondern – nach einem « deutschen » Zwischenspiel – aus dem neu formierten Kardinalskollegium ; die Konsequenzen dieses Bestandteils der « papstgeschichtlichen Wende » führten zu einer Internationalisierung des Apparats in der Kurie sowie zu einer neuen Rolle von Administration und Recht, die überdies verstärkt in die Peripherie vermittelt wurden. Doch fehlt auch hier ein revolutionärer Impetus ; was zu verzeichnen ist, ist ein deutlicher Ausbau des Systems, eine neue Form der Kommunikation und eine neue Bestimmung der Hierarchien hin auf ein stärker als Zentrale und Vormacht gedachtes Papsttum.

Wollte man darin eine « Revolution » sehen, dann kann sie keinesfalls eine bewusst betriebene Systemveränderung gewesen sein, sondern das unabsichtliche Nebenprodukt eines auf andere Ziele ausgerichteten Prozesses, in diesem Falle : der « Gregorianischen Reform ». Eine solche Sicht von einer « unabsichtlichen Revolution » erinnert eigentlich eher an die Prinzipien der « soziokulturellen Evolution », wie sie grundlegend von Richard Dawkins und später in anderer, recht öffentlichkeitswirksamer Form von Susan Blackmore postuliert wurde[22], mit all den Problemen, die eine solche methodisch bedenkliche, dennoch aber diskutable Sicht mit sich bringt : Man müsste die « Institutionen » der Gesellschaft als

22 Richard Dawkins, *The Selfish Gene*, Oxford, Oxford University Press, (2[d] ed., new ed.) 1989, insbes. S. 368 ; Susan Blackmore, *Die Macht der Meme oder die Evolution von Kultur und Geist*, Heidelberg, Spektrum Akademischer Verlag, 2000. Auch von deutscher Seite hat man sich mit dem Thema befasst, ohne dass es zu irgendeiner Diskussion von Seiten der Historiker gekommen wäre (was mit der umstrittenen Person des Verfassers zu tun haben mag), Werner Patzelt, « Evolutionstheorie als Geschichtstheorie. Ein neuer Ansatz historischer Institutionenforschung », *Der Mensch – Evolution, Natur und Kultur. Beiträge zu unserem heutigen Menschenbild*, Hg. Jochen Oehler, Heidelberg, Springer, 2010, S. 175–212.

« Meme » analog zum klassischen Denkmuster der Evolution betrachten, wobei Wandel grundsätzlich durch « Mutation » erfolgt, wobei sich die veränderten « Meme » in Konkurrenz zueinander in einer historischen Gesellschaft durchsetzen müssen. Eine « Revolution » wäre dies dann allerdings nicht, sondern lediglich die mehr oder weniger reibungslose Durchsetzung neuer « Meme ». Wollte man Revolutionen in diesem Sinne nutzen, wären darunter nur die dramatische Beschleunigung solcher Vorgänge unter Einbeziehung absichtsvollen Handelns, das ansonsten eigentlich nicht angenommen zu werden braucht, zu verstehen.

Es ließe sich nun argumentieren, dass sich der Begriff « Revolution » auch in anderen, durchaus etablierten Zusammenhängen findet, ohne in strengem Sinne verwendet zu werden, ganz prominent etwa in der « industriellen Revolution ». Gewiss, der Wechsel des ökonomischen Systems brachte neue Funktionseliten hervor und änderte die Gesellschaft in vielerlei Hinsicht grundlegend, und auch hier ist nicht festzustellen, dass es den Protagonisten um einen Systemwechsel gegangen wäre, zumal ihre Motivation wohl eher schlicht im Geldverdienen lag. Allerdings scheint dieser Begriff zwar populär, in historischer Hinsicht wie auch mit Blick auf seine Valenz über den regionalen Rahmen hinaus durchaus umstritten, wie bereits Sombart und Braudel betont haben (um nur die prominentesten deutschen und französischen Forscher dieser Meinung zu nennen)[23]. Betrachtet man deren Position zusammen, so handelte es sich um einen bereits länger im Schwange befindlichen Prozess, der höchstens in England mit einer Plötzlichkeit, Gewalt und Grundsätzlichkeit einsetzte, die der äußeren Form nach einer Revolution ähnelte, von ihrem Wesen her aber keine war. Im Rest der Welt setzte sich in der konkreten historischen Situation zwar ebenfalls dasselbe ökonomisch-politische Grundmuster durch, allerdings weniger dramatisch, sondern vielmehr in einer allmählichen Verstärkung bereits vorhandener Strukturen. Ähnliches ließe sich wohl auch über die von Mazel angeführten[24], von einzelnen Forschern als « Revolutionen »

23 Wolfgang König, *Geschichte der Konsumgesellschaft*, Stuttgart, Franz Steiner Verlag, 2000, S. 27.

24 Florian Mazel, « Un, deux, trois Moyen Âge… Enjeux et critères des périodisations internes de l'époque médiévale », *Découper le temps ? Actualité de la périodisation en histoire*, Hg. Stéphane Gibert, Jean Le Bihan und Florian Mazel, *Atala. Cultures et sciences humaines*, 17/2014, S. 101-113. (S. 110 und 112 jeweils mit Hinweisen auf die originalen Werke).

bezeichnete hochmittelalterliche Entwicklungsschübe, namentlich die « révolution documentaire/scriptuaire » (Anwachsen der Schriftlichkeit in Italien) oder die « révolution anthroponymique » (Durchsetzung der Zweinamigkeit), für sich genommen aber wieder nur regional oder sozial begrenzte, nicht das gesamte Mittelalter zugleich und in gleicher Weise affizierende Veränderungen. Gewiss : Die Änderungen waren für sich genommen durchaus radikal, wie etwa auch Hannes Engl in diesem Band mit Hinblick auf die Veränderungen der Papsturkunde durchaus eine « Revolution » erblickt[25]. Doch ist die Gemeinsamkeit, dass ein Entwicklungsschub, der deutlich über den linearen Fortschritt hinausgeht, ein « Quantensprung » also, Grund genug, von einer « Revolution » zu sprechen, wenn die Entwicklung weder mit dem Ziel noch dem Effekt einer Systemveränderung bewusst betrieben wurde ? Das Etikett « Revolution » hierfür zu gebrauchen, läuft Gefahr, den Begriff zu inflationieren, zu verwässern, unbrauchbar zu machen. Oder wollen wir eine Geschichte, die nur noch Revolutionen kennt, in der das Mittelalter mit einer « germanischen » oder zumindest « barbarischen Revolution » einsetzt, die dann von einer « karolingischen Revolution » abgelöst würde, die schließlich in eine « implosive » oder « dekompositorische Revolution 887/888 » mündete, bevor dann nach der *revolution de l'an mille* endlich die « totale Revolution » ihren Platz erhielte ? Jede dieser « Makro-Revolutionen » könnte man mit kleineren Revolutionen flankieren, passenderweise auch einer *révolution anthroponymique* (Ende des römischen Namenssystems) sowie einer « révolution documentaire/scriptuaire » in der karolingischen *correctio.*

Kurzum : Es gibt eine Vielzahl von Einwänden, die sich aus einer recht allgemeinen Perspektive gegen das Postulat einer « Revolution » im 11. Jahrhundert vorbringen lassen, die sich kurz so fassen lassen : Eine solche Etikettierung impliziert sowohl das bewusste und mehr oder minder planvolle Streben nach einem Systemwechsel (was in der Zeit selbst nicht belegbar ist) als auch eine tatsächlich systemverändernde Wirkung (die nur in einzelnen Bereichen feststellbar ist). Die Extrapolation einer Veränderung (der « Reform ») aus der Gesamtheit läuft – unabhängig von der zugestandenen Bedeutung des Religiösen ! – Gefahr, eine monokausale Erklärung an ein Bündel von Entwicklungen und Faktoren anzulegen,

---

25 Hannes Engl, « Rupture radicale ou mise en œuvre d'une conception ancienne ? Le concept de "réforme grégorienne" à travers les recherches récentes sur la diplomatique pontificale en Allemagne ».

deren interne Abhängigkeiten es erst einmal zu erweisen gilt. Durch die Summierung von Veränderungen ohne Ansehen der Akteure und ihrer Intentionen wird der politische Revolutionsbegriff über Gebühr strapaziert, was ihn letztlich zu entwerten droht. Davon unabhängig ist selbstverständlich die Frage, ob jenseits dieser Begriffsdiskussion tatsächlich ein so umfangreicher Wandel in der mittelalterlichen Gesellschaft eintrat, dass man ihn geradezu als einen Epochenwandel betrachten kann. Eines der Resultate der hier zum Anlass genommenen Tagung ist es, dass die deutschen Beiträge bei aller Distanz zu problematischen Vereinnahmungen wie dem Etikett « Investiturstreit » als Epochenbezeichnung der vorgeschlagenen Revolutions-Bewertung eher zurückhaltend begegneten, während die französischen Arbeiten durchaus Berührungspunkte und übereinstimmende Wertungen feststellten. Hierfür gibt es wohl zwei Gründe, die miteinander zusammenhängen und die im Folgenden kursorisch behandelt werden sollen : Unterschiedliche Geschichtswissenschaften und unterschiedliche Nationalgeschichten.

GESCHICHTE (I)
Wissenschaftstraditionen

Die französische und die deutsche Mediävistik basieren zwar beide auf demselben Grundverständnis ihrer historisch-kritischen Tätigkeit, doch unterscheiden sie sich oftmals nicht nur hinsichtlich ihrer noch immer zumeist national determinierten Untersuchungsgebiete, sondern auch in Bezug auf ihre inhaltlichen Fragestellungen, der angewandten Methodik und der verfolgten Erkenntnisziele. Dies hat wissenschaftshistorische Gründe : Die Überwindung der (vom deutschen Positivismus durchaus inspirierten) « école méthodique[26] » führte zu einer Neuausrichtung, wofür emblematisch die Gründung der « Annales » gesehen werden kann[27]. Noch heute liegt das Augenmerk vornehmlich auf der kulturellen

26 Christian Delacroix, François Dosse, Patrick Garcia, *Les courants historiques en France : XIXe-XXe siècle*, Paris, Gallimard, 2007, S. 105-113.

27 Französische Innensicht : André Burguière, *L'École des Annales. Une histoire intellectuelle*, Paris, Odile Jacob, 2006 ; im Verhältnis zur deutschen Geschichtsforschung Peter

Produktion einer Zeit, deren Bedingungen sowie den daraus resultierenden Konsequenzen für das Miteinander der Menschen, etwa hinsichtlich ihrer Mentalität, der Austauschmechanismen, der Kommunikation oder der Transmission von Gütern ; bevorzugte Genres, in denen diese Perspektiven entwickelt werden, sind das, was die deutsche Historie wohl am ehesten als « Motivgeschichten » bezeichnen würde, wobei aber auch regionale *case studies* im Sinne einer *microhistoire* oder aber der vergleichenden Analyse durchaus verbreitet sind. Zentrum der Betrachtung ist letztlich der Mensch, und noch immer ist die Mediävistik eine *science humaine plus vaste* im Sinne Marc Blochs, in der zumindest ein Unterton der historischen Anthropologie immer vernehmbar geblieben ist.

Die deutsche Forschung erscheint demgegenüber, allen Ausflügen in die Geistes-, Geschlechter- und Alltagsgeschichte, zugleich auch allen *turns* zum Trotz in ihrem Mainstream noch immer kenntlich als ein Kind des 19. Jahrhunderts ; vorherrschend bleibt die Frage nach der Konstitution von Gruppen, die jenseits individueller Konstitution als « Gemeinschaft » prägend gewirkt habe. Fluchtpunkt solcher im Rahmen der deutschen Geschichte durchaus als Selbstfindungsversuche interpretierbarer Erklärungen ist zumeist die (mittlerweile nur noch selten so benannte) « Verfassung », also der Aufbau und die Struktur eines Reiches, das zunächst als aus verschiedenartigen Komponenten zusammengesetzt begriffen wird. Untersucht werden eben diese Bestandteile, seien sie nun regionaler oder institutioneller Natur, wobei unter dem Begriff der « Institution » im Unterschied zum durkheimschen/soziologischen (und, was in Deutschland gerne ignoriert wird, zum älteren deutschen[28]) Sprachgebrauch zumeist proto-amtliche, rechtsförmig verfasste und hierarchisierte Körperschaften und Einrichtungen gefasst werden als soziokulturell determinierte Konventionen und Normenbündel. Diese Institutionen, zugleich aber auch die als identitätsbildend begriffenen « Länder » stehen als eine Art intermediäre Instanz vor dem Menschen als

Schöttler, *Die „Annales" -Historiker und die deutsche Geschichtswissenschaft*, Tübingen, Mohr Siebeck, 2015. Durchaus aufschlussreich hinsichtlich der lange vorhandenen Vorbehalte gegenüber der Annales-Schule Steffen Kaudelka, *Rezeption im Zeitalter der Konfrontation : Französische Geschichtswissenschaft und Geschichte in Deutschland 1920-1940*, Göttingen, Vandenhoek und Ruprecht, 2003, insbes. S. 129-151.

28 Zur uneinheitlichen Definition, die in Deutschland seit dem 20. Jahrhundert verstärkt auf „Körperschaften" wie Behörden etc. zielt, vgl. Hartmut Esser, *Soziologie. Spezielle Grundlagen, Bd. 5. Institutionen*, Frankfurt a. M., Campus, 2000, S. 12–14.

Untersuchungsobjekt[29]. Dieses Grundmuster hat die deutsche Mediävistik trotz verschiedener Entwicklungen niemals gänzlich abgelegt, und so verwundert es nicht, dass dort eine « französische » Herangehensweise, die das Allgemeine des Mittelalters unmittelbar im Besonderen sucht, nicht angewandt wird. So werden all die in den einleitenden Zeilen dieser Überlegungen genannten Faktoren verstanden als Charakteristika einer Gesellschaft, deren Formierung und Struktur untersucht wird, ohne aber den einzelnen Menschen und die ihn bestimmenden Vorstellungen, Prozesse oder Praktiken in den Vordergrund der Betrachtung zu rücken.

Von hier aus ist es nur ein kleiner Schritt zu dem zweiten Begriffsteil in Florian Mazels Wertungszweiklang, nämlich der « Totalität ». Auch hier lässt sich festhalten, dass unterschiedliche Traditionen noch immer nachzuwirken scheinen. Während in Frankreich etwa ein Zugriff auf die frühe Soziologie in der Ausprägung Durkheims recht früh eine Tradition etablierte, von « sozialen Tatsachen », später in der Weiterführung von Marcel Mauss von « *totalen* sozialen Tatsachen » zu sprechen[30], solche zu suchen und schließlich auch die Forderung nach einer *histoire totale* als eigener Methodik zu erheben, finden sich entsprechende Ansätze in Deutschland kaum. Als Beispiele ließen sich etwa die Arbeiten von Otto Gerhard Oexle zur *memoria* nennen[31], die Antrittsvorlesung von Michael Borgolte[32], oder man könnte auf die Habilitationsschrift von Ludger Körntgen[33] verweisen, doch ist das Feld insgesamt nicht sonderlich

29 Winfried Speitkamp, « Erfindungen : Raum – Land – Landesgeschichte », *Land – Geschichte – Identität : Geschichtswahrnehmung und Geschichtskonstruktion im 19. und 20. Jahrhundert – eine historiographiekritische Bestandsaufnahme*, Hg. Holger Thomas Gräf, Alexander Jendorff und Pierre Monnet, Darmstadt [u.a.], Hessische Historische Kommission Darmstadt, 2016, S. 11-31.

30 Florian Mazel, « Une “révolution totale” ? Penser… », art. cité (einleitend zu diesem Band).

31 Exemplarisch : Otto Gerhard Oexle, « *Memoria* in der Gesellschaft und in der Kultur des Mittelalters », *Modernes Mittelalter. Neue Bilder einer populären Epoche*, Hg. Joachim Heinzle, Leipzig und Frankfurt/Main, Insel-Verlag, 1994, S. 297–323. Eine Zusammenfassung des Lebenswerkes samt Bibliographie findet sich unter : Otto Gerhard Oexle, *Der Konstanzer Arbeitskreis für mittelalterliche Geschichte 1951-2001. Die Mitglieder und ihr Werk. Eine bio-bibliographische Dokumentation*, Hg. Jürgen Petersohn, Stuttgart, Thorbecke, 2001, S. 301–309 ; verwiesen sei überdies auf die jüngste Veröffentlichung : *Memoria – Erinnerungskultur – Historismus. Zum Gedenken an Otto Gerhard Oexle (28. August 1939 – 16. Mai 2016)*, Hg. Thomas Schilp und Caroline Horch, Turnhout, Brepols, 2019.

32 Michael Borgolte, *„Totale Geschichte" des Mittelalters ? – Das Beispiel der Stiftungen*, Berlin, Humboldt-Universität zu Berlin, 1993.

33 Ludger Körntgen, *Königsherrschaft und Gottes Gnade. Zu Kontext und Funktion sakraler Vorstellungen in Historiographie und Bildzeugnissen der ottonisch-frühsalischen Zeit*, Berlin, Akademie Verlag, 2001, insbes. S. 23-27 zur theoretischen Positionierung.

groß. Zu berücksichtigen ist dabei auch, dass es – und dies bereits schon früh[34] – ernstzunehmende methodische Bedenken gegen eine solche Perspektive als heuristisches Prinzip gab, doch sind die Beobachtungen Michael Borgoltes, der von « heftigen Abwehrreaktionen », « Reserven » oder « merkwürdiger Distanz » spricht und überdies, wie Oexle zuvor auch, ein gewisses Missverstehen konstatiert, noch immer aktuell[35]. Hinzufügen möchte man das vielleicht weniger starke Argument, dass alle Formen des « Totalen » nach der schrecklichen Formulierung vom « totalen Krieg » in der Bundesrepublik ohnehin wenig beliebt waren.

Diese sicherlich pointierte, holzschnittartige Skizze hat bei der Erklärung unterschiedlicher deutsch-französischer Perspektiven auf Grundzüge der jeweiligen Wissenschaftstradition abgehoben, die sich als ein gewisser « mainstream » herausgebildet und etabliert haben. Doch gibt es neben diesen sicherlich prominenten Auffassungen durchaus auch Nebenwege der Forschung, die vielleicht noch nicht ganz zu Ende gedachte, zumindest aber nicht weiter verfolgte Pfade darstellen, die eine deutsch-französische Diskussion jenseits einer Frontstellung Revolution/ Investiturstreit durchaus ermöglichen sollten. Dies gilt etwa für ältere deutsche Betrachtungen geistes- oder ideengeschichtlicher Natur, die vom Ansatz her der in Ansätzen steckengebliebenen Neuausrichtung der deutschen Geschichtswissenschaft der Zwischenkriegszeit verpflichtet sind, etwa zum einsetzendem Individualitätsbewusstsein, zu Veränderungen der Denkperspektiven und zu dem verschiedentlich spürbaren Streben nach Neuerung und Freiheit. Auch die Frage nach dem geschichtlichen Selbstverständnis der Zeit, das man in Deutschland mitunter gerne in einem recht mechanistischen Reiz-Reaktionsschema aus einer angeblichen « Geschichtsschreibung des Investiturstreits » herauslesen will[36], ließe sich (auch wenn ein exaktes französisches Pendant im 11. Jahrhundert ebenso fehlt wie ein englisches) wohl ebenso mit Gewinn debattieren ;

34 Reinhart Koselleck, « Sozialgeschichte und Begriffsgeschichte », *Sozialgeschichte in Deutschland. Entwicklungen und Perspektiven im internationalen Zusammenhang, Bd. 1 : Die Sozialgeschichte innerhalb der Geschichtswissenschaft*, Hg. Wolfgang Schieder und Volker Sellin, Göttingen, Vandenhoeck & Ruprecht, 1986, S. 89-109, Zitat von S. 93.

35 Michael Borgolte, *Sozialgeschichte*, *op. cit.*, S. 167 f. ; id., *Das soziale Ganze als Thema deutscher Mittelalterforschung vor und nach der Wende*, Francia 22-1/1995, S. 155-171 (dort auch weiterführende Hinweise).

36 Exemplarisch Tilman Struve, « Die Wende des 11. Jahrhunderts. Symptome eines Epochenwandels im Spiegel der Geschichtsschreibung », *Historisches Jahrbuch*, 112/1992, S. 324-365.

insbesondere die Anstöße von A. Fontbonne in seinem Beitrag zu diesem Band ließen sich dafür aufnehmen, zumal er gerade die deutsche Geschichtsschreibung des 12. Jahrhunderts eben nicht als « politisch », sondern als Konsequenz einer neuen Pneumatologie deutet, die im Zuge der « Reform » von den Gregorianern strukturiert und verbreitet wurde[37]. Jenseits dieser Perspektiven bleibt jedoch festzuhalten, dass die neuere Forschung bereits schon neue Wege beschritten hat, auch wenn sich einzelne Einführungen dem Titel nach *faute de mieux* noch immer der tradierten Benennungen und Schemata bedienen[38].

Zu beachten ist auch, dass sich einzelne Versuche, zu neuen Wertungen zu gelangen, schlechterdings nicht durchgesetzt haben, wie etwa die Überlegungen zum Verhältnis von « Priesterbild und Reformpapsttum » (Johannes Laudage)[39] ; andere Parameter haben noch ihre Erklärungsrelevanz zu erweisen, wie etwa das Schlagwort von der « Entzauberung der Welt » (Stefan Weinfurter)[40], während die für die neue Kommunikation so vielversprechende wie diskussionsbedürftige « Erfindung der Öffentlichkeit » (Leidulf Melve)[41] bereits als durchaus anschlussfähig gelten kann[42], jedoch vornehmlich im deutschen Rahmen. Arbeiten, die auf die Spannung zwischen Etablierung, Kommunikation und Verfestigung von Wissen auf der einen, Kommunikation im öffentlichen Raum auf der anderen Seite zielen, stellen auch der im vorliegenden Band enthaltene Beitrag aus der Feder von Eugenio Riversi[43] dar sowie die Ausführungen von François Wallerich[44] ; beide Werke

37 Alexis Fontbonne, « La réforme grégorienne : une révolution symbolique ».

38 Siehe die zitierte Literatur in Anmerkung 2.

39 Johannes Laudage, *Priesterbild und Reformpapsttum im 11. Jahrhundert*, Köln-Wien, Böhlau Verlag, 1984.

40 Stefan Weinfurter, *Canossa. Die Entzauberung der Welt*, München, Verlag C. H. Beck, 2006.

41 Leidulf Melve, *Inventing the Public Sphere. The Public Debate during the Investiture Contest (c. 1030-1122)*, 2 vol., Leiden/Boston, Brill Academic Publishers, 2007.

42 Vgl. die Beiträge in : *L'espace public au Moyen Âge : débats autour de Jürgen Habermas*, Hg. Patrick Boucheron und Nicolas Offenstadt, Paris, PUF, 2011 sowie *Briefe und Kommunikation im Wandel. Medien, Autoren und Kontexte in den Debatten des Investiturstreits*, Hg. Florian Hartmann, Köln. u.a., Böhlau Verlag, 2016 ; Verbindungen zur Netzwerkanalyse scheinen möglich, etwa Ariane Lorke, *Kommunikation über Kirchenreform im 11 Jahrhundert (1030–1064). Themen, Personen, Strukturen*, Ostfildern, Thorbecke, 2019.

43 Eugenio Riversi, « Der Kontext im Text. Die Untersuchungen über die Textproduktion des Investiturstreits und die Definition eines ‚gregorianischen' Zeitalters. »

44 François Wallerich, « La querelle bérengarienne dans la réforme grégorienne. Controverse théologique et rupture ecclésiologique. »

zeigen deutlich das Potential, das in der Verfolgung solcher Ansätze liegen kann, für enger geschnittene Themen ebenso wie für die Frage der Gesamtbeurteilung des Gesamtphänomens « Reform ». Ein weiteres : Vielleicht wäre es durchaus auch angezeigt, den Blick auch immer wieder nach England schweifen zu lassen, zum einen, weil die englische Geschichte durchaus relevante Ergänzungen, Differenzierungen oder Abgrenzungen zur Diskussion hinzufügen könnte, was in gleichem Maße für die Forschung gilt, in der sich ja das Paradigma der « päpstlichen Revolution » schon seit längerem wiederfindet[45], die sich aber immer auch mit Kontinentaleuropa beschäftigt hat, wobei gerade Frankreich, mitunter aber auch Deutschland im Zentrum der Betrachtung steht[46] ; gerade die dort verbreiteten Untersuchungen zum Recht dürften durchaus anschlussfähig sein zu den Überlegungen zum Beginn einer tatsächlich wissenschaftlichen Beschäftigung mit juristischer Materie, die Laura Viaut in diesem Band vorlegt[47]. Es liegt nahe, in diesem Kontext auch der Frage der Kommunikation durch bildliche Darstellungen nachzugehen, wie dies Claire Boisseau exemplarisch in diesem Band getan hat, wobei die hier deutlich lokal und/oder personal bestimmten Vermittlungswege wiederum zur Vorsicht mahnen vor der Annahme einer zentralisierten, gleichsam transpersonalen Implementierung einer Konzeption[48].

45 Vgl. Anm. 2.

46 Zum historischen Thema aus deutscher Perspektive zusammenfassend zuletzt Stefanie Schild, *Der Investiturstreit in England* (Historische Studien 504), Husum, Matthiesen Verlag, 2015. – Für den wissenschaftlich sehr einflussreichen Timothy Reuter war das 11. Jahrhundert eine der bedeutendsten Zäsuren, was er als Scheidelinie zwischen den *pre-gregorian mentailities* und der Reformzeit immer wieder thematisiert hat ; ein Großteil seiner relevanten Studien findet sich in Timothy Reuter, *Medieval Polities and Modern Mentalities*, Hg. Janet Nelson, Cambridge, Cambridge University Press, 2005. Unter den jüngeren Forschern wird gerade im Umkreis des Rechts (hauptsächlich, aber nicht allein zum kanonischen Recht) geforscht, wofür unter anderen die Werke von Greta Austin, Kathleen Cushing, Matthew McHaffie oder William L. North zu nennen wären ; zum Ideal des Bischofs vgl. John C. Ott, zur Liturgie Sarah Hamilton oder zum Aspekt der kirchlichen Kleidung Maureen C. Miller. Aus der belgischen Wissenschaft, die mitunter enger mit England als mit Frankreich kooperiert, wären Dirk Heirbault oder Steve Vanderputten anzuführen. – Die Nennung all dieser hier aufgeführten Namen basiert auf rein subjektiver momentaner Wahrnehmung und nicht auf gründlicher Recherche ; ich bitte alle, die ich hätte anführen müssen, um Verzeihung (und um Sonderdrucke).

47 Laura Viaut, « L'influence de la réforme grégorienne sur le développement de la science du droit. »

48 Claire Boisseau, « Art et réforme grégorienne : art centralisé ou pratiques locales ? L'exemple de la primauté pontificale et de sa mise en image. »

GESCHICHTE (II)
Nationalgeschichte(n)

Wechseln wir nun die Perspektive von den national unterschiedlichen Forschungsgeschichten zur unterschiedlichen Geschichte der Nationen. Es ist eine einfache Wahrheit, dass sich « Geschichte » nicht unabhängig von dem Raum entwickelt, in dem sie sich ereignet. Manche Entwicklungstendenzen spiegeln sich zunächst auf lokaler Ebene, manche gehen darüber hinaus, andere wiederum erfassen gar Großräume. Die « Kirchenreform » war nun ein Phänomen, das den westlichen *orbis christianus* erfasste, also in ganz Lateineuropa Wirkung entfaltete. Doch waren ihre Wirkungen nicht an allen Orten und zu allen Zeiten dieselben, und dies wird schnell augenfällig, wenn man ihre Konsequenzen hinsichtlich königlicher Herrschaft ins Auge fasst. Gewiss beschränkten sich die Effekte der Reform keineswegs nur darauf, zielte die Bewegung auch nicht in erster Linie dorthin, doch waren sie durchaus vorhanden, und auch das Königtum spielte in den jeweiligen Reichen eine unterschiedliche Rolle, was wiederum die jeweils spezifischen gesellschaftlichen Auswirkungen unterschiedlich ausfallen ließ. Konkret auf Frankreich und Deutschland im 11. Jahrhundert gewendet bedeutet dies, dass das auf einen recht geringen konkreten Herrschaftsraum beschränkte französische Königtum von der « Gregorianischen Reform » nur in geringem Maße direkt betroffen wurde, indirekt dann durch ein neues Verhältnis zu Gesellschaft und Kirche, während das deutschen als Reisekönigtum direkt in den Gesamtraum des Reiches wirkte und zudem eine Art Besetzungshoheit über sämtliche Bistümer beanspruchte – was in Frankreich ja nur in wenigen Fällen gegeben war. Nicht nur die Bistümer, auch die Fürsten waren dem König im Reich in deutlicher engerer Art und Weise zugeordnet als in Frankreich, wo ein vielfach vergleichsweise souveräner Adel deutlich stärker regional eigenständige Herrschaftsräume ausbilden konnte. Dass, ausgehend von dieser Konstellation, aus dem Zusammenwirken von Bürgerkrieg und reformerischen Änderungen im Reich eine konfliktreiche Auseinandersetzung um Grundlagen der Königsherrschaft entbrennen konnte – eben der unglücklich unpräzise benannte « Investiturstreit » –, erstaunt wohl kaum, und ebenso wenig der Sachverhalt, dass dies in Frankreich eben nicht der Fall war.

Doch bestanden nicht nur in den Ereignissen des 11. Jahrhunderts gravierende Unterschiede zwischen den beiden Reichen, sondern bereits in ihren Voraussetzungen, also dem Hintergrund, vor dem sich diese Veränderungen abspielten. Dies beginnt bei der ökonomischen und besiedlungsmäßigen Infrastruktur, die in Frankreich hinsichtlich karolingischer Landwirtschaft und urbanen Gegebenheiten wesentlich stärker auf Traditionen beruhte, während all dies östlich des Rheins zunächst im 9. Jahrhundert punktuell etabliert wurde und nach dem schwierigen 10. Jahrhundert in einen dynamischen Ausbauprozess mündete, bei dem vielerlei aufgebaut, aber auch noch ausgehandelt und ausprobiert werden musste in einem Reich, das seinen fränkischen Charakter unter nicht-fränkischen Herrschern nominell bewahrte, das einen Zusammenschluss einzelner, für sich genommen recht unabhängiger Teile immer wieder neu schaffen musste, den Ausgriff nach Italien zu bewältigen hatte, während sich seine neuen Herrscherdynastien vergleichsweise kurz hielten, ein Problem, mit dem Frankreich nicht zu kämpfen hatte[49]. Und während dort seit der Jahrtausendwende die Friedensbewegung weite Gebiete und schließlich auch große Teile der Gesellschaft in einer vom Königtum unabhängigen Bewegung erfasste und für neue Interaktionsrahmen sorgte, spielte sich ein solcher Prozess im Deutschen Reich erst später ab, und dies keineswegs mit derselben Intensität. Eine Zeitverzögerung vom Südwesten zum Nordosten ist bekanntlich auch auf dem Gebiet der monastischen Reformen zu verzeichnen – Hirsau als Pendant zu Cluny wirkte in räumlich begrenzten Umfang, in geringerer Intensität und deutlich später – eben zu dem Zeitpunkt, als auch die anderen Entwicklungen eine krisenhafte Kulmination erlebten. Diese Diskrepanz hinsichtlich räumlicher Ausdehnung, Wirkmächtigkeit und Zeitverzögerung ließe sich für eine ganze Vielzahl weiterer Faktoren benennen, begonnen bei der Rolle der Schriftlichkeit, der Bedeutung und Ausformung des Rechts, der Ausprägung des Handels, der rhetorischen Kultur und ihren Öffentlichkeiten etc.

Vielleicht lässt sich diese Differenz auch in einem Bild darstellen, das wie alle Metaphern nicht alles erklären, aber vielleicht in seiner Einfachheit einiges verdeutlichen und schließlich auch auf das Problem der Wirkung der « Reform » zurückführen kann. Denken wir an einen

49 Hierzu zuletzt Simon Groth, In regnum successit. *‚Karolinger' und ‚Ottonen' oder das ‚Ostfränkische Reich'?*, Frankfurt am Main, Vittorio Klostermann, 2017, dessen Überlegungen einmal vor der Folie der Zustände im westfränkischen Reich gesehen werden sollten.

Fluss, einen langen Fluss, wie etwa den Rhein. Dieser Fluss floss jahrhundertelang recht konstant, worauf sich die Anrainer eingestellt haben, jedes Ufer nach seiner Art. Nehmen wir nun an, dass sich die Besiedlung an einem der Ufer – sagen wir, auf dem linken – so entwickelte, dass dem Fluss vergleichsweise wenige Hindernisse entgegengesetzt wurden, da das damit zusammenhängende Land sein wenig wirkmächtiges Zentrum weit entfernt von den Ufern hatte. Im Gegensatz dazu hatte man am rechten Ufer des Flusses Befestigungen errichtet, durch die man den Fluss zwar nutzen konnte, seine Wirkungen aber begrenzte. Auf dem stabilen rechten Ufer aber kommt es nun dazu, dass die Besatzungen der Befestigungen rebellieren und diese Bauwerke beschädigen. Zugleich aber verstärkt der Fluss seine Strömung immer weiter, bis er das Ufer unterspült und die Bastionen in einzelnen Teilen zum Einsturz bringt – die Folge ist ein Zusammenbruch der Gesellschaft, Chaos und Konflikt. Auf dem anderen Ufer aber hat man nur mit dem Hochwasser führenden Fluss zu tun, der recht schnell für beständige Überschwemmung sorgt, worauf sich das damit zusammenhängende Land darauf einstellt. Und wenn beide Ufer dann schließlich mit dem Fluss zurechtgekommen sind, nach Jahrzehnten vielleicht, wird sich auf dem linken Ufer eine veränderte Gesellschaft herausgebildet haben, die den Fluss integriert hat, mit dem Fluss lebt. Auf dem rechten Ufer hingegen wird es Reste des alten Zustandes geben, aber auch Uferabschnitte, die sich mit dem neuen Zustand auf eine neue Art und Weise arrangiert haben.

In dieser Analogie steht naheliegender Weise das linke Ufer des Flusses für Frankreich, das rechte Ufer hingegen für das Deutsche Reich ; der ansteigende Fluss aber steht für die Bewegung, die wir mit dem Namen Gregors verbinden. Während in Frankreich deutlich der Umgang mit den neuen Impulsen an einigen basalen Grundstrukturen wenig änderte – die Agrarstruktur hatte sich seit der Karolingerzeit recht kontinuierlich entwickelt, eine Städtelandschaft war bereits vorhanden, das Königtum mit dem Zentrum Paris war noch vor seinem entscheidenden Entwicklungssprung, tiefgreifende politische Konflikte fehlten in der Gesellschaft bzw. waren nicht neu – und daher die Veränderungen deutlicher im gesellschaftlichen Miteinander kenntlich wurden, war die Herrschaft im Deutschen Reich zunehmend von Differenzen, schließlich von Konflikten zwischen Königtum und Fürsten geprägt, wozu tiefgreifende soziale Veränderungen auf der Basis einer produktiveren Landwirtschaft kamen (Formierung der Ministerialität, Entstehung der Städte) ; die von Mazel benannten Veränderungen traten später auf und addierten sich zu dieser Krise. Die, um es erneut zu sagen : unglücklich verkürzende Epochenbezeichnung « Investiturstreit » hebt dabei ab auf die Bedeutung eines politisch mächtigen, durch Reisen periodisch konkret, ansonsten durch Vertretung oder zumindest virtuell präsent gehaltenen König- und Kaisertums[50], das überdies in seiner Funktion als *defensor ecclesiae* ganz anders einen Bezugspunkt der Menschen darstellte ; die Beobachtung der Rolle des Königs ist daher nicht allein eine Obsession nationalistischer Forscher, sondern hatte einen Sitz im mittelalterlichen Leben – zumindest in Deutschland, aber auch nur dort ; weswegen der « Investiturstreit » eben nicht als Deutungsmuster für das gesamte Mittelalter stehen kann wie die « totale Revolution », die sich mit deutlich mehr Berechtigung für die französische Gesellschaft postulieren lässt – aber in dieser Art und Weise eben auch nur für diese. Ein Blick nach England, nach Skandinavien oder auf den Balkan ergäbe wohl wiederum einen anderen Befund, und auch die Betrachtung von Grenzregionen, die in diesem Band exemplarisch Elodie Leschot vornimmt, kann am konkreten Beispiel deutlich differenzierend wirken[51].

Wie gesagt : Die gebrauchte Metapher ist sicherlich ein Bild mit Schwächen, aber doch eine Analogie, die vielleicht ein Stück weit trägt, weil sie einen grundlegenden Sachverhalt für unsere Diskussion vor Augen führt : Zum einen, warum *le moment grégorien*[52] in beiden Reichen durchaus unterschiedliche Konsequenzen zeitigte, und dies zu unterschiedlichen Zeiten. Und er führte zu unterschiedlichen Prozessen, die in Frankreich deutlich konsekutiver abliefen, während sie im Reich krisenhaft und abrupt kulminierten, weil der Entwicklungsstand in vielen

50 Jens Schneider, « À propos du souverain itinérant dans l'empire germanique (VIIIe-XIVe siècle). Regard critique », *Le gouvernement en déplacement. Pouvoir et mobilité de l'Antiquité à nos jours*, Hg. Silvain Destephen, Josiane Barbier und François Chausson, Rennes, Presses universitaires de Rennes, 2019, S. 291-310.

51 Elodie Leschot, « Un échange de bons procédés : la royauté capétienne et l'Église au regard des sculptures du prieuré de Saint-Fortunat à Charlieu (c. 1170). »

52 Die Wendung geht wohl zurück auf Florian Mazel, « Vérité et autorité : y a-t-il un moment grégorien ? », *La vérité. Vérité et crédibilité : construire la vérité dans le système de communication de l'Occident (XIIIe-XVIIe siècle)*, Hg. Jean-Philippe Genêt, Paris-Rome, Éditions de la Sorbonne, 2015, S. 323-348, der diesen Ausdruck auf die Neuschaffung von Wahrheit bezieht, die sowohl einen Absolutheitsanspruch hatte als auch als Ideologem der „Gregorianer" dienen konnte. Eine deutlich weniger spezifische Verwendung findet sich im Betrag von Alexis Fontbonne in diesem Band.

Bereichen ein anderer, und dies bedeutet zumeist : ein deutlich niedriger war. Im fraglichen Prozess der Veränderungen des 11. Jahrhunderts lässt sich daher aber in Frankreich die Wirkung eines einzigen auslösenden Elementes isolieren, während in Deutschland mit einer Vielzahl von Elementen Rechnung gehalten werden muss. Entsprechend unterscheidet sich nicht allein die Wirkung der « Reform », sondern auch die Natur der Wandlungsprozesse, die in Deutschland eben keine « Revolution » waren, die sich einzig auf die « Reform » zurückführen ließe.

ZULETZT
Zäsuren

Die Zäsur des 11. Jahrhunderts im Umfeld der « Reform » denkt Florian Mazel nicht allein als eine grundlegende Veränderung während des Mittelalters, sondern als einen derart profunden Bruch, dass er ihm als nicht weniger als epochal erscheint : Die Zeit zwischen 500 und 1500 zerfällt dadurch in zwei distinktive Zeitabschnitte, einen « vorgregorianischen » und eine « (post)gregorianischen », der im 14. und 15. Jahrhundert ausläuft[53]. Mazels Überlegungen schließen sich Auffassungen an, deren Entwicklung er selbst in einem profunden Überblick zu den verschiedenen Periodisierungen des Mittelalters dargelegt hat[54]. Das Problem der « Integral-Mediävisten », deren bereits angesprochene Problem ja darin besteht, einem nach recht fragwürdigen Kriterien aus der Geschichte herausgelösten Jahrtausend ein einheitliches heuristisches Prinzip des « Mittelalterlichen » unterlegen zu müssen, gültig für das 6. wie das 15. Jahrhundert, wäre dadurch nicht mehr existent : Zwei aufeinander folgende Mittelalter wären zwar genetisch verwandt, doch trügen sie jeweils für sich distinktive Züge.

Es ist hier nicht der Ort, Alternativen zu dieser Sicht[55] und damit die Konsequenzen aus der damit sogar epochalen *révolution totale* sowie deren

53 Florian Mazel, « Un, deux, trois Moyen Âge », art. cité, S. 110-112.

54 Id.

55 Ebenfalls mit einer Zweiteilung arbeitet Timothy Reuter, der jedoch das Mittelalter dann bereits im frühen 14. Jahrhundert enden lässt ; kurz Timothy Reuter, « Modern Mentalities and Medieval Polities », *Medieval Polities*, *op. cit.*, 5 : "between about 400 and about 1300/1350, which as far as I am concerned is when early modern history begins".

Ende ausführlich zu diskutieren. Angemerkt sei jedoch, dass man aus dem bislang Geäußerten vielleicht das *caveat* entnehmen wird, eine zu enge Blickführung zu vermeiden, die notwendig alternative Kriterien, Asynchronitäten und regionale Differenzen vernachlässigt. Vielleicht wäre es in diesem Zusammenhang auch nicht ganz abwegig, sich einmal von den Binnendebatten zu lösen und in einer Art Feldherrenperspektive etwa in Anlehnung an Robert Bartlett[56] darüber zu diskutieren, wie sich Europa als ein ganz eigenes Modell selbst erfand, von seiner spät- oder poströmischen Grundstruktur ausgehend, hin zu einer Ausdehnung, Verdichtung und Vereinheitlichung im « Hochmittelalter », seinem gescheiterten Export in den vorderen Orient bis hin zu seiner weltweiten Ausbreitung unter stärker ökonomischen Prämissen als moderner Kolonialismus. Nachdenken könnte man in diesem Zuge dann über die Rolle, die unter einer solchen Perspektive « das Mittelalter » für Europa spielte und spielt (und nicht, wie des Öfteren bereits geschehen, umgekehrt[57]) ; immerhin könnte man ja argumentieren, dass es wohl kaum eine andere Kultur (oder : historisch basierte Identitätskonstruktion) gibt, die ihre eigene Geschichte nicht einfach in alt und neu zweiteilt, sondern ihr Wesen an die Überwindung eines als defizitär gedachten Zwischenzeitraums bindet. Vielleicht ließe sich ja aus der Überlegung, dass daher das Mittelalter unabdingbar für die *condition européenne* ist, auch ein Blickwinkel ableiten, der uns wiederum Hinweise dafür liefert, wonach sich « das Mittelalterliche » eigentlich bemisst und auch : welche Zäsuren wir für die Erforschung des Mittelalters daraus ableiten können. Doch ist dies eine Debatte, die weit über das 11. Jahrhundert und den diesem Buch gesteckten Rahmen hinausdeutet und sich vielleicht an anderem Ort fundierter führen ließe – durchaus, oder vielleicht sogar : ganz besonders im französisch-deutschen Rahmen.

Gerhard LUBICH
Universität Bochum

56 Robert J. Bartlett, *The Making of Europe : Conquest, Colonization and Cultural Change, 950-1350*, London, Penguin, 1993.

57 Klaus Oschema, *Bilder von Europa im Mittelalter*, Ostfildern, Thorbecke, 2013.

INDEX DES NOMS DE LIEUX

L'ensemble du corps du texte et des notes de bas de page ont été indexés, à l'exception des références et citations bibliographiques.

Cet index est en français, mais la graphie allemande recensée dans les articles en langue allemande est donnée entre crochets.

INDEX DES NOMS DE PERSONNES

Le corps du texte et les notes de bas de page (en langue française et en langue allemande) ont été indexés, à l'exception des références et citations bibliographiques.

Les termes allemands sont renvoyés à la graphie française, qui signale leur traduction entre crochets.

RÉSUMÉS

Tristan MARTINE et Jérémy WINANDY, « Bilan historiographique des recherches francophone et germanophone sur la période grégorienne. Un état des lieux comparatif et interdisciplinaire pour un dialogue renouvelé » / « Historische Bilanz der deutsch- und französischsprachigen Forschung zur „gregorianischen Reform". Eine interdisziplinäre und vergleichende Bestandsaufnahme zur Wiederaufnahme des transnationalen Dialogs »

S'inscrivant dans une démarche comparatiste et interdisciplinaire, ce volume a pour objectif de faire dialoguer de jeunes chercheurs issus des écoles historiographiques francophone et germanophone, lesquelles ont longtemps proposé des approches divergentes, et parfois contradictoires, dans l'analyse de la réforme grégorienne et de ses conséquences dans la société médiévale des XIe-XIIe siècles.

Florian MAZEL, « Introduction. Une "révolution totale" ? Penser la réforme grégorienne par-delà les frontières historiographiques »

En dépit des divergences entre chercheurs francophones et germanophones, s'inscrire dans un contexte sociologique et anthropologique plus large permet de revenir sur d'anciens décalages historiographiques et épistémologiques. On peut ainsi envisager la réforme grégorienne comme un fait social total, traduisant une transformation de grande ampleur de la société médiévale au point de la considérer comme une révolution, un moment de bascule entre un premier et un second Moyen Âge.

Thomas KOHL, « Frankreich, das Reich und die Investitur. Ein Problem im Rückblick »

À partir de 1111, l'investiture laïque des abbés et des évêques est devenue le point central des discordes dans le cadre de la querelle des Investitures et a été rétroprojetée sur les périodes antérieures comme constituant également un sujet de discorde en France. L'article présente trois exemples (Hoël du Mans, Barthélemy de Marmoutier et Rainaud d'Angers) et montre comment la réception de ces événements à Rome en 1111 a transformé l'investiture laïque en scandale.

Stephan BRUHN, « Nur Kaiser, Päpste, Reichsbischöfe ? Die "gregorianischen Reformen" in der deutschsprachigen Mediävistik – Forschungsstand und -perspektiven »

Cette contribution offre un aperçu des recherches sur les « réformes grégoriennes » dans les études médiévales en langue allemande depuis l'après-guerre. Une approche selon la perspective de la « Begriffsgeschichte » permet de distinguer deux phases : jusque dans les années 1990, l'histoire de l'Empire a dominé dans le cadre d'une historiographie nationale ; depuis, une perspective européenne a été souvent adoptée, avec notamment une multiplication des études portant sur la figure pontificale.

Laura VIAUT, « L'influence de la réforme grégorienne sur le développement de la science du droit »

De quelle manière les historiens du droit peuvent-ils percevoir la réforme grégorienne ? D'un point de vue théorique, il s'agit d'un véritable bouleversement. Dans la pratique, en revanche, la mise en œuvre de cette réforme, évidemment, n'atteint pas la même intensité selon les régions et les époques. Deux conséquences peuvent toutefois être analysées : le contrôle de l'activité juridictionnelle et le développement de la pensée juridique.

Claire BOISSEAU, « Art et réforme grégorienne : art centralisé ou pratiques locales ? L'exemple de la primauté pontificale et de sa mise en image »

Le débat historiographique sur l'iconographie des XIe-XIIe siècles culmine avec la notion de propagande grégorienne d'Hélène Toubert. Au contraire, Xavier Barral i Altet insiste sur les multiples facteurs locaux expliquant le choix de certaines images. À travers des exemples traitant de la primauté pontificale comme les fresques de Vendôme, la *Traditio Legis* dans l'Empire et à Berzé-la-Ville, le débat retracé esquissera le rôle des personnalités locales dans l'émergence d'une iconographie.

Elodie Leschot, « Un échange de bons procédés. La royauté capétienne et l'Église au regard des sculptures du prieuré de Saint-Fortunat à Charlieu (c. 1170) »

Si le prieuré clunisien de Saint-Fortunat à Charlieu est célèbre pour son important décor de façade conçu aux environs de 1170, le contexte historique et politique de ce monastère est lui encore méconnu. Cinquante ans après le concordat de Worms, quel constat peut-on émettre concernant la situation de cet établissement religieux situé aux confins méridionaux du royaume de France, aux portes de l'Empire ? L'analyse des documents et du décor sculpté permet d'établir un premier bilan significatif.

Jérémy Winandy, « Monastische Reform als Vorläufer der „gregorianischen Reform" ? Der Beitrag der Klostergeschichte zum Verständnis der „gregorianischen Reform" »

Cet article examine la présentation des interdépendances entre la « réforme grégorienne » et les réformes monastiques des Xe et XIe siècles dans les études en langue allemande. Il montre que les études récentes considèrent désormais la réforme monastique davantage comme un phénomène à part entière, posant ses propres questions, et moins comme un précurseur d'une réforme d'une ampleur beaucoup plus vaste.

François Wallerich, « La querelle bérengarienne dans la réforme grégorienne. Controverse théologique et rupture ecclésiologique »

La querelle bérengarienne est intimement liée à la réforme grégorienne. Depuis les années 1980, l'historiographie a pensé l'articulation des deux en soulignant que les mêmes conceptions ecclésiologiques étaient développées dans l'un et l'autre mouvement. La priorité donnée à l'ecclésiologie a aussi permis de repenser la question de l'opinion publique. Après avoir présenté quelques travaux suggestifs, on proposera quelques pistes pour poursuivre l'exploration de cette problématique.

Alexis Fontbonne, « La réforme grégorienne. Une révolution symbolique »

La dimension grégorienne de la réforme tient dans sa capacité à diffuser une transformation dans l'ordre du discours permettant aux papes de centraliser un ensemble de mouvements réformateurs antérieurs. Si l'initiative appartient aux papes portant la parole de l'Esprit pour fonder l'immunité de communautés inspirées, ce discours est repris par ces mêmes communautés et participe à la constitution d'une nouvelle conception de l'histoire, définie comme un progrès en Dieu inspiré par l'Esprit.

Eugenio RIVERSI, « Der Kontext im Text. Die Untersuchungen über die Textproduktion des Investiturstreits und die Definition eines ‚gregorianischen' Zeitalters »

La production textuelle pendant la réforme grégorienne et la querelle des Investitures constitue l'un des points de repère pour dresser un bilan de la recherche allemande des dernières décennies et pour clarifier des concepts historiographiques controversés. Cet article, qui se concentre sur le pape qui a donné son nom à cette réforme, se focalise sur les nouvelles perspectives de recherche, notamment celles portant sur la communication et sur la canonisation du savoir.

Hannes ENGL, « Rupture radicale ou mise en œuvre d'une conception ancienne ? Le concept de "réforme grégorienne" à travers les recherches récentes sur la diplomatique pontificale en Allemagne »

Au temps de la réforme grégorienne, la diplomatique pontificale connut des changements profonds aussi bien en ce qui concerne les caractères externes que dans le contenu juridique des actes pontificaux. Alors que ce dernier fut établi à la demande du bénéficiaire, les changements dans les caractères externes correspondaient à l'initiative des papes réformateurs en personne et apparurent souvent dans des situations où ceux-ci voyaient leur autorité contestée par un antipape.

Gerhard LUBICH, « Schlussbetrachtung. Frankreich und Deutschland, "Reform" und "Revolution" im 11. Jahrhundert – Beobachtungen zum Versuch eines Dialogs »

Cette conclusion analyse l'importance des notions utilisées pour désigner des phénomènes historiques et spécialement celle de « révolution totale » proposée par Florian Mazel. Elle souligne la différence entre réforme et révolution : les uns veulent une amélioration du système existant, tandis que les autres aspirent à un système nouveau. Les traditions historiographiques nationales et les histoires nationales aboutissent à des interprétations divergentes du moment grégorien des deux côtés du Rhin.

TABLE DES MATIÈRES

QUATRIÈME PARTIE

DIPLOMATIQUE ET PRATIQUES SCRIPTURAIRES

COLLECTION « RENCONTRES »

Cette collection est le lieu d'accueil de recherches collectives, actes de colloques, mélanges, ouvrages de synthèse, en littérature et sciences humaines.

Retrouvez tous les titres de la collection en scannant ce code QR :

Et pour recevoir nos dernières actualités, abonnez-vous ici :